冼玉清传

琅玕映翠微

冼玉清

夏和顺 著

SPM
南方传媒 广东人民出版社

·广州·

图书在版编目（CIP）数据

琅玕映翠微：冼玉清传 / 夏和顺著 . -- 广州：广
东人民出版社，2025.5. -- ISBN 978-7-218-18441-8

Ⅰ . K825.46

中国国家版本馆 CIP 数据核字第 2025N59M24 号

LANGGAN YING CUIWEI: XIAN YUQING ZHUAN

琅玕映翠微：冼玉清传

夏和顺　著

出 版 人：肖风华

题　　签：陈永正

责任编辑：黎　捷
封面设计：张绮华
责任技编：吴彦斌

出版发行：广东人民出版社
地　　址：广州市越秀区大沙头四马路 10 号（邮政编码：510199）
电　　话：（020）85716809（总编室）
传　　真：（020）83289585
网　　址：http://www.gdpph.com
印　　刷：广州市岭美文化科技有限公司
开　　本：787mm×1092mm　1/16
印　　张：20.75　字　　数：330 千
版　　次：2025 年 5 月第 1 版
印　　次：2025 年 5 月第 1 次印刷
定　　价：85.00 元

如发现印装质量问题，影响阅读，请与出版社（020-85716849）联系调换。

沈玉法

1895
—
1965

1950年夏，吴湖帆为冼玉清绘《琅玕馆修史图》，题词赞其「修旧史，谩自适，琅玕映翠微」。商衍鎏为题引首，海内硕儒名流纷纷应唱和，极一时之盛，传为学林佳话，也成为一个时代的绝响。

冼玉清，广东南海人，出生于澳门。斋名琅玕馆，也署西樵女士。历任岭南大学国文系教授、中山大学教授、广东省文史研究馆副馆长。精于历史文献考据、乡邦掌故溯源、诗词书画创作、金石丛帖鉴藏，功昭学林，有「岭南第一才女」之誉。

"女学六祖　近代易安"
（代序）

黄树森

冼玉清（1895—1965），岭南大学教授，中山大学教授，广东省文史研究馆副馆长。岭南才女，以学问名世，被陈寅恪誉为"女学六祖"，又擅诗词歌赋，被冒广生比作近代李清照。但寂寂无闻近半世纪，1990年代才再受学界关注，她的学术贡献和地位被忽略被低估了。"冼子之学，惜未为世人所知，只知其为当代女诗人，以有与名儒陈寅恪教授相与唱和而更得显名于今世，硕学贤者反不见张。"学人曾昭璇有此感慨。

冼玉清是南海西樵人。冼姓为广东土著，已有二千年历史，高凉冼夫人为族中名人，《隋书》《北史》均有传，苏东坡赞其"一心无磷缁"。粤剧《岭海风流》和最近上映的粤剧电影《谯国夫人》均以其为原型。1962年吴晗到广州看《岭海风流》，称剧中人为冼夫人，冼玉清撰文指出剧中人不姓冼而姓冼。冼姓各房祠堂和墓志碑铭，均作冼氏。全世界有二千五百座冼氏庙，高州占了八分之一，村村有庙，处处祭拜。我在随笔《高凉行》（见《黄树森集》，广东人民出版社2018版）中对此作了扫描。

夏和顺新著《琅玕映翠微——冼玉清传》补偏救弊，怀志存道，重新评价冼玉清，诸多疑滞之处得以涣然冰释。和顺为资深媒体人，知名文化学者，著有《陈序经传》《叶启芳传》《容庚传》等，整理出版过《容庚北平日记》等。他疏快沉静，真实纯粹，作品均大放光彩，有广泛社会影响。他从中山大学毕业时，差一点成为我主编《当代文坛报》的办刊伙伴，后来又随我编辑《深圳九章》，过从逾三十载。

"开宗立派，女学六祖"

冼玉清撰述《广东释道著述考》，博览群书，精研考据，从版本着手，详细梳理禅宗缘起、发展、南禅地理分布，在禅宗"开宗立派"上有独特的学术贡献。此书述释家之作最为丰富，共列唐代至民国近百家，附释家言39家，清代以后为盛。曾昭璇称其为"国际水平的佛学著作"，揭示岭南释家文献远比其他地区丰富，为研究佛学及中国文化必备参考书。冼玉清对版本考证"亦胜于清代大儒阮元矣"。

此著校注精确，厘订谨慎。如释惠能《金刚经释义》二卷"首写六祖简介"，引《六祖大师缘起外记》《坛经》《指月录》《岭南名胜记略》《六祖缘起又记》《五灯会元》等文献为据。文末以"谨案"总结禅宗特点是"不须累世修行，不重大量布施，只要主观上觉悟，便可以成佛"。

广州为禅宗始祖达摩最初登陆中国之地，如今上下九路立有"西来古岸"石碑，华林寺、光孝寺均有达摩遗迹。而"变梵为华，始于六祖"，冼玉清指出六祖为禅宗真正创始人，禅宗创始于北朝而盛于唐宋，直接影响宋代理学，并远传朝鲜、日本。六祖惠能与五祖弘忍对白，称"人虽有南北，佛性本无南北"，岭南地处亚热带，物产丰腴，人民聪慧，文化兴盛，禅宗"顿悟"思想即发端于此。

1951年春，双目失明的陈寅恪请夫人唐筼代笔，为《琅玕馆修史图》题七绝三首。其第一首："流辈争推续史功，文章羞与俗雷同。若将女学方禅学，此系曹溪岭外宗。"将冼玉清比作"女学六祖"，评价极高。邱世友教授解读："'女学'指女性的诗文创作（并妇女之学）及学术研究，冼玉清教授不但诗词有很高的造诣，以清砺幽静为重，而学术研究则侧重史学。""顿悟"法门强调"法无定法"，重视内心觉悟，禅是一种思维方式和生活态度，忧喜两忘便是禅。冼玉清研究释家著述，自然受到禅宗思想熏陶和影响，此即陈寅恪称其"女学六祖"的缘故。

陈寅恪题《琅玕馆修史图》第二首："国魄消沉史亦亡，简编桀犬恣雌黄。著书纵具阳秋笔，那有名山泪千行"。痛斥修史"应时"，批判毫不留情，声色俱厉，肯定冼著自有见地，"羞与俗雷同"。第三首题诗有"忽展图看长叹息，窗前东海已扬尘"句，此后他的《无题》诗中又称"身处夷惠泣枯鱼"，以枯鱼自况，意同东海扬尘。此系陈寅恪历史节点"命运的情景"，要义在：虽东海扬尘，但不能馁于世，不能毁于节。

"流离百咏，近代易安"

冼玉清风雅蕴藉、婉娈细秀，是闺阁才女的代表和典范。她营造的朋友圈及其集体绝唱，意义新颖，内容丰沛，贯通岭南大学及中山大学百余年历史，彰显传统文化内核及人本主义思想，为我们留下了宝贵的精神财富。

她参加香港"中国文化协进会"和广东文物展览会，参加陈白沙诞辰520周年纪念活动，刊行《流离百咏》，请人绘制《琅玕馆修史图》并广邀师友题咏唱和，大言炎炎，声振金玉，多元众声，文深意隽，洵盛事也。

《流离百咏》是冼玉清抗战八年颠沛流离中的忧时愤世之作，1949年9月自印成册，作为"琅玕馆丛著"刊行，冒广生为其作序。冒广生字鹤亭，江苏如皋人，生于广东，其先祖为《影梅庵忆语》作者、明末四公子之一的冒辟疆。冒广生学问淹博，为人豁达通透，被钱穆、张大千等赞为乾嘉以来经史文学兼擅的一代大儒。

冼玉清与冒广生相识于广东勷勤大学及中山大学广东通志馆时期，两人志趣相投，相交忘年，亦师亦友。冒序介绍《流离百咏》："其中分《途中杂诗》《曲江诗草》《湘南诗草》《坪石诗草》《连阳诗草》《黄坑诗草》《仁化诗草》《归舟杂咏》凡百首，自为之注，于山川道里训释綦详，使人读之，如亲历其境，而觉此中有人呼之欲出焉。至其文字之美，犹其次焉者也。"

序中将冼玉清比作李清照，"其能诗词，能四六，能画，与易安同，其得名或不如易安，而其潜心朴学，且践履宋明诸子笃实之言，又不似易安"。李易安于海山奔窜、舟车戎马之间作《漱玉词》，古代才女生于乱世流离道路者无出其右，然其作并无纪事纪行。

陈寅恪先睹《流离百咏》，欣然题词："大作不独文字优美，且为最佳之史料，他日有编建炎以来系年要录者，必有所资可无疑也。"和顺在《冼玉清传》中解释："建炎为南宋高宗年号，李心传编撰《建炎以来系年要录》，广采公众史乘，百家记载，细加辨识，去芜存精，有宋之良史之誉。"

1950年夏，吴湖帆为冼玉清绘《琅玕馆修史图》，商衍鎏为题引首。商衍鎏，广东番禺人，清末最后一科（甲辰年）探花，著名文字学家商承祚教授之父。海内名流大家纷纷题咏唱和，极一时之盛，传为学林佳话。《冼玉清传》选录诸家精彩诗词，可供鉴赏，作者感慨此"可谓中国传统文人交往方式的标本，此后再难寻觅"。

痛陈时弊，遗响犹存

蒹葭楼主黄节，广东顺德人，岭南近代重要诗人，有"唐面宋骨"之称，辞任广东省教育厅长后复任北京大学教授。1929年秋，冼玉清北游走访黄节，并呈《碧琅玕馆诗》手稿。黄节作圈点，批示："陈想未除，陈言未去，独喜其真。"

冼玉清与黄节交往甚密，谈时政谈学问谈艺术。冼玉清通信中谈到当时学风，认为"学校以学生为牟利手段，百计招揽，因此不能培植人才"，"学生进学校后敷衍塞责，其志在毕业取文凭，而非从师问道"，"因此学术日微而学风日坏"，黄节深以为然。学术日微学风日坏，盖有年矣，今日观之，积弊犹存。

1930年春，岭南大学校长钟荣光兑现承诺，破例拨"九家村"住宅一栋为冼玉清藏修之所，此即碧琅玕馆。九家村坐落于康乐园西南区，位置大致为现在中山大学幼儿园至西大球场一带。钟荣光还说"吾子体面，亦学校体面"，这种解释亲切感人，冼玉清因此终身以康乐园为家。她还赋诗解释拼命著书缘由："树人千载事，岂为稻粱余。直道难为悦，穷愁遂著书。"被冒广生评为"浑厚"。

我入读中山大学时，冼玉清仍居康乐园，但已转而任职广东省文史馆。她的同事容庚、吴重翰等都曾是我们的授课老师。吴重翰教授曾在《岭南校报》撰文，劝谕学生即使不做完全的"学人"，"至少也不要离'学人'太远"。精神的"浑厚"理当涵盖身心，由里及表，岭南百年弦歌不辍，浑厚学风浸渍濡染，代代相传。读《冼玉清传》，感叹传主坎坷离奇的人生经历，也能感受岭南百年文脉的浑厚气韵。

自唐宋至近代以来，五岭以南思想发明，峰峦迭起，千竿滴翠，众声喧哗。它的临海、迁移、偏安、机遇，支撑着开放、包容、创新和坚守的文化内核。岭南思想文化各大门派由受容到兼容，自成一格。禅宗六祖的"明心见性""顿悟"法门，与地域环境有很大关联。

苍松翠柏，高处相逢。当代改革开放的实践再次证明，学术思想的"浑厚"终会泽被政治经济领域，广东"破茧"而中国"破局"，从而形成辐射递进效应，造就当代中国奇迹。冼玉清在岭南文献、禅宗文化等学术领域不懈探索，成果丰硕，而其代表的岭南思想文脉仍具当代意义，值得认真梳理和反思。我想，这也正是和顺著述《冼玉清传》的本义之所在。

2024年10月30日于广州新河浦文化走廊

第一章

岭

南

祖籍南海　生于澳门

幼年冼玉清与母亲在澳门

1895年1月10日（光绪二十年十二月十五日），冼玉清出生于澳门一个殷实的商人家庭。[1]冼氏祖籍南海县西樵乡简村（今属佛山市南海区）。

西樵山风光清幽秀丽，美轮美奂，人文底蕴深厚，与罗浮山并称"南粤二樵"。书院、精舍林立，湛若水创建大科、云谷书院，几与岳麓、白鹿鼎峙，故称道学之山。西樵山三十六洞之一白云洞有三湖书院，光绪五年（1879）康有为于此攻读经世致用之书，同年游历香港，接触西学著作，眼界大开。

冼玉清自幼受业于康有为弟子、晚清举人陈子褒，受康有为学术和思想的影响，曾撰康氏小传，特别提及西樵往事："光绪十九年举于乡，隐居西樵山读书四年。旋讲学于广州长兴里，广蓄弟子。继览译本西籍。光绪戊戌五月上书请变法行新政。"[2]

西樵山水风光和人文胜迹令人向往，"怜我年年归计阻，新诗吟罢一潺湲"[3]。1950年春，冼玉清回祖居地夙愿得偿，吟诵"为爱故园岩壑好，未曾衣锦也还乡"[4]，欣喜之情溢于言表。

西樵乡简村开村于南宋嘉定三年（1210），现存有岭南传统古镬耳屋，村中有北帝庙，也称祖庙，香火旺盛，祭拜者络绎不绝。简村是岭南现代工业发祥地

1　冼玉清1958年填写"中山大学教职员卡"，籍贯一栏为"广东省南海西樵乡，寄籍澳门"，"永久通讯处"是"澳门下环围一号"。
2　《万木草堂与灌根草堂》，《冼玉清论著汇编》（下）第639页，广西师范大学出版社2016年版。
3　《次和今婴师携女登西樵山谒墓韵》，《碧琅玕馆诗钞》第9页，广东人民出版社2008年版。
4　《庚寅二月廿四日返西樵》，同上第77页。

之一，同治十二年（1873）建有继昌隆机器缫丝厂，雇佣六七百名工人，后搬迁至澳门。

冼氏作为岭南原住民，聚居在珠江三角洲和粤西鉴江流域。

冼玉清称："冼姓是越族旧姓，是广东土著特有之姓……原是越族之姓，外省罕有此姓。如果有，大约是从广东分支去的。"1962年粤剧《岭海风流》上演，吴晗等均称剧中人为"冼夫人"，冼玉清指出，冼姓在广东已近两千年，各房祠堂及墓志碑铭均作冼字，可见冼夫人不姓洗，"根据'约定俗成'之例，冼姓沿用悠久，不能因说文家、音韵学家之言而改作洗字的。"[1]

冼玉清向往南海西樵，更爱恋出生地澳门。她曾在自传中说："我家在澳门，住了五代了。现在西樵故乡也无人识，已视澳门为家乡。我每年返回家三次：寒假、暑假、清明假，家人就办齐衣物给我。"[2]

葡萄牙人于1553年取得澳门居住权，1887年与清廷签订《中葡里斯本草约》和《中葡和好通商条约》。经过400多年东西方文化融合共存，澳门历史城区风貌独特，2005年被评为联合国世界文化遗产。

冼玉清在自传中称："1895年1月，我出生澳门，我原籍是南海西樵，因为咸丰年间洪杨之役，乡间觅食艰难，祖父母逃去澳门做工，生下我父亲，祖父就死了。"冼玉清祖父母前往澳门其实是为"逃荒"，而非躲避洪杨之役。

太平天国起事之前，两广地区水、旱、虫灾不断，百姓陷入饥饿和死亡的困境。

冼玉清父亲冼藻扬，号翰廷，生于1850年5月，卒于1928年6月[3]。冼藻扬少孤贫，年十五辍学，跟族人来往于钦州、廉州、高州、雷州一带经商，1899年（光绪廿五年）创办天和轮船公司，经营"和平""和贵"两轮，开西江轮船航运之先河，日后又在香港、澳门入股投资电灯、牛奶、麻缆公司。冼玉清对他十分钦佩，引以为傲。

冼玉清生母刘氏出身农家，另有庶母文氏。"母亲是农家女，刻苦敏诚。澳门的老一辈，都能津津乐道我父母的美德。""先慈训子不多言，惟重躬行实

1 《冼夫人非姓洗》，《更生记·广东女子艺文考·广东文献丛谈》第176—178页，广西师范大学出版社2016年版。
2 见广东省文史馆藏冼玉清生平档案。
3 冼玉清《乙亥清明前一夕梦先君作》诗云："失怙已七载，茕茕荆棘艰。"

践，平居力作。"家产富足之后，冼母勤俭不改，依然要求子女"务以节省之余为社会地方谋公益"。冼玉清又称："先父是商人，先母是贫农女，她的沉毅勤俭、诚朴忠厚的美德极深地影响了我。"

冼玉清有兄弟姐妹七人，她排第三，弟妹们称其三姐。她说："我父亲因为少年失学，故很注意儿女读书。我同胞兄弟姊妹七人，都受很多教育的。"[1]

长兄冼秉钧（1884—1949），香港大学商科学士，1913年在港独资开办"建昌荣"药庄公司，自任经理，1918年获港府颁"宏展港市商务"金匾。热心公益事业，曾向慈善及医疗机构捐献资金及医疗设备，惠及孤寡老人，1930年港府再授予"乐善行施，扶危济世"金匾，时任香港红十字会荣誉副会长。

次兄冼秉芬（1888—1949），英国伦敦商科大学学士，继任天和轮船公司经理，为港澳及两广地区水上运输及工农业生产作出重要贡献。

少年冼玉清（后排中）与家人摄于澳门

六弟冼秉熹（1892—1958），英国牛津大学法学硕士，又在林肯法律学院深造，取得大律师证。曾任中华民国驻英总领事署法律顾问及英国高等法院特约律师，1937年在香港开设律师行。冼玉清有《四月初二与秉熹弟游园》《送秉熹弟

1　以上引述均见冼玉清生平档案。

游学美国》等诗。

冼秉熹律师行合伙人之一的梁爱诗，是黄苗子外甥女，香港回归后首任律政司司长。黄苗子曾告诉董桥："梁爱诗当年的第一个老板是广东望族冼秉熹；冼秉熹的妹妹正是广州、香港学术界大名鼎鼎的才女冼玉清。"董桥称"冼玉清文章诗词书画都带精致的闺秀气韵"[1]。此处妹妹应为姐姐之误。

五妹亮清为家庭主妇，居香港。六妹瑞清嫁与罗作祥，罗曾任澳门岭南中学校长。七妹妙清从事医务工作。

冼家澳门宅邸，据冼玉清称为其父翰廷君所建，"面东南，层楼屹然，房宇轩敞。东倚风顺堂天主教礼拜寺，环宅老榕数株，碧浸窗牖。寺钟锽锽作声，悠扬入耳。逋客到访，无不羡予居之安也"[2]。圣老楞佐天主教堂俗称风顺堂，有300多年历史，现存教堂为1844年改建，是澳门三大古老教堂之一，被列入世界文化遗产。寺钟指教堂弥撒时摇动之铜钟，另有时钟，双楼并峙。

圣老楞佐天主教堂

下环围在澳门半岛西南部，现称下环街，又称蛤蟆湾街，由李加禄街起至河边新街，长仅460米。2008年，笔者曾往澳门下环街一带寻觅冼玉清故居，知其已经拆除，郑家大屋及其邻近旧建筑正在整饬修缮。

郑家大屋即郑观应故居，原称文华大屋，位于现妈阁街龙头巷，始建于1881年。郑观应（1842—1922）原籍广东香山雍陌村，早年弃学从商，入上海英商宝

---

1 董桥《我跟梁爱诗的舅舅吃饭》，《旧时月色》第312页，江苏文艺出版社2003年版。
2 冼玉清《澳门小住记》，编入《冼玉清论著汇编》（下）时此段遗漏，见陈树荣编著《冼玉清与澳门》第536页。

顺洋行任职，对西方政治经济产生浓厚兴趣，1884年（光绪十年）退隐澳门郑家大屋（为其父郑文瑞所建），埋头著述，完成惊世之作《盛世危言》。他与在镜湖医院行医的孙文颇有往来，据称《盛世危言》中《农功》篇即两人合写。

　　澳门作为文化飞地，在中西交流史和中国近代史上担当了重要角色。中国传统的根基，加之欧风美雨的浸润，在澳门孕育出一代又一代读书种子，冼玉清就是其中之一。

恩师陈子褒

　　戊戌政变失败，康梁党人云集澳门，文化飞地意义彰显。那年冼玉清只有4岁，她晚年叙述："戊戌政变后，缇骑四出，党人多有畏惮回国者，而以赴澳门为多。澳门生活朴简，生活程度低，租值廉，而鱼虾蟹蛤供应不遗，故人多乐居之。当时康有为、徐勤、麦孟华、张寿波等，皆家居于此，而名流之设塾讲学者尤多。"[1]

　　澳门可谓维新运动大本营，著名的《知新报》就创办于此。冼玉清曾撰《谈清末〈知新报〉——广东大力提倡变法维新的报纸》[2]，并留有《〈知新报〉在澳门》手稿，称"戊戌前后，国内最著名之三大报章，可以影响时局，左右人心者，曰上海之《时务报》、湖南之《湘报》，

《知新报》

1　冼玉清手稿《澳门与维新运动》，《冼玉清与澳门》第69页。
2　该文刊于香港《大公报》，并收入《广东文献丛谈》一书。

及澳门之《知新报》"。

《知新报》创刊于1897年（光绪二十三年），初为5日刊，后改旬刊，用白纸三号字铅印成册，每册约15页，内分论说、上谕、京外近事等五栏。总理为顺德何廷光、南海康庆，撰述员有何树龄、徐勤、梁启超等。何树龄（1868—1908），字易一，广东三水人。"又翻译员英文为新会周灵生，美文为新会甘若云，日文为香山唐振越，葡文为葡人宋次生，德文为德人沙士，法文为法人罗查"，冼玉清说："此报出后，风行海内。每篇论说，必署作者真姓名。至光绪二十四年九月二十一日第七十期后，论说删去作者名字，大抵戊戌政变后，各人畏祸，不敢公布其名字矣。""论说出字，务求浅白，期于以人共晓。以余所见，则出至一百二十三期。"[1]

继戊戌变法后，辛亥革命登场，两场运动都与澳门有着莫大关系。1912年，中华民国成立，清帝逊位，革命党人夙愿得偿。冼玉清有幸在澳门领略辞任的临时大总统风采，恭聆其演说。

澳门镜湖医院是由华人创办与管理的慈善机构，赠医施药，为民解困。孙中山1892年在此行医时，曾向医院两次借款合计达银元三千多两（冼玉清记为500元）。1912年5月24日，孙中山回归香山故里，途经澳门，"当时各校学生，在镜湖医院大礼堂开会欢迎，恭聆中山演说"，冼玉清也是听众之一，她当时肄业于陈子褒先生所办灌根学校。陈子褒亲拟请柬，冼玉清晚年还记得大致内容："中山先生手奠山河，名垂宇宙。锦旋有日，取道此间，人士喁喁，温慕风采久矣。兹定某月某日，在镜湖医院礼堂开会欢迎……""随行者有宋霭龄秘书，及中山先生两女，并随从多人。但中山元配卢夫人原住澳门，未有同行也。"[2]

冼玉清恩师陈子褒本属康梁一党，但对革命党人孙中山亦乐观其成，高度赞誉其"手奠山河，名垂宇宙"，足见胸襟开阔，冼玉清称请柬"首数句已甚有分量"。孙中山此次澳门之行，中葡文字记载极少，冼玉清的回忆文字弥补了历史空白。

维新运动促进了中国传统教育的改革和新式学堂的兴起。冼玉清在《澳门与维新运动》一文中介绍，新式学堂有林老虎私塾、启明学校、灌根学校、原生学

1　冼玉清手稿《〈知新报〉在澳门》，《冼玉清与澳门》第70、71页。
2　冼玉清手稿《孙中山民元游澳门》，《冼玉清与澳门》第70页。此文作于1965年卧病期间。

舍、湘父学校、梓州学校等。张心湖在澳门半岛中部荷兰园购地，建别墅称"原生学舍"，为维新志士谈学论政之地，天足会、戒烟会、剪发会等也以此为会所。湘父学校为新会举人、康有为弟子卢湘父创办；梓州学校则由南海举人卢梓川创办，两所学校多港侨弟子，儒师一面授徒，一面讲维新运动。

澳门众多教育家中，陈子褒是佼佼者。

陈荣衮（1862—1922），字子褒，号耐庵，别号妇孺之仆，广东新会人，"十六入泮，奕奕有文名，庚寅廿八岁讲学广州，设馆于六榕寺花塔后之友石斋及芥隐堂，学生六七十人，皆年长应科举者。癸巳举于乡，选五经魁，名列南海康有为先生前。"[1]

梁启超17岁中举，拜师秀才康有为；陈子褒与康有为同年中举且名列其前，竟也曾投入万木草堂门下，可见康氏确有过人之处。陈子褒"读其文自谓不及，

晚年陈子褒

往谒大服。即执贽万木草堂称弟子，其新思想新智识即孕育于此"[2]。康门弟子卢湘父曾述："陈子褒者，与予有戚谊，且为同谱。癸巳恩科中式，与康师为同年。康师第八名，子褒第五，为五经魁之一。榜发后，同年大会，子褒与康师会晤，一见倾倒，即执贽为弟子。"[3]

是年乡试经古题为"如有王者必世而后仁"，康有为以《公羊传》立论，其末段云："嗟夫！沧海横流，慨江河之日下；美人迟暮，叹参差其谁思。渺渺文琴，沈沈旦梦。无王者盖已久矣。日寻干戈，力征经营之祸，惨哉！匆匆望气之下，皆将奔走偕来，曰真人将出，当是时望救民之王者矣。"[4]内容虽无新意，但叙述流

1　冼玉清《改良教育的前驱者——陈子褒先生》，《陈子褒先生教育遗议》第260—261页，广西师范大学出版社2012年版。
2　同上，第261页。
3　卢湘父《万木草堂忆旧》，载《近代中国史料丛刊续编》第66辑之《清季各省兴学史》第55—56页，台北文海出版社1979年版。
4　转引自冼玉清《万木草堂与灌根草堂》，见《冼玉清论著汇编》（下），第640页。

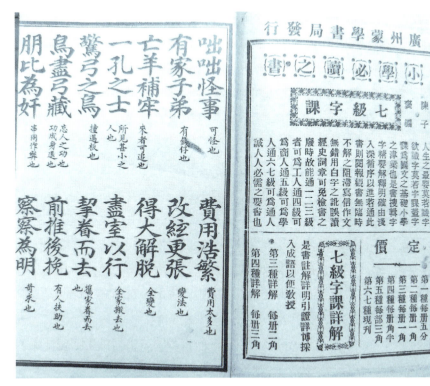

《小学词料教科书》及《七级字课》广告

畅，气势恢宏。陈子褒叹为不及，于是拜师康门，在万木草堂攻读经史。

"戊戌喋血"后，陈子褒东渡日本，逗留逾四个月，全程考察日本小学教育规制，尤为钦服著名教育家、思想家福泽谕吉所办庆应义塾，许多年后回顾此次考察，仍屡屡感叹"五体投地""窃叹曰美矣备矣"。

陈子褒考察日本教育，慨然彻悟"救国在教育耳"！而教育之根本，全系于妇孺。归国后旋即在港澳开创"妇孺之教"，先于荷兰园原生学舍设帐讲学，随后开设蒙学书塾、灌根草堂、子褒学校等，悉废旧学，而导以自创糅合中西教育优长的教学法，十数年间声名鹊起。

陈子褒尤其重视女子教育，1903年起，灌根学校兼收女生，并开办平民义学、夜学，因此在澳门被称为"福翁"。又创办《妇孺报》讨论小学教育，风行一时。

他深刻反思，维新诸君纵横议论："一言及秦始皇、明太祖，则怒发冲冠，肆口谩骂，几欲埋之于黑暗屎尿地狱而心始安者。此何故耶？为此二君者，以愚民为定盘针耳。其愚民之旨，务使国民不识不知耳。"他又反问这些维新者："何以自作论说又专用国民不晓之语，而甘作愚民之文字乎？"[1]其说受到福泽谕吉及日本教育体制启发，当然也离不开康有为万木草堂的影响。

从日本归国之初，陈子褒发起成立教育学会（后改为蒙学会），并撰写《教育学会缘起》，首先强调"一国之强弱，系乎人才，人才之盛衰，系乎教育"，有如黄钟大吕，掷地有声。

他称明代以来以八股取士，于是莘莘学子入学就傅即讽读深奥文字，似与古人由浅而深、由简而繁、由分而合之教法有悖，"去岁漫游日本，获晤彼都人士，求所谓师范校长小学校教员者，叩以教育宗旨，与夫一切条理"，感觉中国教育"既失其本，复遗其末，非全行改革，无以激发国民之志气，浚沦国民之智慧"。因为"读书十年，毫无级数，汩没性灵，虚度日晷，莫此为甚"。中国国民聪慧不让外人，"而竟湮郁于野蛮教法之中，遂成今日不痛不痒世界。识微见远之士，至谓中国之亡，亡于学究之手。岂谬语哉！"[2]

冼玉清称"广东近代言改良教学，主张教育救国者，当推先师新会陈子褒荣衮"，并将其与康有为并列，一为政治家，一为教育家。

灌根学校教育

冼玉清8岁开蒙，"在一个林老虎的私塾读书。9至11岁，澳门启明学校肄业，该校教员是很开通的，那时已学体操、算术、地理、唱歌等科目了"[3]。

林老虎私塾详情待考。启明学校"为沈史云、邓仲泽等捐资创办，力主趋新。教员多留日学生。课程中有物理、化学、体操、唱歌、伦理、生理等。于灌根学校外又别树一帜"[4]。沈史云，广东番禺人，道光三十年（1850）进士，入翰林院，改庶吉士，授编修，后加侍读职衔，曾任广州越华书院、应元书院院长。

1　《论报章宜改用浅说》，《陈子褒先生教育遗议》第14页。
2　《教育学会缘起》，同上第5页。
3　见冼玉清生平档案。
4　冼玉清手稿《澳门与维新运动》，《冼玉清与澳门》第69页。

邓仲泽，名宗伯，广东开平人，父为旅美华侨，少怀大志，与陈少白等友善，曾任香港四邑工商总会会长。

1907年，冼玉清从启明学校转读灌根学校，"我父访得一位陈子褒先生，学问是极好的，开了一间灌根学校，父亲命我往游陈门"[1]。那一年她12岁。

"灌根"意指从根部开始浇灌。灌根学校最早称灌根草堂，又称灌根学塾、蒙学书塾，1918年迁香港，改称子褒学塾，校址设于坚道31号，后来又设女校于般含道25号，男女学生约300人。据1921年《子褒学校年报》记载，子褒学校有男教师14名，女教师6名，所授课程涵盖各门现代小学和部分中学课程。

陈子褒教育精神和灌根学校学风改变了冼玉清的人生轨迹。1952年，她在思想改造"检讨书"中写道："我入学第二年即蒙先师免费，先师曾给我一信，极赞我勤勉兼聪敏，谓之两者兼而有之稀有。我深受感动。我平日极慕先师那种极负责任，与学童同甘苦数十年而不倦的精神。便立志终身从事教育，牺牲个人幸福，以为人群谋幸福……我向往'贤人君子'的人格，我讲旧道德、旧礼教、旧文学，讲话常引经据典，强调每国都有其民族特点、文化背景与历史遗传，如毁弃自己的文化，其祸害不啻于亡国。"[2]

1958年，她在自传中又写道："他（指陈子褒）认为要救中国须从教育入手。我一生受他的影响最深——也立意救中国，也立意委身教育。我自己认为，一有家室，则家庭事务琐碎，不免分心，想全心全意做好教师，亦难免失贤妻之职，二者不可兼得。所以十六七岁我就立志决意独身不嫁。"[3]

冼玉清入读灌根学校时，陈子褒试验新式教育已有8年，并形成按学童年龄分级教授新编教科书的体制。正是那一年，陈子褒撰《论初等小学读本》一文，她后来作按语："编辑小学教科书者多非教育家。教育家多高谈理论而不肯编辑小学教科书，故小学教科书而能适合小学生程度者实不易得。惟先生为通儒而兼教育家，编一书必经数年实地试验然后刊行。故当时学生读其书者，声入心通，日日进步，真有如游琉璃世界之妙。"[4]

陈子褒重西学亦重传统，形象地称"小学训诂"为"解字"，依程度列为七

---

1 见冼玉清生平档案。
2 见冼玉清生平档案，1952年所写"检讨书"。
3 见冼玉清档案。
4 《论初等小学读本》"玉清按"，《陈子褒先生教育遗议》第50页。

级，并视为"子褒教育"精髓。他认为学童教育"识字愈多愈妙"，而识字舍训诂别无他途。"今学西文之风气开矣，人情汹汹，趋之若鹜"，而所谓旧学，趋新之人弃如粪土；新国民教育"欲学童速成，莫若引之观书；欲引之观书，莫若使之多识字。""故欲通西学者必通中学，欲通中学者必通训诂。"当时一般人识三千字便足够，陈子褒认为若欲涉经学史学藩篱，至少须五千字。[1]

"陈式解字课"看似无奇，实寓深意。陈子褒解释，十三经不过六千七百多字，而近日之课本，每日习字，一年所识新字落落如晨星也。他从四级开始分级："有士、农、工、商通行之字焉，是第四级字；有学人通行之字焉，是第五级字；有经史通行之字焉，是第六级字；有经史不通行之字焉，是第七级字。"

他认为，如果注重解字，十五岁学童必可以识第五级字。"五级纯是文学字汇，六级则经史子之罕见者，七级则纯是许氏说文之择出。""循途而施之，每日不过数字，每年一千有奇，及至十五六岁时，可以解经，可以读全史，可以作词章，可以读周秦诸子，而此后专意西文，覃精科学，何患其不深于中文也。"[2]

冼玉清生前一直珍藏着中学普通科毕业证书："六年级女生南海县人冼玉清在本塾中学普通科毕业，今由本塾给与证书。黄帝四千六百一十年正月廿八号，

冼玉清子褒学塾毕业证书

1　《论小学七级字》，同上第57—58页。
2　同上，第58页。

子褒学塾校长陈子褒发。"[1] 可见1912年她毕业时，学塾已改名子褒学校。

陈子褒并非寻常学究，经学之外，尤精史籍，冼玉清赞其"烂熟全史，而能融会贯通，鞭辟入里"[2]。他的史学功底及独特的训诂学方法，也深刻影响了冼玉清。

陈子褒不仅编写识字课本，也编辑学生课文作为辅助教材。《澳门蒙学书塾女生文编》选入冼玉清七篇堂课：《谢友人惠笔启》《约友人射覆笺》《汉少帝非惠帝子辨》《东汉风俗之美多由于老学论》《东汉宦官论》《毛义捧檄而喜论》《以经术润饰史事论》。前两篇是应用文，后五篇为史论文，可见陈子褒教学注重应用，在此基础上培养学术人才。

冼玉清毕业时，所识之字已达陈子褒心目中的理想地步。1922年元旦，陈子褒作《因果》一文回顾所编制七级解字课本，自豪地提及冼玉清："在澳时完全听受七级字者，惟小女翘学及女生冼玉清。玉清从余游八年，得不称为老友乎?"冼玉清按："宋蔡元定字季通，从朱熹游，熹叩其学，大惊曰：此吾老友也，不当在弟子列，四方求学者必俟先从元定质正。先生以老友相称，令人惭感。"[3]

她总结陈子褒与灌根草堂读书方法：读经，从《周礼》以研究古代政制，从《春秋》以明孔子微言，从《仪礼》以究古代伦理礼教；读史，用一条鞭法以研究各个单位，每日点二十四史，而用苏轼八面受敌法分类札记，读九通及《通鉴》，以求历代政治沿革得失；读子，先读《宋元学案》《明儒学案》及朱子《小学》，体认修养之法，然后读周秦诸子以分析中国哲学思想；词章，与万木草堂同，即读《楚辞》《文选》《骈体文钞》《古文辞类纂》，然后专研王、孟、韦、柳、李、杜各家。[4]

陈子褒尊师而不盲从，读古人之书而不拘泥。他承认"师者，吾所遵而行者也"，但如不能突破其思想而墨守指授，无异于困缚牢圈，使学术颓落。他引用亚里士多德名言"吾非不爱吾师敬吾师，然爱敬公理更甚于爱敬吾师"，即后来

1 该证书现藏广东省文史馆，陈树荣编著《冼玉清与澳门》收入影印件，称此证是澳门最早中文毕业证书，是研究澳门早期教育的重要文献。
2 《儒林》"玉清按"，《陈子褒先生教育遗议》第111页。
3 见《陈子褒先生教育遗议》之《因果》篇及"玉清按"，第177、178页。
4 《万木草堂与灌根草堂》，《冼玉清论著汇编》（下）第641—642页。

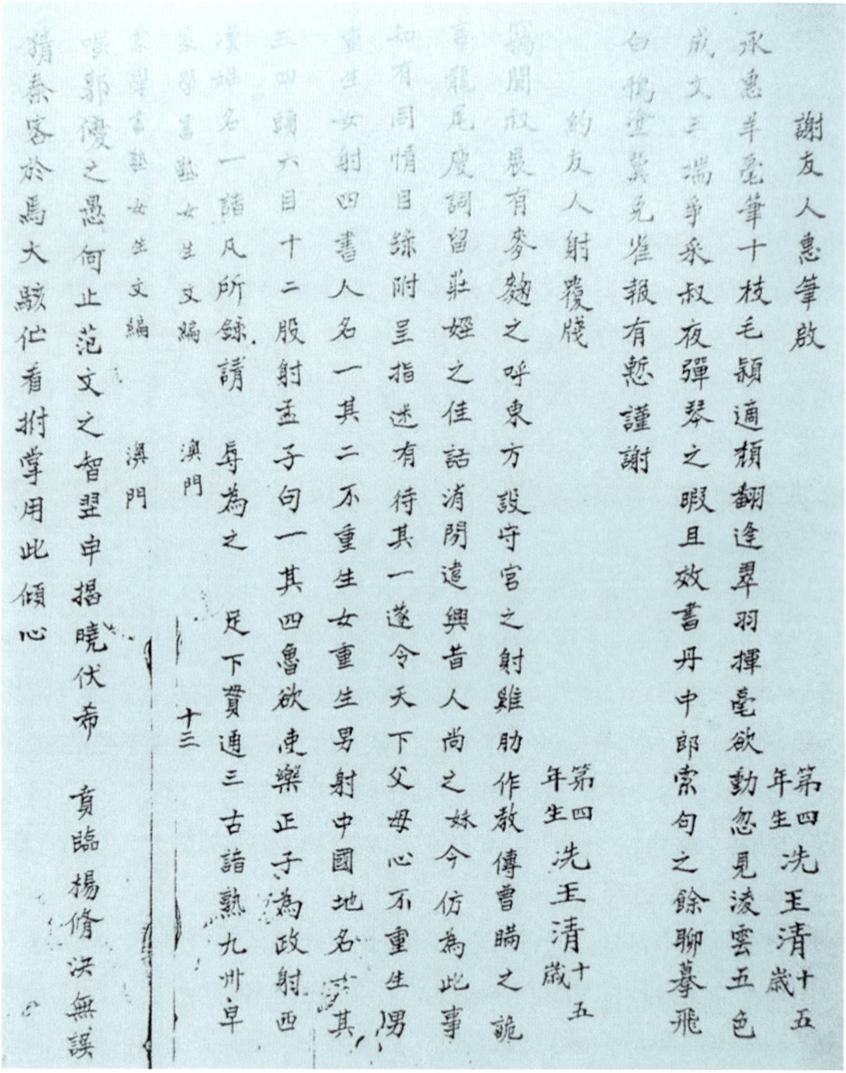

謝友人惠筆啟

承惠羊毫筆十枝　毛穎適頹　翻逢翠羽　揮毫欲勁　忽見淩雲五色

成友三端　爭采叔夜彈琴之暇　且效書丹中郎索句之餘　聊寡蓁飛

白　　　覩免雀報有懇謹謝

第四　冼玉清　歲十五　年生

約友人射覆牋

揭開故扇　有麥麴之呼　東方設守官之射　難肪作教傳曹瞞之詭

喜龍尾度詞　留羞婭之佳話　消閒遣興昔人尚之　妹今仿為此事

如有同情　目錄附呈　指述有待其一逢令天下父母心不重生愣

重生女射田書人名一　其二不重生男射中國地名不重生愣

三四蹄六目十二股射孟子句一　其四魯欲使東樂正子為政射西

漢雄名一諧凡所錄請　辱為之　足下貫通三古諳熟九州卓

蓁　　　　　澳門

　　　　　澳門　　十三

喋郭優之愚　何止范文之智　望申揭曉伏希

請春客於焉大黷仁看拊學用此傾心　貢臨楊修決無誤

《澳门蒙学书塾女生文编》所选冼玉清课文

通译"吾爱吾师，吾更爱真理"。他直指"中国士人，不知此义""终其世在古人圈套内"。[1]

灌根学子折服于陈子褒人格魅力，师生感情不下于万木草堂，"吾侪爱师如父母，尊师如神明。心目中以师为万全万能者"，寄宿男生每天傍晚侍坐，聆听师教。陈子褒读书，每有心得体会，便叩门召集诸生讲论，倦而忘返，倾筐倒箧。尝言："吾年长汝倍，冀汝尽得我之所得。至汝届我之年，则所识当十倍于我。"即使隆冬盛暑，他讲课从不稍辍，冼玉清感叹："其诲人不倦之精神，与爱人忧国之诚意，每足令人感激流涕。"

冼玉清摄于澳门，时年毕业于子褒学塾

陈子褒为人宽厚，待生如子，一视同仁。有一香山女生因土语颇受同学讥讽。陈子褒得知，仿万木草堂方法出一策问题，引《诗经》"谑浪笑敖，中心是悼"和《孟子》尔汝之称典故，称"今世学子，习为轻薄，朋侪相呼，有出乎尔汝之外者""夫下寮佬之绰号，有类尖酸；客家婆之命名，徒供睥睨""然则同学相呼，当遵何道？乃合杜少陵小心事友之道，不乖晏大夫善交久敬之方。试絮论之。"同学们看题目，便知道讥讽乡下同学的行为是错误的。[2]

冼玉清在灌根学校受到学术训练，更获得人格养成。她曾比较灌根草堂与万木草堂风气异同，指其相异之处有三：一任恤一廉洁、一阔大一笃实、一隆重一简易。

任恤即慷慨大度，廉洁则艰苦自守。万木草堂崇尚任恤，其弟子轻视钱财；而"灌根草堂崇尚廉洁，明辨义利，必信必果，故其徒侣多硁硁自守者"。

康有为汪洋恣肆，好为新奇可喜之论，引学子自由思想，而多讥往哲，喜述

1 《争胜古人论》，《陈子褒先生教育遗议》第10页。
2 《万木草堂与灌根草堂》，《冼玉清论著汇编》（下）第643、644页。

前非；陈子褒"夙治宋元理学，以安定、泰山为依归"，"复采福泽谕吉庆应义塾方法，教学生以独立自尊刻苦忍耐，故其学生多笃实者"。

万木草堂注重仪式感，不问寒暑必穿长衫，每日上课必击鼓数巡，学生排班站立待先生升座，"每朔望则习古礼古乐，以继孔子六艺之教"；灌根弟子短衣革履，习国粹拳术与西式体操，学科中包括《新民丛报》。冼玉清得出结论："大底灌根学风，侧重简易与实用也。"[1]万木草堂在戊戌之前，尚可"继孔子六艺之教"；灌根草堂跨晚清民国，地处中西文化交汇的澳门，简易与实用乃受时代与地域影响。

从格致书院到岭南学堂

冼玉清从子褒学校毕业后，又入香港圣士提反女校读了两年英文，其时为1915年，她20岁。圣士提反女子中学（St.Stephen's Girls College）由英国海外传道会创办于1906年，原址在中环坚道27号，1918年汕头大地震校舍受损，1923年迁往西营盘列堤顿道2号。

1918年，冼玉清随父母去广州游览，参观岭南大学，同年转入岭南大学附中读书，从此跟康乐园结下不解之缘："我教书治学于其间，正合士大夫闲逸的口味。况且我是一个独身女子，以事业为丈夫，以学校为家庭，以学生为儿女，久居这块远离尘世的地方，过着书本的生活，恍如'世外桃源'。"[2]

这方"世外桃源"是几代西方教育家努力的结晶，也凝聚了几代中国学子的梦想与汗水。"岭南大学的校史讲述了一个关于勇敢与冒险经历的极珍贵的故事。"[3]追溯岭南大学历史，必须提及美国传教士哈巴，以及他于1888年创办的格致书院。

安德鲁·哈巴（Andrew P.Happer）1844年来华传教，是美国基督教长老会

1　《万木草堂与灌根草堂》，《冼玉清论著汇编》（下）第644—645页。
2　见冼玉清档案，1958年简历。
3　威廉·欧内斯特·霍金《〈岭南大学简史〉前言》，《岭南大学》，李瑞明编，岭南（大学）筹募发展委员会，1997年1月版。

（Presbyterian Church）广州布道团的先驱。
1879年，哈巴牧师向全美基督教长老会提交报告，认为"中国应该有一所基督教教会大学来为整个中国服务"。这所拟议中的大学，"在结构上完全等同于新教叙利亚学院，应有一个预备学校，一所文理学院和一所医学院"，在美国设托管会负责提供资金和委派校长、教授，在中国组成董事会负责管理包括土地和校舍在内的当地事务。[1]新教叙利亚学院即贝鲁特美国大学，1866年由美国基督教长老会创办，在当时已经取得显著成就。

哈巴牧师

　　哈巴还建议校址选在北京、南京或上海，以便服务全中国，当时美国圣公会主教施约瑟也开始在上海筹建圣约翰大学。哈巴还设想，在这所大学可以说北京话，但课堂教学必须使用英语："能说北京话和英语的毕业生可以成为世界公民。"郭查理对此极为赞赏："今天，联合国的五种官方语言中，这两种都包括在内。"

　　可惜哈巴的报告未获通过。

　　1885年1月，广州布道团香便文牧师（B.C.Henry）回国休假，再次向海外差会递交创办基督教大学的报告。报告认为，广州人正越来越追求高层次学识，开办教会大学是现实需要，可以给年轻教众和广大普通百姓提供学习英语的途径。报告希望这所大学的学生获得文科学士学位，其知识水准可以媲美任何一所优秀大学。

　　报告提出将校址定在广州："以广州为代表的区域，其人口之众相当于法国，面积还大于法国。这一地区为自然屏障所分割，说的语言也迥异于中国的其他地区。在整个华南的辽阔大地上，人口已达3000万到4000万，却仍未有一座学府为当地人民提供高等教育，对此，所有有关人士越来越引以为憾。"

　　1885年下半年，哈巴牧师回国，再次提出在中国开办基督教大学，他的计划

1　郭查理《岭南大学简史》，《岭南大学》第6页。郭查理（Charles Hodge Corbett），又译作柯比德。下引同，第6—8页。

终于得到批准。12月7日，长老会海外差会决定："鉴于哈巴牧师的品德、热情和广泛经验，海外差会热切同意由他来执行这项任务，以期早日成功。"

1886年4月30日，中国基督教大学托管会在纽约中央大街23号布道团大楼成立，哈巴被推举为秘书兼司库，他随后募得款项30万美元。1887年11月，他被托管会任命为校长，受权到中国租房办学。

哈巴等对中国教育体制进行了深入研究，并拟定了建校大纲。其前言扼要介绍中国科举考试和教育制度，称通过或准备参加科举考试的200万人，是中国3亿人口的统治阶级，而中国教育"局限于孔孟儒家经典，只包含了伦理学和政治哲学的体系，对天文、地理、自然科学、化学、药学、外科学、机械、心理学、形而上学或宗教的理解都很不正确。因此，涉及所有这些学科的错误观点和见解在学者和文盲中间都很普遍"。

按照建校大纲，"在中国即将开办的学院"分三部分：预科、本科和医学部。建校大纲附有27位支持者签名，包括曾任清廷幼童出洋肄业局副监督容闳、曾任美国驻华公使杨约翰、哈里斯堡的西蒙顿法官、圣路易斯的布雷肯利芝法官、前美国教育部官员约翰·伊登、普林斯顿大学校长麦克科仁、纽约大学校长霍尔、密执安大学校长安吉尔、安姆赫斯特大学校长西尔叶、伍斯特大学校长斯科弗尔、联合神学院院长希区柯克等。

总理幼童出洋肄业局事宜关防从1872年7月开始，先后派出四批120名幼童留美。这一计划于1881年中途夭折，原因是清廷害怕幼童受到西方思想腐蚀。幼童被遣送回国，容闳暂住美国，因此有机会参与岭南大学最早的规划，以延续其教育思想和教育强国梦想。

广东士绅听闻哈巴筹集巨款建设大学的计划，辗转向托管会递交请愿书，要求将校址定在广州，共有400多人签名，包括38位翰林或进士、100多位举人和秀才、100多位政府官员。请愿书称哈巴老先生"秉铎东来，宦游粤省，久于其位，展二西之经纶，泽及斯民，发五车之蕴蓄，粤之人士咸深感其沾溉之广且远焉"，因闻集有巨款欲汇来粤，"创设中西格致书院，以育英髦而培实学，恩明谊美莫过如斯"，众士绅"拭目而俟，冀栽培之雅化如愿相偿，此不独同人所翘企，尤为阖省之瞻依"。[1]

---

[1]　《附李宏彰等公函》，见《岭南大学接回国人自办之经过》第3页，岭南大学出版委员会印行，中华民国十七年五月版。另见《岭南大学》第169页。

"阖省缙绅"请愿令哈巴十分感动，他改变初衷，将校址定在广州，决心在中国传统教育和现代教育之间架一座桥梁。

1888年春天，格致书院（Christian College in China）在广州沙基金利埠（今六二三路）正式开学，80位学子参加入学考试，30人被录取，第一位报名并被录取者正是缙绅请愿领头者陈子桥之子陈少白。

1900年10月，格致书院学生史坚如响应孙中山惠州三洲田起义，谋炸广东巡抚德寿未果被捕。"时先生（钟荣光）与吴节微等，极力营救坚如，且曾偕美国人尹士嘉同谒总督，卒以太迟无效。"钟荣光时任格致书院华文总教习，又与史坚如同学。坚如既死，两广总督李鸿章认为学校有纵容学生革命之嫌，欲加追究。钟荣光建议格致书院急迁澳门，并改名岭南学堂，以避其锋。

迁址改名后的岭南学堂设于澳门荷兰园张家花园，与陈子褒的蒙学书塾相邻。钟荣光与陈子褒同为光绪甲午科乡试举人，过从甚密，彼此敬重。冼玉清比较二人异同："（钟）先生高明而褒师沈潜，先生发扬而褒师笃实，先生讲基督教而褒师讲宋元理学，先生欲培植领袖人才而褒师在培植基层人才，先生冀岭南成为大学，而褒师致力于妇孺教育，名其讲学之所曰蒙学书塾，褒师服先生之规模阔大，而先生服褒师之刻苦忍耐。"钟荣光每年暑期延请陈子褒到岭南学堂教授国文，其后所用国文师资，多由陈子褒举荐；蒙学书塾则聘钟荣光兼任体操教员两年，"以一曾吸鸦片之科举中人而教体操，当时引为佳话也"。[2]

格致书院迁澳门，钟荣光与陈子褒由此结下深厚友谊，也种下冼玉清后来与岭南大学一世因缘的种子。

藏修之所康乐园

1904年，岭南学堂从澳门迁回广州。校长美国人尹士嘉在名牙医刘子威帮助下，设法在广州康乐村购下一块30英亩（约12.14公顷）地皮作为校址。康乐园的

1　冼玉清《写在钟荣光校长归葬后》，《冼玉清论著汇编》（下）第682页。
2　同上，第682—683页。

马丁堂（1907）

名称即来源于此，早期建筑群的建设始于1906年，建筑以红砖绿瓦为主要特征，融合中西建筑风格，兼具艺术美感和实用功能。

《钟荣光先生传》中简略交代了当时购地情形："岭南学堂先从康乐村购地，陆续四面推展，渐涉五村，隔山、凤凰、下渡诸村，其类不一，或属农作地、林地、坟地、荒地，学校凭中人洽价，畸零分段收购。在迁入之年，已管业二百华亩。庶务员何秋树先生，奔走磋商，至为得力；然村人亦有反对外力侵入，故意拒售，以相争持，卒于1905年发生冲突，土枪砰砰，凌空而过，引起一场虚惊焉。"[1]

村民安土重迁，不愿世代居住的土地被外人占有，岭南开拓者们也不愿与村民发生武力冲突。据岭南大学校史，从迁校之始购地200亩，至1912年已达300余亩，后来增至700余亩。零星购置所得校地，多为山地，亦有农田，价格不一，共值银十万余元，其中坟地索价尤高。岭南与村民的纠纷一直拖到1917年，得时任省长朱庆澜相助劝导，相关村民才慢慢接受价格，陆续迁离。

康乐园最早建筑物是临时性平房木屋，计有南北两大座，作为教师宿舍及课

1　杨华日《钟荣光先生传》第22页，岭南大学广州校友会2003年印行。

室，当时学生只有61人。不久，纽约托管会派年轻建筑师司徒敦来到广州，重新勘察校园，努力在不规则的校园内完成平面设计。

1907年，岭南学堂第一座永久性建筑落成，是当地第一栋钢筋水泥结构建筑，外墙用硬质红砖，十分引人瞩目。当时叫东院，后来改称马丁堂，因得辛辛那提州亨利·马丁赞助，又由董事会出售证券提供2.5万美元。马丁堂现今仍屹立康乐园中。马丁去世后，其夫人仍然资助了一项奖学金，并在遗嘱中提出继续向岭南学堂提供捐赠。[1]

草创阶段的校园看上去光秃秃的，"1908年，宾夕法尼亚州立学院的高鲁甫园艺师到来后，开始了系统的植树活动。不久，校园里就植上了李树、榕树、樟树和荔树，为校园增色不少"。

岭南学子视学校为大家庭，因校旗为红灰二色，他们自称"红灰儿女"。学校每年举行全校运动会，也参加省内运动会，学生们组成啦啦队，一齐高喊："岭南！岭南！岭南！"他们以校园为骄傲，简又文晚年撰文记叙校史，其题为《岭南，我岭南》。

十年树木，百年树人。树木不易，树人更难。十年之后，康乐园终于"花影鸟声，长林衰草"。百年之后，康乐园物是人非，草木依旧，莘莘学子徜徉其间，享受前人遗留的华盖浓荫，是谓泽被后世。中国古代书院往往选择风景佳胜之地，以便静思藏修。西方自古注重学院建筑，古希腊柏拉图得朋友资助在雅典城外阿卡德摩（Academy）建立学园，此即学院之始。康乐园建筑宏伟壮观，经久耐用，为中国现代学院建筑树立了典范。

冼玉清当年被康乐园美景吸引，至晚年犹难忘怀："有一次父母带我去广州玩，参观岭大，我觉得这地方远离市尘，真是藏修之所。于是转入岭大附中，一读读了两年中学，四年大学。"她称香港是花花世界，与其性格不相宜，"这里远离城市，隔绝尘嚣，花影鸟声，长林衰草，都是令人留恋的。而且图书馆藏书不少，借书研究很方便"[2]。杨华日也称康乐园"以其远离闹市，可使青年与浇风恶习隔绝；而校园地势高起，风冷气清，师生起居生活其间，其乐融融，如自成一大家庭然"，父母送子女远来寄宿，虽伤别离，"然见学校环境之佳，未尝不

1　郭查理《岭南大学简史》，《岭南大学》第31页。下引同。
2　见冼玉清生平档案。

1916年落成的怀士堂

释然于怀也"[1]。

冼玉清入学之前，康乐园建筑大有改观。1912年，董事会授权岭南大学建造行政楼，约翰·肯尼迪夫人捐款2.5万美元，她要求取名格兰[2]堂，以"永久地铭记为学院作出重大贡献的人"。格兰堂因屋顶设一巨钟，又称大钟楼，当时校长办公室、图书馆、会计室、书店、银行、物料仓、印刷所等均设于此。现在格兰堂仍是中山大学行政办公楼。

1916年，基督教青年会办公楼落成，它是学校标志性建筑，被称为怀士堂（Swasey Hall），由安布雷·史怀士出资2.5万美元兴建。史怀士是克里夫兰州华纳和史怀士公司总裁，该公司生产机床，曾为当时世界上最大的几个望远镜制作底座。

董事会主席积臣捐献1万美元建筑一栋别墅，供校长尹士嘉夫妇居住，在他去世后被命名为积臣屋（Jackson Lodge）。

芝加哥的塞路斯·麻金墨夫人（Mrs.N.F.McCormick）捐建了两栋宿舍，分别为第一和第二麻金墨屋，建成于1911、1913年。前者原为岭南中学校长葛理佩住宅（现为东南区一号，即陈寅恪故居）；后者位于怀士堂东侧，原为岭南中学副校长陈辑五住宅。

黑石屋建成于1914年，由芝加哥的伊沙贝·布勒斯顿（Black Stone）夫人捐资，为时任副校长钟荣光住宅。艾克曼·高礼士博士出资修建了一栋别墅，为副校长林安德医生住宅，被命名为高礼士屋（Coles Lodge）。毕业于宾州大学建筑学系的梁华伦教授在这些建筑修建过程中起了关键作用，他是岭南大学教师梁敬

1　《钟荣光先生传》第21页。
2　威廉·亨利·格兰（William Henry Grant）长期担任纽约托管会秘书兼司库。

敦的弟弟。[1]

岭南大学护养院落成于1919年，冼玉清当时已经入学。护养院由学校第一位华人董事马应彪捐建，他在广州、香港和上海开设先施百货公司。1920年，作为男生宿舍的爪哇堂落成，经费由钟荣光向印尼爪哇各地华侨劝捐而来。

著名建筑设计师亨利·墨菲是燕京大学燕园设计者，参与设计了康乐园后期建筑，包括陆佑堂与哲生堂，这些建筑都具有显著的岭南元素。康乐园形成从怀士堂、惺亭到北门游泳池，越过珠江直望白云山的中轴线，与墨菲有着很大关系。

1917年清明节也是国民政府规定的植树节，广东省省长朱庆澜率领省府官员莅临康乐园，他发表演讲后在怀士堂前种植了一株木兰树，令在场师生十分感动。之后，康乐园举行"女校日"活动，内容包括演剧和户外游戏，约800名妇女儿童前来参观，取得巨大成功。

岭南堪称贵族学校，学费之贵甲全国。冼玉清能入读，因其父在澳门、香港经商，家境殷实。陈序经晚两年入学，他的父亲陈继美在南洋经营帆船运输并种植橡胶，他后来回忆："岭南的经常费主要靠学生缴交的学杂费，这一部分大约占经费支出的百分之六十。岭南的学费相当高，我念中学时每年要六七百港币，而且每年收费多少也不一样，经费不足时就提高学费。"[2]

岭南学校环境很幽静，管理很严，从小学一年级开始招收学生。陈序经记得每班课室楼上就是宿舍，大约住30个学生，每班有自己的食堂，有专门负责管理的教师和保姆，从学习到生活，学校完全负责。家长把孩子送来，除学费、膳宿费外，还要交生活费，看病、添置衣服都由学校代办，每学期成绩单、账目单一同寄给家长。他说："尽管岭南收费比国内其他学校高，一年要六七百元港币，但和港澳、南洋、美洲的洋学校来比，岭南收费还是少得多，以香港来说，在皇仁、圣士提反这种学校，每年要一千多元。"[3]

早在1908年，岭南学堂就通过学生向家长劝捐，认捐1000元者，在课室门楣题名纪念，并为其中一名学生奉送十年免费学额。当年共有80人认捐，校长晏文

1 郭查理《岭南大学简史》，《岭南大学》第48页。
2 陈序经《有关岭大与钟荣光的几点回忆》，载《广州文史资料选辑》第13辑。
3 陈序经《有关钟荣光校长的几点回忆》，载《广州文史资料选辑》第34辑。

士和钟荣光在江孔殷陪同下逐个拜访认捐者和当地官员。7月3日，第一学期最后一天，岭南举行游园会，学校动用12艘汽船、4条紫洞船和许多小船接送家长和其他客人，23位高级官员与会，包括广东提学沈曾桐、前驻美公使梁诚等。

据《岭南大学简史》，1918年，大学部学生不仅同意增加学费和房租，还在4月22—28日发起捐款活动，共筹集港币17855元。孙中山捐款2000元，朱庆澜省长和部下捐1万元，督军捐2000元，前驻美公使伍廷芳捐400元，教职员工捐1600元，此外尚有校友、外国友人和海关总监捐款近2000元。5月25日，董事会秘书兼司库格兰总结道："中国人已答应在1917到1918财政年度中给我们筹集12万多美元。其中9万元用于校舍建设，3万元用于日常开支。此外，学生将缴纳的学杂费、房租、伙食费和其他费用能达到近6万美元。这样，学校共有18万美元。"[1]

聚沙成塔，集腋成裘。康乐园就这样变得枝繁叶茂，花团锦簇，书声琅琅，弦歌不辍。

1　郭查理《岭南大学简史》，《岭南大学》第53页。

第二章

立

志

勃勃有生气，是之谓材

从1918年到1924年，冼玉清在康乐园学习6年，其中2年岭南中学，4年岭南大学，她正朝着"出为国家社会健全之人民"这个方向发展和努力。

1918年印行的《岭南学校提要》介绍："本校作始于三十年以前，成功将在今三十年以后。其宗旨在以最新之学识、最正之道德，以栽培吾华之青年。使出可为国家社会健全之人民，入可为家庭善良之子弟。"[1] 由格致书院而岭南学堂而岭南大学，走从由小学、中学而预科、大学的发展之路，逐渐向现代教育模式迈进，其方式即美国大学流行的通识教育。其中一个代表人物便是钟荣光。

1898年，钟荣光以举人身份考入格致书院，学习英文、算术及各种自然科学，时年32岁。1900年，他被岭南学堂委任为汉文总教习，"教学相兼"，播下日后华人治校种因，奠定了岭南学堂重西学亦不废中学的学术格局。

钟荣光（1866—1942），字惺可，广东香山人。曾入广州"陈石吴馆"受业，"精于八股，粹于经文"，又熟知世界潮流，能以开放心态接受欧风美雨。他主持广州《博闻报》时，因刊发有损基督声誉文章，教会大为不满，要求政府封报捕人。钟荣光前往拜谒美国领事，持"广东举人钟荣光"名片，使领事折服。后来教会长老左斗山为此事竭力奔走，《博闻报》又发表一文赞颂基督教精神，遂使报馆与教会和解。钟氏感激左斗山仗义，左氏亦爱钟氏才华，两人过从渐密。"时报馆之烟榻，常见斗山坐床沿说教理，津津不竭，先生则倦卧静听而

钟荣光与许仲庸

1　《岭南学校提要》第1页，1918年4月刊，见广东省档案馆"岭南大学档案"。

已。"[1] 1899年，钟荣光在香港受洗为基督徒，左斗山也如偿所愿。

岭南学堂迁广州康乐园伊始，建筑缺乏，生活艰苦。钟荣光老友罗星海对人说："惺可做枪，月入逾千，今在岭南，月薪仅二十五元，而处之泰然，且其前后迥若两人也。"做枪，指代人考试。冼玉清评论："先生所以笃信宗教者，谓基督教能救其灵魂也。盖先生平昔所过者，为极浪漫极腐化之生活，而宣教士所过者为最规则最纯洁之生活，两两相比，遂觉今是而昨非，遂幡然悔改，所谓放下屠刀，立地成佛，然亦非绝大聪明者不能。"[2]

冼玉清本人并未受洗入教，但耳濡目染，也受到基督教精神陶冶，她日后不婚不嫁献身教育，与钟荣光献身宗教有异曲同工之妙。她还曾说过："玉清尝谓教育乃神圣事业，倘不理会神圣事业之真义者，不可为教师，庶免自误误人也。"[3]

钟荣光（右一）与诸生合影于岭南木屋。左起：廖奉献、罗有节、廖奉恩（其余不详）

岭南学堂搬回广州后，陈子褒、钟荣光仍保持联系。1914年，《岭南学生报》创刊，是为岭南校报，陈子褒应陈辑五之邀作序，慷慨陈词，饱含对教育事业的热情及对岭南未来的希望。他写道："欲新中国，必培养未死之人心；欲培养未死之人心，必由学校。未死之人心者何？少年也！""故培养未死之人心，舍新教育之学校莫由""鄙人于岭南学堂称观止矣。道德，根干也；学校，枝叶也；勃勃有生气，是之谓材。"[1]

其后蒙学书塾毕业生多转学岭南，包括罗有节、廖奉献、廖奉恩、陈桂娴、周文刚、陈肇、卢景端等。[2]杨华日未入岭南前，亦从业于陈子褒，"母校教授陈辑五、陈德芸、区励周及先辈同学冼玉清、周文刚、简鉴清、李应林、陈肇祥、陈肇根、朱寿恒等都是陈老师的门生，可见杨华日同学的文学修养，其来有自。"[3]

冼玉清1920年摄于广州长堤

陈氏弟子此后一直主持岭南国文教育，在冼玉清之前，有陈辑五、陈耀桢、陈颂豪等。

冼玉清负笈岭南，也见证了广州这座华南都市的近代化进程。她一直珍藏着一帧1920年摄于长堤的照片。

广州向来分属南海、番禺两县。1918年10月，广州成立市政公所筹备建市。1920年10月，陈炯明任粤军总司令兼广东省省长，随即宣布建设计划，以发展交通、教育等公共事业为首务，12月23日颁布《广州市暂行条例》。次年2月，广州市政府成立，孙科为首任市长，广州成为独立行政区域，市区以越秀山公园为中心，街道向北拓展，包括旧属番禺、南海两县各一部分。广州是中国第一个将县、市分立的现代城市。

1 《岭南学生报序》，同上第124—125页。
2 《写在钟荣光校长归葬后》，《冼玉清论著汇编》（下）第683页。
3 李毓宏《漫谈〈钟荣光先生传〉》，《钟荣光先生传》第122页。

长堤，珠江北岸挡水堤坝也。清代中期，珠江北岸淤积加剧，河滩发育，长堤区域始成滩涂陆地。光绪十五年（1889），两广总督张之洞奏请在珠江北岸筑建长堤，"弭水患，兴商务"，其任期内完成天字码头一段，之后历任主政者续修，分为西濠、东濠、芳村等段。1914年，长堤贯通，东接大沙头广九火车站，西连黄沙粤汉火车站。

长堤马路工程同时进行，至1920年填筑完竣，西起沙面，东至大沙头，全长约4.5公里。长堤大马路取代西关成为新的商业中心，著名店号有大三元酒家、大公餐厅、先施公司、海珠大戏院等。

广州原以越秀山为中心，珠江远离城市，康乐园地处河南（今海珠），更是偏僻乡下。长堤的修筑拉近了岭南大学与广州市的距离。岭南学堂"最初6个月，与广州城间的交通是靠一只三人划的小船，每日往返两次来维系的。此后，就由刘惠士组织的合股公司所有的一艘汽船替代了。这是第一艘汽船，后来又有多艘，有的使用汽油，有的使用蒸汽"[1]。

冼玉清曾作《长堤曲（在广州）》一诗，叙述长堤繁华景象："江水悠悠今古情，到处珠娘唤渡声。长轮大舸纷来往，横江一叶扁舟轻。回头堤上眼光眩，车龙马水人迹并。云楣绣栉栉相比，波心影落开层城。五都货聚百族会，耳目震古陋两京。曜灵匿影华灯明，剧场歌院弦索鸣。女伴㩗裳归缓缓，游人访酒重行行。万钱日兴何足似，千金一掷还相矜。"[2]

广州是清代唯一对外通商口岸，西关是长堤崛起前的商业中心，也是著名的十三行所在地，民初仍是广州金融业、饮食业中心和商贸大本营。

西关原属南海县，分为上西关和下西关。冼玉清《甲子十月孙中山火西关商团焚劫三日》一诗自注："西关为南汉时昌华苑。"西关宝华、逢源、多宝等街道，多豪门富商大宅，雕梁画栋，亭榭楼台，号称西关大屋。亦有众多历史悠久、闻名遐迩的老字号酒楼，如广州酒家、陶陶居、清平饭店、泮溪酒家、莲香楼、趣香饼家。

西关也是广州商团大本营。1924年5月，商团以100万元向丹麦商行订购军火1300余箱（包括枪支子弹），8月中旬运抵广州，被孙中山军政府以走私为由

1 郭查理《岭南大学简史》，《岭南大学》第31页。
2 《碧琅玕馆诗钞》第17页。

扣留。商团以罢市为威胁要求交还军火，得到10月10日发还枪支许诺。当日，商团在长堤西濠口放哨戒严，与纪念双十节的游行群众发生冲突，造成100多人死伤。次日，广州军政府仿效苏俄组织革命委员会，武力围攻西关，15日晨放火焚城，大火蔓延数日，烧毁房屋3000余所，烧死平民1000余人。

军政府与商团之间是非难辨，冼玉清更关心遭受兵燹的百姓和古建筑。她在诗中写道："烽火连年惨穗城，废池乔木厌言兵。临流已识江湖沸，惊梦偏来鼓角声。新市万家余劫火，平陵三日躁饥鯶。昌华旧苑休重问，只有关河庾信情。"[1]

兴百姓苦，亡百姓苦。冼玉清于1920年作《东山姥》一诗，明显受到杜甫"三吏三别"等作品影响，揭露军阀混战造成社会混乱，民不聊生。其题记曰："庚申十月，民军与莫荣新军战于东山。翌日，莫去粤。余至东山观战后状况，有感而作。"

风起云涌

冼玉清生活于风起云涌天翻地覆的年代，五岭之南的广东成为中国革命策源地。身处其中如同观一幕幕大戏，你方唱罢我登场，城头变幻大王旗。她因此感慨："惊心时局百回肠，无限江山螟色苍。杨柳多情应眼倦，卷葹未死总心伤。楼台变幻知何世，风雨纵横讵一方。极目沧波徒袖手，有人披发托佯狂。"[2]

追溯岭南大学历史，钟荣光与孙中山的交谊值得一书。钟荣光1896年加入兴中会，继而开办《可报》《博闻报》及《安雅报》，埋下参与民国政治、振兴岭南大学的伏笔。

1912年5月3日，孙中山辞任临时大总统回香山故里，途经广州应邀视察岭南学堂，"是时钟先生亦已由美赶回，率同葛理佩代监督及学生队伍，迎于江干，同步至马丁堂。时礼堂已人山人海，坐立俱满，欢呼之下，恭请孙先生登台训

1　《甲子十月孙中山火西关商团焚劫三日》，《碧琅玕馆诗钞》第21页。
2　《春暮感怀》，同上第7页。

话。"[1]孙中山说,辛亥革命已经推倒恶劣的政府,扫除前进中的障碍,今后国家建设要做的事情很多,谁来负责呢?这就要靠青年学生了。他对校园规划、学校发展和教学质量大加赞扬,并对岭南学堂寄予很大期望。

冼玉清尚未入读岭南,无缘睹此盛况,但24日孙中山途经澳门,在镜湖医院发表演讲,她有幸在现场聆听演讲。

1921年1月,孙中山被广州非常国会推举为大总统,坚持组织北伐,推翻北洋政府,"造成真正民国",其政见与倾心联省自治的陈炯明发生分歧,双方决裂。次年6月16日,陈炯明部下围攻总统府,孙中山走避永丰舰,指挥海军炮轰广州城,史称永丰舰事件。宋庆龄避难沙面电话求助,钟荣光派出悬挂美国国旗的岭南大学域多利号电船,将其接到学校,然后转乘江风小电船前往黄埔。

1923年12月21日,孙中山偕夫人宋庆龄作客岭南大学[2],出席代理校长白士德家庭午宴,然后应邀到怀士堂发表著名的"学生要立志做大事,不可做大官"演讲。他说,古今人物名望的高大,不在于他做的官大,而在于他所做事业的成功,学生要做有益于社会的事,不可做大官。要重新把中华民国建设好,让民国的文明,将来能和各国并驾齐驱。

演讲结束后,钟荣光邀请孙中山至黑石屋饮茶叙谈,"当时孙大总统坐在厅中大交椅,其余西教授及学生领袖环立其左右,相与讨论中国及国际种种问题。孙大总统英语流利,思想敏捷,恍如舌战群儒,各政治历史教授均无以难之"[3]。

据说,正是因为这次演讲,孙中山萌生创办广东大学的念头。广东大学为"文武两校"之文校,后来更名中山大学,1952年院系调整后迁校岭南大学康乐园。如今,商承祚手书孙中山"学生要立志做大事,不可做大官"的高论镌刻在中山大学小礼堂外墙,给人以时空轮转的错觉。中山大学小礼堂即岭南大学怀士堂。还有一个细节,1921年4月5日,广东省长兼粤军总司令陈炯明应邀到康乐园参加植树节活动,在怀士堂前种下一棵樟树。

1924年5月1日,孙中山在廖仲恺等人陪同下第三次到岭南大学,出席史坚如烈士像揭幕暨黄花岗烈士殉国纪念会,发表演说勉励学生学习黄花岗先烈的志

1　杨华日《钟荣光先生传》第27页。
2　1964年3月,廖梦醒赠陈君葆照片一帧,题记:"1923年12月21日,中山先生偕夫人赴广州康乐岭南大学演讲,我与校长到码头迎接所摄。君葆先生惠存。"
3　杨华日《钟荣光先生传》第65页。

孙中山、宋庆龄抵达岭大码头（廖梦醒赠陈君葆照片）

孙中山演讲后与岭大师生合影

气，学习新道德，发奋读书，研究为人类服务的各种学问。

1925年3月12日，孙中山逝世于北京协和医院。13日，岭南大学生员一千多人开会追悼，会场就设在怀士堂。学生会主席黄菩生主持纪念仪式并致悼词，陈辑五牧师率众祈祷。吴铁城将军代表广东省政府出席并发表主题演讲，高度赞扬孙中山的巨大勇气，对事业的执着，其博爱以及对国家的热爱，他号召大家投身到孙中山所倡导的革命运动中去，实现孙中山的理想。

代理校长白士德向纽约托事会汇报："吴铁城在回驳船码头的路上对岭南大学送行者说，这次活动给他留下了深刻印象。高冠天也认为，吴铁城对这次活动感到很惊奇，因为传闻常说教会学校不培养学生的爱国主义。"[1]

1925年春，蒋介石率黄埔学生军驱逐陈炯明，并解决滇桂军杨希闵、刘震寰部。驱赶滇桂军战斗发生在5月至6月，珠江一带是主战场。"凡此诸陆上及河面战役，岭南学生群登马丁堂顶楼，可隔江观战。当东郊学生军分队包抄，滇桂军迅行崩溃，军官乘马乘轿而逃；又当军舰麇聚校前江面，忽而上驶，忽而后退，发炮远轰，使学生心情紧张，无形停课矣。"[2]

冼玉清又有感叹："乱离怜我频年惯，独自江楼揽涕凭"[3]。注为"校友均求避地岭南大学"。对她而言，这只是乱离的开始。

黄埔学生军讨伐滇桂军战役刚刚结束，香雅各校长从美国回到广州，他带回一个好消息：董事会同意再建一座理科楼；同时也带回一个坏消息：途经上海时，那里发生了"五卅事件"。

上海的抗议活动迅速波及华南。6月19日，香港海员、电车及印刷工人宣布罢工，其他行业纷纷响应，罢工人数达25万，约10万人回到广州。广州英、美、日洋行和沙面租界工人随即加入罢工行列。23日，工人、商人和学生在东较场集会，并游行到沙面租界对岸的沙基，包括岭南大学300多名师生。下午3时，游行队伍与租界军警发生冲突，当场死亡50多人，重伤170多人，轻伤者不计其数。岭南大学教师区励周和学生许耀章死亡，另有5名学生重伤，被送到城里的医院抢救。"学生们对发生的惨案十分气愤，对英国人更为痛恨，因为他们认为沙面

1 见郭查理《岭南大学简史》，《岭南大学》第67页。
2 《钟荣光先生传》，第65页。
3 《碧琅玕馆诗钞》第14页，诗题为《中秋日忽有兵警全城骚然书事二首》。

的主要势力是英国人。"¹

一场风暴正在酝酿，岭南大学几乎遭灭顶之灾。当天晚上，有人在校园内散发传单，鼓吹中国人起来驱逐帝国主义者。校委会开会安排运回区励周和许耀章遗体，由钱树芬、高冠天、香雅各和白士德共同签署，用中文发表声明，对惨案表示遗憾。

副校长白士德是英国人，人们怀疑他事先知道英国人要开枪。第二天早晨，他被迫离开学校，辗转经沙面乘轮船赴香港。在轮船上，他从沙基惨案亲历者口中得知，黄埔军校学生走在离岭南队伍后面约50码处，行进中一位苏联军官命令开枪，致1名法国人死亡，4名英国人受伤，沙面武装人员开枪还击，法舰阿尔泰号机枪扫射，造成惨案的大部分伤亡。

初为人师

科举制度虽然废除，但旧传统仍然保存着，文人雅士仍然以日常生活中早已不用的文言文写作。"学生们难能做到两全其美，既掌握能令传统主义者满意的古文风格，又能受到当代生活所需的现代教育。"²这是那一代学人面临的窘境，也是新文化运动产生的背景。

胡适和陈独秀以《新青年》为阵地，掀起以白话文为核心的新文化运动。1917年初，蔡元培任北京大学校长，聘陈独秀为文科学长，留美归来的胡适为文科教授，倡导"思想自由，兼容并包"，实行教授治校，使北大成为新文化运动中心。

受新文化运动影响，教育部相应修改简化了各级学校对文言文教学的要求，岭南大学也同样进行了调整。

冼玉清古文功底扎实，她就读岭南大学时，陈辑五任国文系主任，两人数年

1　《岭南大学简史》，《岭南大学》第70页。
2　同上第60页。

未曾谋面，"盖学校特免余修读国文，故未侍先生讲席"[1]。

1919年5月4日，北京爆发学生爱国运动。18日，钟荣光通知广东教育界在广州城内九曜坊教育会内开会，决议致电声援北京学生，并通知各校展开运动。25日下午，广州50多所学校代表在小东门广东高等师范学校礼堂开会，岭南仍由钟荣光代表，当时学生分为"激烈""和平"两派，岭南、培英等教会学校属于"和平"派。[2]

新文化运动对冼玉清本人的影响不言而喻。她在灌根学塾研习多年，打下坚实的传统文化根基，此后一直使用浅显文言文，并写作旧体诗。而在思想上，她能与时并进，采用新式学术研究思路与方法。

1918年岭南已有第一届大学毕业生，陈序经回忆，"这个时期学校有很大的扩张，办了小学、中学和大学"[3]。郭查理也说："1918年，从广州寄给董事会的信中表明，6月份将有第一名大学部的学生从该校文理学院毕业，后来得知还有一名学生也毕业了。学校的最后报告表明一共有3名毕业生，即陈廷凯、卢家炳和李汝俭。"[4]

这3位毕业生被授予学士学位，经教务长邓勤（Duncan）争取，"纽约大学已承允加授该校学士学位文凭，以岭南所发证书合璧为据。同时美国第一流大学之承认岭南大学毕业生资格，愿接纳申请直接入研究院者，计有哈佛、耶鲁、哥林比亚、康奈尔、约翰哈近司、密斯近、士丹佛等十余校。由于岭南地位提高，校誉鹊起，不到四年之间，大学本部注册学生已激升至193名"[5]。

承认岭南学历并开放研究院的北美大学还包括芝加哥、奥伯林、伊利诺斯、威斯康辛、明尼苏达、加利福尼亚、华盛顿州立和多伦多。岭南大学图书馆1919年的馆务报告称，此时学校图书馆共有中文图书6319册，英文图书约8600本。

1916年，校长晏文士知难而上，决心建立体系完整的大学部。那时学校共有381名学生，其中大学部只有23名：一年级12名，二年级10名，三年级1名，四年级缺。学校气氛使大学部学生很不适应。大学部教务长邓勤努力改变这一状况，

1 冼玉清《记陈辑五教授纪念会》，载《岭南周报》1938年4月11日第三版。
2 黄韶声《"五四"运动在广州》，《广东文史资料》第24辑（1979年）第18—20页。
3 陈序经《有关岭大与钟荣光的几点回忆》，载《广州文史资料选辑》第13辑。
4 郭查理《岭南大学简史》，《岭南大学》第51页。杨华日称大学行毕业典礼为1920年6月。
5 杨华日《钟荣光先生传》第40页。后三校今译：约翰·霍普金斯、密歇根、斯坦福。

使大学生所用教室、宿舍、食堂和其他学生分开。1920年，爪哇堂建成，成为男大学生的第一座宿舍楼，情况更为好转。

1920年大学部入学4人，1921年3人，1922年11人，1923年13人，1924年17人。上述数字总和是48人，其中女生8人，包括1924年毕业的冼玉清。

晏文士校长意识到，要实现他的目标，学校还必须进一步加强大学部师资力量，开设更多更好的课程。岭南学堂正式经国民政府教育部立案成为文理科综合大学，小学、中学部仍然保留，与大学部同设于康乐园。

1924年6月，29岁的冼玉清毕业于岭南大学文学院教育科。年底，她以论文《中国诗之艺术》获学士学位。

岭南大学毕业生多出国留学，大学部尚未成立前，中学毕业生也都选择赴美国读大学，比如廖德山之女廖奉献、廖奉恩。廖德山早年毕业于广州博济医学堂，挈家赴澳门行医，其女奉献、奉恩都就读灌根书塾，是冼玉清同门师姐。廖德山应岭南学堂之聘担任校医兼授生物学课程，廖氏姐妹随之迁居康乐园。

岭南中学宿舍及运动场

冼玉清曾在香港圣士提反女校读过英文，家境殷实，她并未选择出国深造，而是决定留在国内，献身岭南。

冼玉清毕业前一年，已兼任岭南大学附中的历史、国文教员。[1]她说："民十二年，余就中学专任教员之席。当时中学校长葛理佩，代监督白士德均甚踌躇，以为美国大学小学有女教员，而中学绝鲜用女教员，盖中学男生，最难管教，非女子所能驾驭，尤非青年女子所能驾驭。陈仲伟、孙雄谓余非普通女子，力请试之，卒不失陈孙所望，遂开女子教中学男生之始。"[2]陈仲伟为《岭南学报》编辑，孙雄时任岭南大学附中主任（监学）。

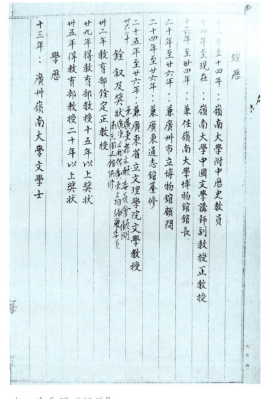

冼玉清手写"经历"

岭南附属中学或称预科，1912年正式成为五年制中学。稍后改回四年制，最后定为初中高中六年制。葛理佩任校长、孙雄任监学时间最久。葛理佩学养深厚，教学经验亦丰富，著有《英文津逮》（Mastery of English），为当时流行的中学英文课本。

1926年底，葛理佩与大学文理学院院长邓勤辞职回国，香雅各校长任命何荫棠为中学校长，并请尹士嘉重回岭南，出任文理学院院长。不久，孙雄监学也辞职，由曾昭森接任。到30年代，岭南中学学生增至400余人，抗战前已筹划在学校东区另辟地二百亩建筑新校舍。

冼星海是冼玉清任教岭南中学时的学生，她一生引以为傲。冼星海祖籍番

---

1 据冼玉清生平档案"经历"，"十二年至十四年"任"岭南大学附中历史教员"。

2 《写在钟荣光校长归葬后》，《冼玉清论著汇编》（下）第684页。

禺[1]，1905年出生在澳门，17岁入读岭南附中。

冼玉清后来回忆："1922—1924年，我在岭南大学附中教国文和历史课。星海当时是附中的学生，曾在我班上课足足两年，课余也常到我的宿舍叙话。他家贫，便一边做学生，一边担任附中的银行乐队指挥，半工半读，而且奉母住在校园。"[2]

她在另一篇文章中介绍："据我所知，星海童年丧父，他母亲感到家无余粮，抚孤不易，同时认为南洋容易谋生，于是便带他去星加坡，她在养正中学当

音乐家冼星海

洗衣工人，星海则在养正中学半工半读。"新加坡养正中学是岭南大学所办，1921年，岭南大学派教师林耀翔去南洋募集基金，把冼星海等养正中学一批优秀学生带回广州。

冼星海在养正学习非常用功，成绩突出，而且爱好书法。他每天早晨磨墨一砚盂，有暇则临摹挥洒，至墨尽为止。其字学邓石如，养正中学每有筹款会或展览会，多请他挥毫，写成四屏及对联。他到岭南附中后，写字、作曲、吹直箫都是特长，而其书法后来为音乐所掩。冼玉清说："日月虽逝，对于这位四十多年前勤学苦练的好学生，我仍然难以忘怀。"[3]

冼星海在岭南附中工读，每天在格兰堂售卖书籍、纸笔等物约两小时，同时加入岭南银行乐队，吹奏直箫，以此收入缴交膳费及学费。他常到冼玉清家中问学，被告以习字口诀："字无百日功，勤学便是工。笔执正，墨磨浓，画平企直贯当中，排匀撇捺分西东。"冼星海一丝不苟地抄在笔记本上。

1929年，冼星海赴法国勤工俭学，临别托冼玉清照顾其母。冼玉清慷慨资助

1　今广州市南沙区榄核镇湴湄村有冼星海故居（应为祖居），并辟纪念馆，笔者曾往参观。
2　《冼星海中学时二三事》，《更生记·广东女子艺文考·广东文献丛谈》第168页。
3　《冼星海练字的故事》，《更生记·广东女子艺文考·广东文献丛谈》第170—171页。

500元，这在当时可算一笔巨款。

冼星海回国后参加抗日救亡运动，创作了《保卫卢沟桥》《在太行山上》《到敌人后方去》《黄河大合唱》等著名歌曲，曾任延安鲁迅艺术学院音乐系主任，1945年病逝于莫斯科。1955年冼玉清赋诗纪念："人民歌手早相推，天外虹霓气吐时。万里渡洋曾托母，卅年论学忝称师。黄河合唱排山岳，救国军歌壮鼓鼙。唤起众心齐奋发，遗音不忍更追思。"[1]

春秋佳日六榕亭

冼玉清早年入前清翰林江孔殷家掌书记，得以结识李凤公等书画名家。她曾说："余昔从李公学宋元画，杜诗所谓'酒后常称老画师'者也。"[2]"酒后常称老画师"，杜甫《送郑十八虔贬台州司户伤其临老陷贼之故阙为面别情见于诗》句。

江孔殷（1864—1952），字韶选，又字少泉，广东南海人，祖上为茶商，巨富。少年入万木草堂，与钟荣光等同门。光绪三十年（1904）恩科进士，入翰林院，授庶吉士。世称霞公、江太史。曾任天津海关道、广东清乡总办、广东候补水师提督。1911年广州起义失败，协助潘达微收葬七十二烈士于黄花岗。辛亥革命后淡出政坛，在广东政、商、学界影响力未减，岭南大学各种活动常见其身影。

江孔殷于宅邸办兰斋家塾，延师教育子女学英文、绘画等科，"冼玉清慕名而至，得到江孔殷的同意，在这个私塾专从李凤公学画"[3]。她接受传统文人画笔墨技法训练，也涉足书法金石、博物鉴古等领域。限于资料，尚不清楚拜师具体时间及情形。江孔殷十一女畹微擅长书画及粤曲，十三子江枫，艺名南海十三郎，喜爱粤曲。兰斋家塾教师除李凤公外，尚有罗瘿公等名家。

1　《及门冼星海逝世十周年纪念》，《碧琅玕馆诗钞》第84页。
2　《更生记》，《更生记·广东女子艺文考·广东文献丛谈》第20页。
3　江沛扬《江孔殷与冼玉清的"文交"》，《羊城古今》2006年第3期第58页。

　　李凤廷（1884—1967），号凤公，广东东莞人。曾任广州市立美术学校国画系教员。1911年创办水彩画函授学校，次年创设广东铸像公司，从事石膏像艺术创作。1921年参加广东省第一次美术展览会筹展工作，任国画审查员。

　　美国华盛顿《美术杂志》曾于1925年5月刊登毕玉涵博士文章，介绍李凤公及冼玉清："在广州与予接近之二美术家，一为李凤廷，当地有名之画家及雕刻家，次为冼玉清女士，诗人而能画者，李君之言曰：美术之美，无种族与国界之分，普世界同此忻赏。"

　　1923年，农历癸亥年，赵浩公、潘至中、黄少梅、罗艮斋、黄般若等成立癸亥合作画社，地址在司后街（今越华路）小东营，后邓芬、卢子枢、黄君璧等人加入。每周雅集切磋技艺，曾在惠爱路禺山中学内举办两次画展。

六榕寺花塔（1930年代）

　　1925年4月，社友们商议扩大组织，筹备更大规模的国画研究机构，以"树立国画宗风"。1926年2月，癸亥画社扩充为广东国画研究会，经省教育厅立案，亦在禺山中学举行成立画展，李凤公等加入。同年10月，六榕寺住持铁禅和尚支持，将寺中人月堂辟为固定会址，以后会员雅集、展览多在此进行，铁禅亦成为画会主要成员。

　　冼玉清亦为国画研究会成员，有诗"猛忆故园旧俦侣，春秋佳日六榕亭"，自注："校员在圣哲楼开书画展览会，余在广州亦与友人结社于六榕寺。"[1]

　　1925年10月，国画研究会借《广州七十二行商报》副刊出版《国画特刊》，载有冼玉清《中国女子在画学上之造诣》一文，勾勒三国至清代近两

<hr />

1　冼玉清《参加燕京大学落成典礼书事》，《碧琅玕馆诗钞》第24页。

千年女性绘画历史，大致介绍传统绘画中闺阁一派的发展及艺术风格。冼玉清认为，"绘画一道，娴静优美，与女性最为相宜"，并概括出女子绘画独特的审美趣味："若乃兰闺画水，几净窗明，点缀缥缃，写其情性，非独可以安骸遣虑，抑亦足以融趣栖贞，尚矣。"文中评论画家虽寥寥数语，但颇见艺术涵养，如谓清初南楼老人陈书"风神道逸，机趣天然。花鸟草虫，绝无脂粉气习"，而横波夫人顾媚"风兰雨蕙，笔墨外有一种妩媚之趣，想见含毫邈然"。[1]此文是迄今所见冼玉清最早画学论述，也是其最早论文之一。

冼玉清学画，非宗李凤公一家。1921年（辛酉）作《九如图》[2]贺父亲冼翰廷七十大寿，自题："九如图，辛酉孟春模奇峰画为家大人上寿，玉清呈。"

高奇峰（1889—1933）与其兄高剑父及陈树人合称"二高一陈"，创始岭南画派，1922年被岭南大学聘为国画教席，未到任，由何漆园代行，后被聘为名誉教授。冼玉清《九如图》中鱼鳞颜色，表现鱼之动态技法，以及赋色、构图、材料均带有日本画风烙印，但意境却完全是中国传统文人画趣味，游鱼一侧缀以粉红花瓣，独具匠心，祝寿意味更浓。图画九条鱼畅游于水中，寓意"九如"，是清代以来流行的祝寿和表达吉祥的方式。可见她早期画风明显受高奇峰等人影响，高奇峰曾画过不少《九如图》。

冼宝干为此图题赞："寿相九如，诗人善颂。写入画图，彩生松栋。九五饷用，鱼藻乐胥。比类合谊，爱日长娱。"题识："玉清侄笃学能文，兼工绘事。今岁在辛酉，乃父翰廷中翰七秩开一，玉清以九如图上寿，余览而嘉焉，伯氏宝干书于瑞芝书屋。"

冼宝干字雪耕，南海鹤园人，光绪九年（1883）癸未科进士，主纂《佛山忠义乡志》《岭南冼氏宗谱》。冼玉清受其影响颇大，尝作诗纪念："话到艰难空掣泪，别多生死几吞声。古人不作徒心许，愧我蹉跎髀肉生。"[3]

1925年秋，陈辑五教授托图书馆主任陈德芸向冼玉清索画。冼玉清绘菊花一帧并题："秋心各抱，异色同香，灵均夕对，志洁流芳。"陈辑五为其题册页："冼子玉清，与余为同门，在岭校同事。工诗文兼擅丹青。去秋余索其画，得其

1　冼玉清《中国女子在画学上之造诣》，载《国画特刊》，国画研究会1925年10月印行。
2　现藏广东省文史研究馆，是目前所见冼玉清最早画作。下文冼宝干题跋录于此图。
3　《怀族父雪耕先生佛山》，《碧琅玕馆诗钞》第20页。

赫绿二菊。" [1]

冼玉清作画注重写生，曾作《晚晴携画具至小港作野外写生因系以诗》："诗囊画楂自清娱，到眼溪山尽画图。十里松杉初过雨，疏烟残日费描摹。水潋莎平螟色迟，江花红紫望参差。他年最系相思处，云桂桥边放鸭时。" [2] 小港即晓港，在广州河南康乐园以西数公里处，现晓港公园筹建于1958年，内有云桂桥，明代何维柏始建，造型简练明快。

冼玉清又有《题自绘白菊立轴》诗："淡到无言意转深，篱东小立自沈吟。渊明去后谁真赏，好与西风托素心。" 她生性喜欢素洁，除菊花外还喜画水仙图。1923年，江孔殷以清真体填词《题冼玉清水仙图卷》，盛赞 "冰萼亭亭，风鬓袅袅，寒宵净洗瓷。绛帐温如丹，炉傍遍天遣，幽花作伴，羞写胭脂；早伏案，平添多箭瓣，素描容蕊金比色，牡丹都贬"。 [3]

冼玉清1935年仿宋代黄筌、赵子固、徐熙画作《水仙图》，商衍鎏1946年为其题诗："诗书余事生花笔，绰约仙姿迥出尘。解佩汉皋留色香，凌波洛浦蕴丰

陈辑五题冼玉清册页

1 冼玉清《记陈辑五教授纪念会》，载《岭南周报》1938年4月11日第三版。
2 《碧琅玕馆诗钞》第16页。下引同。
3 引自江沛扬《江孔殷与冼玉清的"文交"》，《羊城古今》2006年第3期第58页。

神。坚贞石友孤根在，清浅梅兄索笑频。莫谓寒冬穷未转，凭君开放扫芳春。"[1]
冒广生、龙榆生等曾为此图题咏。

冼玉清与江孔殷忘年相交，于画艺外经常切磋诗词歌赋。冼玉清年轻气盛，秉性耿直，往往据实提出意见，江孔殷虽为前辈，又有太史令名，亦能虚心接受。1924年，冼玉清辑成《碧琅玕馆诗钞》，江氏过目后写七律一首，颇多奖掖之词："阁主长真席道华，绛帷环侍障青纱。翻书目笑秦皇帝，续史心仪汉大家。进士头衔名不栉，秀才巾帼貌如花。天人典群高凉后，赢得先生两字加。"后来，冼玉清辑成《碧琅玕馆诗钞乙集》，江氏再为题诗。

1930年，冼玉清从燕京归来，作《北游》七律一首："轻装襆被出江乡，壮丽初瞻旧帝疆。烟雨描摹归画本，江山收入诗人囊。胜流意结壶觞约，到处争流翰墨香。我已忘机似鸥鸟，海天空阔任遨翔。"江孔殷和曰："西山此去恋仙乡，笑我园居似辟疆。可有余钱随客仗，尽多佳什付奚囊。吸收松子千年髓，消受荷花十刹香。到处却无矰缴虑，云中独鹤任回翔。"[2]

冼玉清师出李门，博采众长，卓然成家。郑春霆编著《岭南近代画人传略》，将其独立一节，与众多名家并列。

年轻的博物馆长

中国基督教大学建校大纲声明："一俟中国人得有办学之经验及能力，便将学校主权归还。"1909年，岭南大学纽约董事局昃臣董事长向钟荣光建议：华人收回岭南后可设立董事局于广州。之后如需美国人赞助，他们仍愿尽力。

1925年6月，岭南同学会商量改组，拟增加董事局中国董事，分设广州行政部，指挥学校行政事宜，随后组成林逸民、李应林、黄启明等九人同学顾问部。

1926年4月，钟荣光再赴纽约，出席岭南大学董事局年会，当场发表意见，

---

1 见《琅玕馆修史图题咏笺释》第3页。杨权著，广东人民出版社2016年版。
2 《北游》，《碧琅玕馆诗钞》第26页。江孔殷诗三首，见江沛扬《江孔殷与冼玉清的"文交"》。

称将学校主权归还中国人之时机已成熟，"国民政府成立以后，有益人民之事业，多能尽力办理；一般人民之知识，亦日见增高，正是发展校务之良好机会"，并提议速行立案："一是尊重中国政府，及中国主权；二是符合美国人创立本校之宗旨；三是年来中国社会变动频仍，而学校之组织与事业，适应时势需求，自然有改革之必要；清源正本之办法，厥为立案而已。"[1]

钟荣光所谓社会变动频仍，暗示波涛汹涌的非基督教运动，董事局因此达成共识，一致同意岭南大学向中国政府正式立案。

钟荣光回国后，分别向全校欢迎大会和岭南同学会年会报告纽约董事会议案通过始末。同学会成立基金委员会，由钟荣光提名林逸民、李应林、甘乃光、钱树芬、陈廷恺、陈肇祥六人为委员。

9月18日，岭南大学致函美国董事局，认定该校为"基督教的、国际的、私立的、中国人主权的大学"，要求改组董事局，由中国人主持，并设立行政部常驻广州，学校行政事宜交由中国人自主。[2]

同年10月18日，国民政府方公布《私立学校立案规程》，宣布对外国人及教会所办学校与国人所办私立学校平等对待。岭南大学是中国人收回自办的第一所基督教大学。

香雅各

1927年8月1日下午，岭南大学新旧校董交代典礼在怀士堂隆重举行。岭大同学会会长钱树芬任主席，岭大秘书长高冠天宣布开会，暑期军乐队奏乐。钱树芬致开会词，卸任校长香雅各博士代表纽约董事局将学校之印交与新校董会，又以学校全图表示校园房舍，交与新校董会应用。他在演说中称"举行交代典礼，可谓得偿夙愿，完成董事立校初志，真是极愉快极庆幸之事"，他说离职董事仍将"听候新校董会指挥，尽力以求岭南大学之进步"，"因为宗教及教育是无国界，是无种界，倘若中国

1　转引自《岭南大学接回国人自办之经过》第9—10页；《岭南大学》第173页。
2　同上，第10页；第173页。

人需用我等帮忙，我等一定热烈帮忙，以冀造就人才，为党国服务。"[1]

钟荣光代表新校董会行接收礼，他希望旧董事继续助力，并形象地比喻"美国的女儿嫁给了中国"："今日本校可比美国养成一良好女儿，女长而嫁，人情之常。父母爱女者，必不因其已嫁而脱去关系，中止慈亲之爱。""鄙人承认本校为美国女儿，嫁归中国，仍望旧董事以慈母之爱，不断的为物质与精神之帮助。"

钟荣光

钟荣光强调，学校所设置各学科，力求实际知识与技术，近日各校学生忙于革命工作，多数无暇读书，"无怪学校多一批毕业生，国家即多一批高等游民"。

岭南向被指为"贵族学校"，钟荣光说，岭南大中小及侨校学费，300至400元，包括修金、膳费、堂舍费、试验室费等，并不比港沪各校多，如果遽然减收学费会造成财政困难。"且富家子弟，亦无减收之必要，是以一律照章收费。"[2]

国立第一中山大学[3]校长戴季陶出席省政府会议后特意赶来祝贺，他希望大学能"分工合作"，国立中山大学和私立岭南大学是广东两个主要的大学，在学科、财力、人才等方面要做到分工合作，以使各种学问取得均衡发展。

主权交接后，香雅各中文职务为顾问，英语称校务长（监督），他同时还是美国基金会常驻董事。交接仪式温馨祥和，既彰显了中国人的志气，也让美国人感觉受到尊重。

接回自办之前，岭南大学取中美两国教育之长，内部组织颇称完善。国人接回完全自办以后，岭南大学已有文理、农两学院，另设蚕丝学院。并计划将文理两科分立，筹划增设商科、教育、美术、家政、音乐等学院，以期建成世界知名大学。

1　《岭南大学接回国人自办之经过》第21页。另见《岭南大学》第179—180页。
2　钟荣光演讲内容，见《岭南大学接回国人自办之经过》第22—26页。
3　1927年8月，国立中山大学更名为国立第一中山大学。

冼玉清1951年摄于岭南大学博
物馆。此石像系康有为于意大
利购归赠送岭南大学

　　按照岭南大学组织系统，每学院设院长一人，由校长荐请校董会聘任。各系设系主任一人，由院长于教授中选出，荐请校长聘任。大学设秘书、注册、会计、庶务、医务、侨务处及图书、博物馆。各处、各馆设处长、馆长一人，在校长指导下统理事务。

　　1925年，岭大国文系主任陈辑五请冼玉清转教大学国文。"余毕业大学后，即任本校附中国文，至是乃转任大学科目。"[1]她后来回忆。

　　仅仅一年后，年轻的冼玉清又被委以博物馆馆长重任。学校秘书李熙斌送来博物馆馆长兼注册处副处长聘书，并以"一时双长"相贺。冼玉清甚觉诧异，于是往见钟荣光校长探知原委。

　　岭南大学自从建成马丁堂后即设有博物馆，初由葛理佩、高鲁甫、巴罗赞等外籍教员搜集标本相赠。钟荣光每赴南洋、美洲，游踪所至，亦买当地文物归赠博物馆，以供大众观摩。他称冼玉清性好艺术，馆中品物繁多，多贵重难得者，

1　《记陈辑五教授纪念会》，载《岭南周报》1938年4月11日第三版。时间记为1926年，似误。

应有细心且有能力者料理，冼玉清正是适当人选。他又说博物馆现虽仅有雏形，将来必有扩充光大之日，希望冼玉清勉力为之。

岭大设立注册处，上为呈报政府，下为应付学生，钟荣光说也应得一有记忆力且有定性之人担任此责：有记忆力则能熟认学生，有定性则能留心整理案牍按时呈报政府，而不会耽搁疏忽。他希望冼玉清暂居副处长，待熟悉情况后再作安排。[1]

博物馆琐事已多，注册处须终日坐办公室，平时无时间从事教学，冼玉清自感难以三全，于是同意就博物馆馆长职，钟荣光也同意她辞去注册处副处长职务。

根据私立岭南大学组织大纲，教员分教授、副教授、讲师及助教四级，均由校长聘任，或由院长荐请。冼玉清1925年受聘为国文系助教，于1928年晋升为讲师，而钟荣光委以博物馆馆长重任，可见其对冼玉清之关爱，欲留她为岭大长期服务。

博物馆馆长一职令冼玉清改变职级，在校内外成为谈资。岭大当年各类"职教员一览表"中，冼玉清身份多称"馆长"，常列席有关审定学校工作及人事任免等高层校务会议。岭大博物馆除馆长外，编制仅有书记一名。[2]

钟荣光兼通中西文化，杨华日描述其"侧影"："先生头脑新颖，不落窠臼；爱提倡新潮，不同凡响。久用墨水钢笔，以轻其便也；凡作书上下直行，但各行由左而右，以其不易沾污也。所用私钤为圆形，中镌名字，外绕西文；行文不拘古文语体，词达而已。"[3]

1928年夏天，钟荣光以国民政府教育行政委员会常务委员身份北上南京述职，旋即被任命为中央侨务局局长。中央侨务局设于上海江干，专为招待联络海外各地及归国华侨，宣示祖国怀远柔仁德意。在此期间，岭南大学内部行文以副校长李应林署名，外部行文则由钟荣光和李应林联署。

1929年夏，冼玉清北游燕京，适逢钟荣光出差旧都，两人相会于张荫棠之西山石居。得知燕大和清华欲延聘冼玉清，钟荣光极力挽留："岭南极需人，尤

1 《写在钟荣光校长归葬后》，《冼玉清论著汇编》（下）第684—685页。
2 见《私立岭南大学校报》第一期第30页，1927年10月出版。
3 《钟荣光先生传》第8页。

需一心一德以教育为终身事业之人。吾子生活简单，又恬静无其他野心，于岭南最为理想；就第二方面言，岭南为吾子母校，人地皆熟，又无政治色彩，于吾子性质亦为相宜，愿毋他适也。"他又进一步分析："且北平为国内菁华所聚，清华、燕大，不患教授无人。"并向冼玉清承诺："岭南僻处海陬，聘人不易，吾子必毋行，岭南必不负吾子者。"冼玉清回忆，当时张荫棠也力陈服务桑梓的重要性，感人至深，遂使她打消另谋他就念头。

第三章

北

游

燕园观礼

　　1929年秋，冼玉清应燕京大学教务主任周钟岐之邀，参加燕大新校舍落成典礼。

　　周钟岐1926年任岭南大学商科教授时与冼玉清相识。1928年1月9日，岭南大学校务会议代主席高冠天复函附中何荫棠主任称："来函关于修改三宿舍事，已转知审查会周钟岐主席从速进行矣。"[1]4月8日，顾颉刚等乘船到岭南大学，"钟岐导至其寓，少憩，冼女士来，同到漱珠冈景园野食（饭菜皆泽宣夫妇所备），摄影。至纯阳殿看烧香。回岭南，钟岐又请吃饭"[2]。顾颉刚时任中山大学历史系教授兼主任、图书馆中文部主任。周钟岐离开广东后，被聘为燕京大学教务主任。

　　燕京大学1916年由汇文大学、通州华北协和大学、华北女子协和大学等校合组而成，由美国基督教长老会、英国基督教伦敦会等合办，同年在纽约和北京分别成立托事部与董事会。1919年初，司徒雷登被基督教各差会选为燕京大学校长。

　　燕大校址初设于北京盔甲厂汇文大学，女子部在灯市口。司徒雷登上任后即着手选择新校址，筹建新校舍。不久购得原陕西督军陈树藩位于北京西郊海甸的肄勤农园，占地约380亩。此地为明代勺园、清代睿亲王府，又称淑春园。陈氏最终以6万元出让，同时捐出2万元，由燕京大学设立奖学金，每年供陕西10名学生免费入学。司徒雷登经多方奔走，将校址扩展到700多亩。此后约十年间，燕京大学陆续建成88座大小建筑物，共费美金约250万元。

　　冼玉清初到北京，曾住东城锡拉胡同19号基督教女青年会。后来搬至燕京大学，下榻姊妹楼[3]。姊妹楼又称南北阁，为四方形双层两幢雕梁画栋建筑，造型、色彩完全一样，与教学楼适楼（圣哲楼）构成品字形，在未名湖以南，是女生部区域，又称燕京女子学院。

1　高冠天致何荫棠函，现2016年广东崇正拍卖公司春季拍卖会。
2　《顾颉刚全集·顾颉刚日记》卷二，第152页。中华书局2011年版。
3　《参加燕京大学落成典礼书事》注释，《碧琅玕馆诗钞》第26页。

　　燕园的设计者美国人墨菲（Henry Murphy，1877—1954），是20世纪上半叶中国校园建筑的潮流引领者。毕业于耶鲁大学建筑系，在纽约成立墨菲丹纳建筑设计所，1914年来华。1919年经杜威介绍认识胡适，并向蔡元培校长提出设计承建北大新校舍方案。其中北大迁西山方案，以紫禁城建筑为典范，建筑群采用相连的四合院格局，与西山优美的喇嘛寺相协调。可惜该建筑计划终因财政困难而化为泡影。

　　墨菲于1920年介入设计燕园，模仿紫禁城，平面布局以长方形院落次第展开，正门朝向西边，园内未名湖、博雅塔（自来水塔）和图书馆等建筑与玉泉山琉璃塔形成中轴线，布局合理，巧夺天工。胡适曾经评价："中国学校的建筑，当以此为第一。"[1]

　　"巍巍博雅临湖立，错认浮屠蠹道场。闲坐岛亭看塔影，湖风湖水共清凉。""校有博雅塔，为蓄水用，岛亭在湖心。"燕园建筑风格，时人总结为"一塔湖图"：塔即博雅水塔，湖指未名湖，图系图书馆。

　　燕园环境优美，未名湖以南姊妹楼一带尤其如此，诗中描述："花静帘低枕簟幽，四邻灯火望中收。梦回良夜人天寂，残月辉辉姊妹楼。"

　　墨菲的两个校园设计方案何其相似，北大所失，燕大得之！胡适当年或许会感到遗憾。然而世事无常，1952年因高等学校院系调整，燕京大学被撤销，北京大学从沙滩搬入海淀，墨菲设计的"中国第一园"成了北京大学校园，这个结局

贝公楼

冼玉清下榻的燕园姊妹楼

1　《胡适全集》第31册，第754页，安徽教育出版社2003年版。

是胡适万万没有想到的。

回到当年，新校舍落成典礼于1929年9月27日至10月1日在燕园举行。燕大董事会主席颜惠庆称燕京大学发展一日千里，应该感谢"司徒雷登博士之鼎力经营"。美国校董以金锁赠燕大校长吴雷川，寓意事业永固。此前，燕京校方印制《燕京大学校舍略图及建筑用费报告》分派来宾，吴雷川在引言中称："至若捐资者之盛德嘉惠，与夫经营缔造者之苦心，是在教学于斯者永永铭勒，力图报称，固非此小册子所能奉扬于万一也。"[1]希望来宾继续捐款，多多益善。

冼玉清出席燕大新校舍落成典礼，感慨万端，遂成《参加燕京大学落成典礼书事》一首，开头两句极言燕园之壮观："画栋雕薨拟帝宫，胶庠地拓几千弓。"自注："大学在燕西海甸，建筑壮丽拟皇宫。"言燕大新校舍模仿紫禁城风格，地域辽阔。后接"万邦士女齐观礼，髦髫冠裳庆会同。"显系夸张修辞，因此诗注来宾人数："代表来自国外者三十余人，国内者四十余人。"[2]

宣读学术论文是落成典礼重要内容。顾颉刚日记："燕大开幕纪念，日有游艺及开会，予亦被邀宣读论文。"9月30日，他与容庚同到校，"到丙楼，宣读论文"。[3]（丙楼亦称穆楼，今北京大学外文楼。）冼玉清称"代表皆以方帽玄袍，排队升座相继演说"，并描述："方帽玄袍一色新，居然儒者气恂恂。万人稷下齐倾听，炙毂雕龙递主宾"。

典礼又有体育运动会、游艺、戏剧表演等节目。"飞扬顾盼气如虹，熊鸟经伸各守攻。身是弯弓李波妹，雌风何让大王雄。"是写男女学生运动场景。"梅兰芳来校演《长生殿传奇》，作霓裳羽衣舞"："痴牛怨女证长生，天上人间各有情。一曲霓裳歌舞散，珠琲十斛落纵横。"

圣哲楼中有校员书画展览，冼玉清参观后忆及广州六榕寺国画研究会，于是感慨："行行书画列风楹，圣哲楼中发古馨。猛忆故园旧俦侣，春秋佳日六榕亭。"

冼玉清在燕京观礼前后，与容庚、顾颉刚等过从甚密。8月26日她前往拜访容庚，9月18日，容庚陪其拜访顾颉刚，"同到燕大参加做礼拜"，当天，容庚

1　《燕京大学校舍略图及建筑用费报告》，燕京大学总务处文牍课印制，民国十八年九月。
2　《参加燕京大学落成典礼书事》，《碧琅玕馆诗钞》第23—24页。下引同，不另注。
3　《顾颉刚全集·顾颉刚日记》卷二，第326、327页。

留饭，三人长谈。19日，赵紫宸在家中宴请冼玉清，顾颉刚与容庚夫妇出席。此后，冼玉清多次来访，顾颉刚本拟10月1日宴请，"以她上下午均有东道，遂改宴容家"。[1]

容庚时任燕京大学国文系教授，冼玉清与其相识可能由其弟容肇祖（元胎）介绍。容肇祖时任岭南大学国文系副教授，杨寿昌在岭大初住爪哇堂，每日至格兰堂国文系室办公，有客到访，偕往市场之太平洋商店食木瓜，"故赠容元胎诗有'格兰堂室啜苦茗，太平洋店餐木瓜'之句"。[2]

马鉴、杨振声分别任燕京大学和清华大学国文系主任，均有意延聘冼玉清："时马季明君任燕京大学国文系主任，延余主教燕大，讲文学概论，杨金甫君任

冼玉清（右一）与燕京大学、清华大学教师合影

1　以上内容见《容庚北平日记》第190页，夏和顺整理，中华书局2019年版；《顾颉刚日记》卷二第324、325、327、328页。

2　《一个实践的教育家——杨果庵先生》，《冼玉清论著汇编》（下）第693页。

清华大学教务长，延余主讲诗学。"[1]北平作为旧京，物华天宝，人文荟萃，燕京大学与清华大学名贯天下，冼玉清难免为之心动，但最终止于对岭南的热忱和钟荣光校长的挽留。

万里孤征

　　冼玉清北游，始于1929年夏，终于1930年春，为期近一年。她曾撰写《万里孤征录》六卷纪游，"孤征"指单身远行，陶潜诗有"怀役不遑寐，中宵尚孤征"句，陈子昂亦有"故乡杳无际，日暮且孤征"句。《万里孤征录》是她作游记类散文之始，可惜原稿于抗战期间遗留康乐园寓所而散失。

　　出席燕大典礼之前，她曾赴北戴河避暑，赋诗称赞此地"润气散郁潹，风日殊清嘉。袯衣迎晨飔，意行随汀沙。拾取蜃蛤归，童稚纷喧哗"。住处尚有渔人挽绿筐卖鱼虾，有密瓜、葡萄，入夜海生寒潮，"拥衾不忍睡，但觉诗意赊。尽除热恼苦，到此真忘家"[2]。

　　庆典结束后，她在北平盘桓数月，仍住锡拉胡同女青年会，并与康有为之女康同璧、康同薇有交往。10月19日，顾颉刚"又到冼女士处吃饭。与冼女士同到康同璧家，并见同薇女士，取长素先生经史稿两包归……康氏遗稿竟会给我取到，真是'天下无难事，只怕有心人'"[3]。

　　可见顾颉刚十分重视康氏文稿。这批珍贵资料，便是赵丰田编辑康有为、梁启超年谱的重要素材。半个世纪以后，顾颉刚回忆："约一九二九年，予初到燕大任教，从冼玉清认识康同璧，从其家中取出康有为稿件一箱，以其但有政治性文件，便交赵丰田君整理，渠作《康氏年谱》一篇，发表于《史学年报》中。继而丁文江作《梁启超年谱》未成，嘱予介绍工作人员，予遂以丰田介，渠有恒性，在五十年来之动荡生活中竟成百万字之《康梁合谱》，可慰也。"[4]这一段因

1　《写在钟荣光校长归葬后》，《冼玉清论著汇编》（下）第685页。下引同。
2　《北戴河遣暑》，《碧琅玕馆诗钞》第23页。
3　《顾颉刚日记》卷二第344页。
4　同上，卷十一第649页。1979年4月22日，赵丰田助手申女士拜访顾颉刚，谈康梁年谱出版事。

缘，肇始于冼玉清。次年6月26日，顾颉刚再记此事，称"予晤冼玉清女士于燕大，由其介绍，得识罗夫人康同璧，渠以康长素遗稿贻我。"[1]

《史学年报》第二卷第一期

冼玉清与粤籍名宿张荫棠的交往也是巧遇与奇遇。

1929年夏，钟荣光因侨务局公事北上，在列车服务员处得知冼玉清北游并下榻女青年会消息，于是函约其至中央饭店一晤。晤谈时嘱其参观故宫博物院古物陈列所等处，以为岭南博物馆参考借鉴。几天后，他应邀访张荫棠石居，又函约冼玉清同往小住。冼玉清欣然应诺，并请岭南同窗简又文驱车陪同。

张荫棠（1866—1935），字朝弼，号憩伯，又号少卿，广东新会人，光绪举人，捐官为内阁中书。曾任晚清驻美国旧金山总领事、驻藏帮办大臣、出使美秘墨古四国大臣，中华民国成立后首任驻美全权公使。

张荫棠于光绪三十年（1904）购得北京西山宅邸，取名石居。"石居在西山之香山，为前清和珅之生祠，亦壮丽，亦幽雅，极林泉之胜，张伯购为别墅以遗余年者也。"[2]石居又名妙云寺，其门前东西走向林荫路即旧时玉泉山至香山皇家御道，传说妙云寺即乾隆赐名。

冼玉清在石居盘桓七日，"日聆两老人谈古论今，自谓如读无字书也"。"张伯虽七十老翁，而文秀古雅，目炯炯有慈光，曾任驻藏大臣和驻英、法、美公使，熟晚清掌故，而爱国心甚挚。"

当时有传言，唐绍仪将出任驻美大使，张荫棠嘱冼玉清致函"条陈在美宣传国货以塞漏卮之策"。唐绍仪，广东香山人，曾任国务总理，时任岭南大学董事。冼玉清为张荫棠撰万言书，坐于白皮松树下朗诵，两位老人听后再三点头。[3]

1 同上，第719页。
2 冼玉清《写在钟荣光校长归葬后》，《冼玉清论著汇编》（下）第685页。
3 《写在钟荣光校长归葬后》，《冼玉清论著汇编》（下）第685页。

西山妙云寺，歇山式门楼上嵌有"石居"匾额

后唐绍仪并未出任驻美大使，冼玉清撰文恐已不存，实为憾事。

张荫棠主动提出将石居捐赠岭南大学，创办艺术学院，并嘱冼玉清留在北平，收集前清内务府造办处图案材料以为准备，又指名周泽岐为接收委员。但钟荣光南归后，此事又生变故，终于不了了之。[1]

冼玉清离开北平后，一直与张荫棠书信往来，并代其撰写《自述》。1935年9月，冼玉清甲状腺病愈，欲复张荫棠慰问函，因搜集昔日纪游诗稿至稽时日，尚未交邮"而张公之噩讣已至"，悔恨不已。

冼玉清游西山曾咏绝句："谁携谢朓惊人句，蜡屐西山约共登。记得题诗湘竹管，年时遗在最高层。"又为张荫棠寿筵赋诗："大酒如渑大肉肥，酣歌豪舞羽觞飞。满床袍笏汾阳第，揖客何来女布衣。"觉得此旧作，张公已作古，"真有人琴之感"。

于是焚烧复函，改写挽联："颈腺易治，心病难医，语忏怅封书，我记更生公竟死；自述待商，处言未践，文章成旧债，季徒挂剑伯投琴。""颈腺""心病"是张公来函中语；"自述待商"指代撰《自述》一书"间有遗漏，公叮嘱补正"。挽联所云"皆纪实也"。[2]

1　同上，第686页。
2　《更生记》，第52页。

居住北平期间冼玉清还曾结识粤籍乡贤陈庆龢，并有《和陈公睦丈六十初度诗》："华堂缓缓驻春晖，六十平头未古稀。文采冠时推沈宋，经师继世数平韦。雪窗把酒围红炭，晴陌看花坐翠微。杏雨江南还忆否，年年留滞不曾归。"[1]陈庆龢（1871—？），字公睦，又作公穆，广东番禺人，名儒陈澧之孙，工词章，曾任山东高等学堂监督、故宫博物院古物馆建设课主任。1957年，冼玉清说服陈庆龢将陈澧遗存藏书捐赠中山大学图书馆。

她也因此结识邓之诚。1930年1月8日邓之诚日记："午约吴检斋、张翰飞、林公铎兄弟、陈公穆、余戟门、孙祥偈及广东女子在岭南大学教书者名冼玉清小酌。"数年以后，冼玉清趁何格恩自广州北上之机，请其致函邓之诚并送茶叶为礼。何格恩毕业于清华研究院，曾任教岭南大学。邓在日记中写道："冼四年前来北，貌颇文秀，奉母不嫁，教于岭南大学，亦奇女子也。"[2]冼玉清仰慕邓氏学识才华，时通音问，并有礼物往还，显出其作为女性学者的细腻。

跋书何让沈虹屏

初识伦明也在万里孤征期间，"时予得岭南大学休假漫游北京"。冼玉清评价："五十年来，粤人蓄书最富而精通版本目录之学者，当推东莞伦哲如先生。"[3]

伦明（1878—1944），字哲如，斋名续书楼，广东东莞人，光绪二十七年（1901）乡试中举。肄业于京师大学堂，历任两广方言学堂教务长、广东省视学官，北京大学、辅仁大学教授，河南道清铁路局总务处长，奉天通志馆协修等。

伦明性情和易，学问渊博，喜读书，工诗文，下笔如飞，尤擅叠韵诗。所著有《建文逊国考疑》《渔洋山人著书考》《续四库全书提要》《续修四库全书刍议》《辛亥以来藏书纪事诗》等，尤以后者为士林重视。时值王蕴（秋湄）自沪

1　《碧琅玕馆诗钞》第24页。
2　《邓之诚文史札记（修订本）》（上）第54页。前引出自《邓之诚日记》，待刊。
3　《记大藏书家伦明》，《艺林丛录》第五编第324页，商务印书馆香港分馆1964年版。

张次溪《伦明传》手稿

至京，"一日同游小市书摊，与先生同遇于鸿春楼，谈文甚契"[1]。

三人聚餐，谈文甚契。伦明次日赠诗盛赞："粤峤知名早，京华识面新。锦车来墨客，绛幬拜经神。林下论文友，闺中不字身。惊闻归计急，家有依闾人。"[2]冼玉清万里孤征，累月经年，家中尚有老母倚闾而盼，此时已作归计。

伦明搜书、抄书、藏书故事令人感动："髫龄即嗜书。年十二县差有解饷至省者，辄托为代购图书，自谓一生聚书自此始。""光绪三十三年返粤，主讲两广方言学堂，时南海孔氏、鹤山易氏、番禺何氏，藏书散出，先生得择购之。"

伦明访书，书蠹形象跃然纸上："其求书与士大夫之靠肆伙挟书候门者异，日日游行厂肆及冷摊，凡书册为人所忽视者，辄细意翻阅，每于灰尘寸积中，残册零帙中，得见所未见之佳本。"他办通学斋书店，是为装书求书，而得书靠"俭、勤、恒"："俭以储购书之资，勤以赴遇书之会。匣中琳琅，有得之捷足者，有得之预伺者，有得诸跟踪而求者。"他搜书不嫌繁复：得更佳版本，随将前本易去。因此所存者大都原刻初刻本，新抄本则选精美纸张以楷书抄写，"其全神贯注如此，宜乎物聚于所好矣"。

京、穗之外，尚及天津、开封、南京、武昌诸地，"伯乐一顾而凡马空，先生于书，仿佛似之"。伦明不修边幅，往往倾囊购书，妻妾抱怨不绝，他写诗纪实并自嘲："卅年赢得妻孥怨，辛苦储书典箪裳。"

伦明"每得佳椠，辄以相示"，还陪冼玉清往访傅增湘及北京图书馆，看所藏善本书，她"留意版本自此始"。傅增湘（1872—1949），字沅叔，四川江

1 同上，第328、326页。
2 引诗见《记大藏书家伦明》，《艺林丛录》第五编第324—326页。下引同，不另注。

安人，曾任民国教育总长、故宫博物院图书馆馆长。著名藏书家，目录、版本学专家。

访书也是冼玉清北游一大主题，伦明褒奖有加，《辛亥以来藏书纪事诗》咏冼玉清："跋书何让沈虹屏，辨画真知管道昇。好古好游兼两类，更看万里记孤征。"其纪事曰："南海冼玉清女士，现教授岭南大学，助校中收粤人著作甚备。撰有《粤人著述过眼录》。女士又撰《管仲姬书画考》，谓仲姬画，十之九出伪作，其愈工者愈伪，此论前人未道及也。又好游，尝居故都一年，北至关外，南道宁越，撰有《万里孤征记》。今岁四月，曾拟游日本，因病不果。前人谓徐霞客好游而不好古，陈寿卿（介祺）好古而不好游，女士殆兼之矣。"[1]

沈虹屏名彩，陆烜（梅谷）侍妾，号扫花女史，乾隆年间人，著有《春雨楼集》。为梅谷辑《奇晋斋丛书》手书题跋，钩玄提要，考订源流，见者莫不称善，又为梅谷手书《春雨楼书画目》。

冼玉清"好古好游兼两类"，而此时仅著有《粤人著述过眼录》《管仲姬书画考》，及"助校中收粤人著作甚备"而已，离藏书家、文献学家尚有较远路程，伦明此诗显然有奖掖后学用意。

1930年6月，冼玉清从北平南归，伦明撰五言长古四首送行，其第三首畅论广东学风，见识独到，广为流传。第二年，伦明应日本斯文会之邀东渡审定古籍，曾约冼玉清同行，未果。

伦明搜书、抄书、藏书，志在续修《四库全书》。1928年秋起草电文，由张学良、翟文选、杨宇霆联署通电全国，拟影印文溯阁藏《四库全书》，后因杨宇霆被刺告辍。1933年不满于商务印书馆《四库全书珍本初集》计划，"以事由傅增湘主动，碍于交情，不便反对""乃与订条件，全书内容须改换较善之本，且须精校一次"，得傅增湘应允。冼玉清说：伦明"乃邀余来助，余以教务亦不果往。然书问不辍，曾和余长韵诗十余首。"[2]

1　《辛亥以来藏书纪事诗》，《辛亥以来藏书纪事诗（外二种）》第129—130页，北京燕山出版社1999年版。
2　《记大藏书家伦明》，《艺林丛录》第五编第326页。

问业蒹葭楼

1929年春，江孔殷、杨寿昌两先生拟向冼玉清介绍黄节，谓此老"南国诗宗，可资启导"。黄节时任教育厅厅长，冼玉清"自维淡宕之人，不惯周旋当道"，迟迟未应。

黄节（1873—1935），字晦闻，斋名蒹葭楼，广东顺德人。早年变卖祖业，在上海与章炳麟、邓实、马叙伦、刘师培等创立国学保存会，主办《国粹学报》。冼玉清称赞其"文字宣传工作，可以提高群众思想认识"。黄节著《黄史》一书，以黄帝为宗，序文载《国粹学报》第一期，引王夫之言"国可禅、可继、可革，而不可使异族间之"，以为二十四史中拓跋魏与辽金元皆以异族窃据我国疆土，不应列入正史。后又将前人所著有触犯当世统治者之佚、禁、毁书辑印为《国粹丛书》，"使革命者之苦心，得白于后世"。民国后任广东省高等学堂监督，1917年任北京大学教授，专授中国诗学，思想倾向保守。1923年任孙中山广州大元帅府秘书长，旋因政局不佳而不就。

1928年黄节应广东省主席李济深之聘，任省教育厅厅长兼通志馆馆长及省政府委员。到任前，《广州民国日报》记者问其对当前教育感想，黄节反复申说道德教育之重要，"道德沦丧之人，其学问越优，则其作恶之程度与能力越大，而社会之受其害者，将更不可胜言"，并称现在政治污浊，社会纷乱，天下汹汹，症结在于道德教育之不讲求。该报刊发专访，配发"记

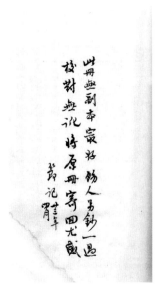

1934年4月，黄节题记《蒹葭楼诗稿本》

《蒹葭楼诗稿本》内页

者按"："黄先生为海内名宿，道德文章，久为世所宗仰，无待记者之介绍，先生注重道德教育之主张，尤为现在教育界对症下药之至理名言。记者敢为武断之结论曰：现在中国教育，已至山穷水尽，若非改弦更张，注重道德教育及人格教育，以挽颓风而戢浮嚣之习，则教育势将破产，先生所言，深中时弊，真令记者五体投地。"[1]

无奈世风浇漓，官场腐败，黄节的道德教育思想在广东并无施展舞台，他一年后黯然辞职，1929年夏移居澳门塔石。

冼玉清不愿拜访作为教育厅长的黄节："纵先生不以当道接我，顾攀援标榜之风，末流为盛。履贞饬躬，君子所当介介自守也。"在其离任后，她自谓"今可以问业矣"，慕名拜访，问以作诗之法。[2]

黄节以诗名世，兼得唐诗风采与宋诗骨格，人称"唐面宋骨"，著有《蒹葭楼诗》，与梁鼎芬、罗瘿公、曾习经合称岭南近代四家，又被誉为"南国诗宗"。冼玉清称其"为简朝亮（竹居）弟子，工诗能文，少抱较进步之思想"，节录其早年诗作《兴言边患夜忧不寐》，为甲午战事而作，其中有句："我少学兵法，亦明古武备。何必怯舟师，何必畏利器。苟得死士心，无敌有大义。"冼玉清评论："这时他才二十三岁，已经认识到高涨民族正气可以胜敌。"[3]

冼玉清初见黄节，"远溯风骚，以明诗人风世励俗、温柔敦厚之教，与骚人忠厚缠绵、言情叙景之法"，又谈及汉魏诗之造意、六朝之造词，《古诗十九首》以及曹植、阮籍、陶渊明、谢灵运、谢朓等人诗作及风格。"下及有唐一代诸家之变化，和李太白之气韵超迈，纵横飘逸，与杜工部思力之遒厚，沉郁雄

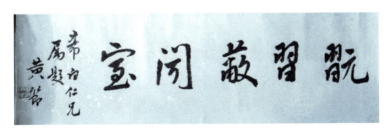

黄节题容庚"玩习敝闻室"

1　《黄晦闻先生抵粤》，载1928年4月14日《广州民国日报》第三版。
2　《忆黄晦闻先生》，原刊香港《工商日报》1935年3月5日"黄晦闻追悼专号"。
3　《爱国诗人黄节》，《更生记·广东女子艺文考·广东文献丛谈》第163页。

奇，皆诗学当循之门径。"黄节听闻，颇为赞许，但又称"以此见子之学，而未见子之艺也"[1]。

1929年初秋，黄节离开澳门北上，复任北京大学教授，租住城东南大羊宜宾胡同住宅，仍名"蒹葭楼"。冼玉清北游燕京，于10月呈《碧琅玕馆诗》手稿问业蒹葭楼。黄节为作圈点、眉批，评曰："陈想未除，陈言未去，独喜其真。"

黄节称作诗要"务去陈言"，并谓"吾粤诗格之滥，滥于张南山"，所指为张维屏晚年诗篇。叮嘱冼玉清谢绝应酬之作，勿成篇太捷："昔梁节庵语我，丰功伟烈，成不成有天意存焉。至以区区作诗，岂亦不能成就耶？节老以此勉仆，仆亦以此勉子也。"

同月，冼玉清拜谒郑孝胥，似亦由黄节介绍，郑氏评其诗曰："古体时有隽笔，胜于近体。"[2]

冼玉清多次拜访蒹葭楼，与黄节谈诗之余亦谈时政，特别涉及当时学风。她认为学校以学生为牟利手段，百计招徕，与商贾无异，因此不能培植人才。学生进学校后敷衍塞责，其志在毕业取文凭，而非从师问道；老师日复一日，口讲指画，志在领取薪水，而无意于传道授业解惑。因此，学术日微而学风日坏。

冼玉清更向往旧时书院："欲真正为国家作育人材，惟有自立讲学院，远如鹅湖、白鹿，近如九江朱氏之礼山草堂，南海康氏之万木草堂，顺德简氏之读书草堂。乃能自伸学说以学救世。"黄节深以为然，两人交谈甚为投契。

冼玉清返粤后，两人继续书信往来讨论学风问题。黄节复函："学风之坏在无学术以纠正之。学术二字，今亦无人解得。仆老矣！昔年在粤，拟设讲学院于图书馆侧，未能如愿，此天不与我也。女士当为惜之。"壮志未酬，岁月不居，他寄望于年轻有为的冼玉清。

1933年2月，黄节来书称赞冼玉清"孝思读礼，求之今日，可称人瑞"，"又复不忘老朽，殷殷讯问，此旷世所仅有也"；进一步表达对时局的担忧，"衣冠涂炭，诗书灰烬，此其时矣"；又称"秋后已辍咏，今岁说变雅，志颇见于斯"。

同年11月来书，语气更悲凉："奉手教，知南园凭吊，思及鄙人，至为感

1 《忆黄晦闻先生》，原刊香港《工商日报》"黄晦闻追悼专号"。下引同。
2 郑孝胥、黄节评冼玉清诗，见陈永正作《碧琅玕馆诗钞》前言。

念。盖鄙人亦行将与古人同归矣。辍咏已一年。国已亡了，尚有何事可为托咏？足下有何见教！"

1935年1月24日，黄节在北平病逝（后归葬广州白云山御书阁畔），学界哀悼，南京国民政府明令褒扬。冼玉清撰《忆黄晦闻先生》一文，其结尾曰："回忆余以诗识先生，顾十年来读书讲学，为日不足，只以余事为之。世变日殷，又非从事讴吟之候！方欲大声疾呼，借教育以阐明正道，为将亡之国家挽回一线元气。而同道已稀，老成又弱，既辜奖掖之厚情，又怅典型之安仰也。"

冼玉清将黄节手札及赠诗裱为册页，请时贤名流题咏。伦明于丁丑（1937）大暑后七日题跋："晦公好为文，尤长策论。光绪末科应北闱试，荐而未售，房考袁公为刊其十三艺以行。尝见所藏文稿，厚逾寸，颇有佳作，时人于其诗有过情之誉，未有称其文者，可怪也。"叶恭绰题七绝三首，其一感时伤世："山河成壤苦关情，歌哭茫茫遂隔生。太息蒹葭零悔尽，无边萧艾正敷荣。"张学华题诗赞曰："精神所托唯文字，信手书成意更真。收拾残笺加爱护，岂徒尺牍重陈遵。"江孔殷题七绝五首，其三为："临分诗尚濠江寄，老泪纵横绝笔收。伤逝别多书后句，赠行老马在前头。"

1965年10月13日，陈君葆在香港商务印书馆见黄荫普藏此"黄晦闻与冼玉清手简"，称题跋者尚有：陈洵、王蘧、汪兆镛、杨寿昌、冒广生、黎国廉、林志钧、桂坫、陈伯任、马复等。[1]

旧京春色

北平城西白纸坊有崇效寺，以育花闻名，暮春三月，牡丹盛开，也是崇效寺赏花季。崇效寺藏经阁，唐贞观元年始建，明天顺年间重建。北郊海甸东升乡有极乐寺，也以牡丹和海棠胜景闻名。极乐寺据说建于明成化年间，严嵩曾撰《创建极乐禅林记》碑。

1　《陈君葆日记全集》卷五第445—447页，谢荣滚主编，商务印书馆（香港）有限公司2004年版。

冼玉清万里孤征，在北国度过漫漫长冬，直到次年春天，终于目睹闻名遐迩的极乐寺海棠和崇效寺牡丹，领略赏心悦目的旧京春色，欣喜赋诗："花朝已过尚余寒，排日追寻处处欢。清晓宫庭摹轴画，斜阳厂甸立书摊。稷园雨斋看红药，萧寺春深醉牡丹。谁信六街冠盖闹，众中容得一身闲。"[1]

所绘《牡丹》图卷和《海棠》图卷，冀望春色永驻。前者自题"庚午四月十二日崇效寺看花归写此，玉清女士。"后者自题："庚午三月漫游旧京，时西郊极乐寺海棠盛开，对花写此，是亦东京梦花之遗也，西樵冼玉清。"[2]

《牡丹》与《海棠》图卷合组而成《旧京春色》图。此卷现藏广东省文史研究馆，彰显冼玉清诗书画俱能的才女本色，因附有众多文人雅士题跋落款，更成为胜迹，颇具文献史料价值。

谭泽闿为题隶书引首——"旧京春色"。谭泽闿（1889—1947），字祖同，湖南茶陵人，谭延闿弟，精书法，工行楷。

《海棠》图卷有崔师贯和温肃两家题跋，均为冼玉清归粤后不久所作。崔师贯题跋于庚午中秋，钤"高斋""百越词翰"印。崔师贯（1871—1941），原名景无，字伯越、今婴，广东南海人，邑庠生，工诗词。曾任澳门灌根学堂老师、汕头商业学校校长、香港大学文科讲师，为冼玉清业师[3]。

温肃题诗："翠袖纱笼肉，琼筵烛照妆。摩娑双老眼，如在国花堂。"作于庚午重九。温肃（1879—1939），字毅夫，号檗庵，广东顺德人。光绪二十九年（1903）进士，授编修，晚年寓居香港。

另有张学华题诗："神似鸥香馆，然脂著色新。白头无限感，怕说禁城春。"题于戊寅三月，即1938年广州沦陷前。张学华（1863—1951），原名鸿杰，字汉三，号闇斋，广东番禺人。光绪十六年（1890）进士，历任潮州金山书院主讲，翰林院检讨，山西道监察御史，山东登州、济南知府等。辛亥革命后隐居故里，杜门著述。

除以上引首及卷中题跋外，《旧京春色》图卷拖尾长达数米，题跋者多达四十家之众，其中陈夔龙、江孔殷、桂坫、商衍鎏、陈云诰等为晚清进士。

1   《旧京春日》，《碧琅玕馆诗钞》第23页。
2   现藏广东省文史馆。朱万章《冼玉清画学著述及画艺考论》一文曾详为考证摘引，下引题跋同，不另注。
3   冼玉清有《次和今婴师携女登西樵山谒墓韵》，《碧琅玕馆诗钞》第9页。

　　题跋者大致可分三类：一为冼玉清岭南港澳师友，如崔师贯、江孔殷、汪兆镛等；一为北游燕京结识各家，如罗复堪、邓之诚、张伯驹等；一为通过冒广生结识的沪上名儒。

　　汪兆镛题《调寄虞美人》一阕："卅年梦绕长楸路，肠断经行处。画图省识旧东风，只是一般画事可怜红。僧庐窅瞏前香在，谁念芳韶改，唬脂怨粉奈春何，空有半钩海月照烟萝。"题识："玉清女弟北游归来，以所写崇效寺牡丹、极乐寺海棠相示，运笔赋色，逼真鸥香馆，装卷署曰《旧京春色》，属为题识，爰赋小词调寄虞美人即希吟定，丁丑九月罗浮觉道人汪兆镛时客南湾寓楼。"汪兆镛（1861—1939），字伯序，号憬吾，广东番禺人，光绪十五年（1889）举人，曾为两广总督岑春煊幕僚，辛亥革命后以遗老自居，闭门吟咏作画著述，著有《岭南画征略》《雨屋深灯词》《晋会要》等。

　　陈诗题诗："极乐春棠不染尘，竟烦彩笔为传神。于今国破花残旧，冼氏高凉尚有人。牡丹传说已移根，都市萧条掩寺门。惟向卷中看春色，清於宗派可同论。"款署："己卯季春赋二绝句以应玉清女士雅属，粤华归隐陈诗，时年七十有六。"清於为恽南田女孙，可见对此画评价甚高。陈诗（1864—1943），字子言，安徽庐江人，晚年旅居上海。

　　陈夔龙题诗："己卯七月陈夔龙，时年八十有三。"陈夔龙（1857—1948），字筱石，别号署花近楼主，贵州贵筑人。光绪十二年（1886）进士，官至四川总督、直隶总督兼北洋大臣等。

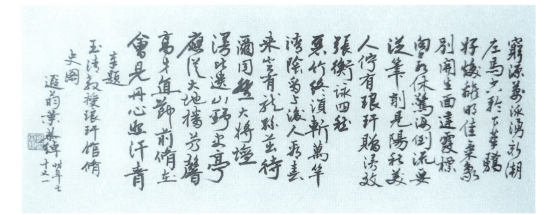

叶恭绰为《碧琅玕馆修史图》题咏

1938年春，叶恭绰为《旧京春色》图作《霓裳中序第一》："燕台黯故国。太息春芜成景物。情怨不胜竟夕。甚宵蜡渐灰，风幡殊色。神山咫尺。问梦中、谁与传笔。人间事，轻尘转毂，俯仰万缘寂。虚掷。玉楼金勒。换几许、红罂翠泣。鹃声愁满广陌。旧燕新莺，一例如客。乱云迷直北。怕画里、秾华异昔。禁吟望，江南花落，一醉已头白。"有题识两段，前署"民国二十七年三月番禺叶恭绰"，后署"同日遐翁并志"。叶恭绰（1881—1968），字裕甫，又作誉虎、玉虎，号遐庵，广东番禺人。曾任北京政府交通总长、交通大学校长、国学馆馆长、中央文史馆副馆长、北京中国画院院长等职。著有《遐庵词赘稿》《遐庵汇稿》等。

叶恭绰游走于政商之间，书画兼擅，亦富收藏。1949年前后，冼玉清借得叶恭绰藏马湘兰作品，作《兰竹石图》并题跋："玉虎先生藏明马四娘兰花卷，原为吴荷屋中丞旧物，去夏借归琅玕馆日夕对临，未得其十一矣。己丑秋夕西樵冼玉清识。"

崇效寺牡丹在明代已是北京寻春胜景。晚清以后民生凋敝，兼之远离市区，游人稀少，和尚们也不大培护，几百年的老根名种，凋残零落，与富贵花名不副实，故陈诗有"牡丹传说已移根"句。1955年叶恭绰等力倡崇效寺牡丹整体移植，"栽在社稷坛的中山公园里，专划一区，标明为'崇效寺移植牡丹'"，便于群众观赏，这一建议得到北京市政府同意。"古老的崇效寺牡丹移栽到中山公园的共有三十几株，足可成为一大丛，北方的气候比南方迟些，大约四月底方是牡丹最盛的时候。"[1]

1956年4月2日，冼玉清忆及当年赴崇效寺寻春情景，再赋二绝寄叶恭绰："萧寺寻春意未赊，归来还写折枝花。旧痕廿载留图卷，疑是东京记梦华。""牡丹迁地喜移根，秾艳摇云醉晓暾。闻道繁华三月盛，满街衣鬓向坛园。"自注："萧寺寻春是指庚午崇效寺看牡丹，归写《旧京春色》图卷。坛园即中央公园，原为社稷坛，现名中山公园。"[2]

1　潘伯鹰《牡丹移植与叶恭绰》，《小沧桑记》第4页，上海辞书出版社2013年版。

2　《崇效寺牡丹移植中央公园叶遐庵丈远征题咏率寄二绝》，《碧琅玕馆诗钞》第89页。

第四章

奋励

碧琅玕馆

岭大工学院（哲生堂）

1930年春，冼玉清旅居北平已近一年，仍留恋于旧京风景名胜及文物典籍，依依不愿南归。一日看花归来，接获钟荣光校长来函催返，于是赋诗一首："萧寺看花冒晓寒，繁华谁信便春残。西来阁下经行遍，缓我归期为牡丹。"[1]

北平晤谈后，钟荣光已于去年秋辞去中央侨务局长职务，从沪返粤，回校视事。岭南大学得铁道部长兼本校董事长孙科大力支持，与铁道部达成合办工学院协议：岭大工学院预定下学期开学，拟向铁道部输送重点人才，铁道部出资10万帮助建造工学院大楼。又计划扩展农学院、接办博济医院，岭南宏图待展，钟荣光心情迫切，故写信催促冼玉清早日回校。

冼玉清南归后，钟荣光兑现"岭南必不负吾子"承诺，破例为其拨"九家村"住宅一栋。这便是碧琅玕馆之由来。

纽约基金会负责支付岭南大学外籍教师薪金，并为其建造宿舍。康乐园东北区马岗顶建有许多漂亮花园洋房，都是外籍教授住宅。中国教授居住条件相对较差，钟荣光感觉不妥，利用自身能量向外界募捐，先后建造数处校舍，康乐园东南区九家村便是其中一个群落。九家村大约建成于1930年，多为别墅式平房，也

1　《四月十二日崇效寺看花归得钟校长书却寄》，同上第23、24页。

有二层小洋楼[1]。九家村老旧住宅于20世纪80年代初尚存,绿树环绕,曲径通幽,后改建为六层以上住宅楼,道路也拓宽至可通汽车。

冼玉清后来回忆:"十九年夏,先生以九家村一宅居余,余又愕然。"前次愕然,是受聘为博物馆长兼注册处副处长时。"盖岭南成例,单身者居宿舍,与学生同生活,从无独居一宅者,惟已婚而久任者乃有此权利,此余所为愕然也。"[2]

此前,她一直住女生宿舍。当时国文系同事五人,系主任杨寿昌与黄仲琴住爪哇堂宿舍,容肇祖与吴重翰则住广州市内,每天轮渡珠江往返学校授课,可见钟荣光对冼玉清之照顾与关爱。冼玉清闻此消息,又去向钟荣光证实。钟荣光详细解释原因:她在校服务较久,"应有一藏修之所以安顿精神";收藏图书彝器多,也应有地方陈设;又相识社会名流众多,学生故亲亦多,"有一宅以招待亲朋,是吾子体面,亦学校体面"。老师体面也是学校体面,这种解释亲切感人。他还说:"此宅虽小,亦系自居,将来俟有更佳者,当为谋乔迁也。"

恭敬不如从命,冼玉清迁入九家村住宅,"即所颜琅玕馆者也"[3]。她从未启齿要求待遇,只希望按级而升,自然而至。对此特别优待,尤其感谢钟荣光之周到优渥,"只有感奋图报耳"。

冼玉清集杜甫诗句书"潇洒送日月,寂寞向时人"一联,悬于碧琅玕馆,钟荣光造访,见此感慨道:"潇洒送日月可以,但何必寂寞向时人呢?我的人生观当不如此。虽然裴子野一生笃志好学,昼夜不倦,吴季重中岁寡欢,圭璧之质,士人各有其志也。"裴子野好学善文,清高自爱,著有《雕虫论》。吴质出身寒微,才学博通,但喜欢结交权贵,曹丕四友之一,名声不佳。钟荣光举此两人为例,劝诫冼玉清不必苛求自己。

冼玉清性喜收藏,购书籍字画彝器甚伙,她北上旧京万里孤征,亦有极大收获,琉璃厂等地是其流连之所,初遇伦明即在厂肆,《旧京春日》诗中有"斜阳厂甸立书摊"句。

南归后她仍与容庚等北方学人保持书信联络。据容庚日记,1931年3月15

1　九家村坐落在康乐园西南区,位置大致为现在中山大学幼儿园斜对面至西大球场以西地区。
2　《写在钟荣光校长归葬后》,《冼玉清论著汇编》(下)第686页。下引同,不另注。
3　冼玉清"碧琅玕馆"匾为陈三立所书,据罗志欢《冼玉清研究资料索引》书于1920年。

钟荣光校长住宅黑石屋

日，"寄冼玉清镜拓二份"，1933年5月1日，"冼玉清汇大洋百元来，嘱代买铜器"。5月16日，"复冼玉清信"。[1] 冼玉清所购彝器，可能为岭南大学博物馆代购，也可能是其自购。

大约在1932年，胡肇椿致函容庚，谈到谢英伯等所办黄花考古学院，也提及广州市立博物院、岭南大学博物院困于经济，无长足之进展，他本人课余仅作小规模发掘，"间与令弟及冼玉清等闲谭，亦惟太息耳！"[2]

1946年夏天，容庚从北平南返，受聘为岭南大学国文系教授兼主任，也住在九家村，与冼玉清邻居。据曾昭璇回忆，容庚"举家南返，应岭南大学之聘，当国文系系主任，《岭南学报》主编，并安排在九家村一幢两层洋房屋住。这是安排高级教授居住之处，足足有二百平方米之大，楼下花园包绕，内为厨房、饭厅、客厅、书房、生活间等，二楼为卧房"[3]。

容宅为西南区54号，又名"九如堂"，是一栋宽敞的两层洋楼。

钟荣光不仅关照冼玉清住房，还曾为其妹妙清安排工作。妙清四岁起从冼玉

1　《容庚北平日记》第232、310、313页。
2　胡肇椿致容庚函，手稿，现藏广东省立中山图书馆。
3　曾昭璇《怀念冼玉清教授》，《冼玉清研究论文集》第324页，中国学术评论出版社（香港）2007年版。

清读书，文字顺适，书法娴熟，写唐楷《灵飞经》尤为妍丽。1931年夏天，岭大图书馆馆长谭卓垣欲聘冼妙清为管理员，其时冼妙清正在香港冼秉熹律师楼任秘书，不能前来就职。第二年，谭卓垣又以此相请，冼玉清感觉奇怪：一个图书管理员，哪里请不到呢，你为何就看中冼妙清呢？谭卓垣答：此钟校长之意也，校长说，你孑然索居，不免寂寞，若有一亲近之人护持照顾，则可长久服务岭南大学也。

钟荣光之善意，令冼玉清十分感动。她想，钟先生曾以"富贵性情贫贱骨，英雄肝胆女儿心"自况，大概并非虚语。

1938年10月，因形势危急，冼玉清逃出广州，先后随岭南大学播迁香港、避难粤北，前后8年，其间康乐园被日军占领，碧琅玕馆也遭劫掠，图书文物损失惨重。1954年，冼玉清被迫从中山大学中文系退休，碧琅玕馆也从九家村迁至马岗顶东北区20号。

从化温泉与名胜

从化温泉闻名海内外，与冼玉清早年的宣扬传播有很大关系。

1937年3月，冒广生偕二子游从化，观看百丈瀑，洗温泉浴。《冒鹤亭先生年谱》称："温泉此次发现，是冼玉清教授从清代所纂之《从化县志》查勘并撰文介绍后，始为人所注意，经过多年开拓和修葺，成为著名疗养胜地。"[1]

冼玉清说："从化温泉，自古有之。只因为无人发现与利用，遂致湮没于荒烟蔓草之间，只供乡人洗衣涤器而已。1931年以前，温泉区还是一个烂泥塘，地点在今河东餐厅一带。"[2]

从化温泉又名流溪河温泉，在广州以北约75公里处。康熙从化县令孙绳修《从化县志》记载："汤泉二，一处在县之北面四十里草石径西旁，其出如沸

---

1 《冒鹤亭先生年谱》第400页，冒怀苏编，学林出版社1998年版。
2 《从化温泉最早的建筑物——"玉壶溪馆"》，《更生记·广东女子艺文考·广东文献丛谈》第212页。下引同，不另注。

汤，可熟生物。"[1]汤泉即现今温泉。温泉附近有青龙头村，传说村民想要洗澡，只须在河边温软的细沙里挖一个"浴盆"，温泉水便会从沙底汩汩涌出，如嫌水烫，还可就地从河里放凉水调温。该志另记有"百丈飞泉"，列为从化八泉之一，明代曾任御史的从化人黎贯赋诗赞道："卷却银河水，青山应更清。等闲寻陆羽，来此续茶经。"孙绳称温泉为"枕漱"佳境。

清代以后此处佳境变得沉寂了。冼玉清称，温泉再发现，时任从化县长李务滋功不可没。李务滋1932年任从化县长，下乡视察，见青龙头村民在泥塘边热气腾腾的水里洗衣，判断这是一处温泉，将此发现告诉广州名律师陈大年，陈大年又转告广州名医梁培基。他们同约时任云南航空公司副主任的刘毅夫乘飞机游从化，以玻璃瓶载温泉水返广州，交颐养园德国医生柯道化验，证明有治疗风湿病及神经衰弱之特效。后经大力宣传，逐渐有人前往从化游览。[2]陈大年、梁培基、刘沛泉被称为"温泉三杰"。而首先为温泉作文字宣传者是冼玉清。

1931年11月20日，李务滋通过朋友辗转找到冼玉清，邀其同游温泉。前往青龙头村道路崎岖，他们一行先乘汽车，再坐轿子，又转河船，几经周折总算抵达。冼玉清归来后作《从化三日游记》，为第一篇介绍温泉文章，刊载于《七十二商行报》。后来香港报纸也有转载，从化温泉影响逐渐扩大。李务滋慧眼识珠，冼玉清通过县志等文献考证温泉出处，更为令人信服引人前往。

从化温泉名声渐大，游人渐多。当地没有住宿及餐饮条件，游人多早去晚归，自携饼干、面包、罐头及水果等食物。好在从化还有著名特产荔枝，果实甜美，荔枝树可遮挡烈日，坐在树下野餐别具风情。

从冼玉清介绍文章，可见从化温泉早期投资建设情况。

为招揽更多游客作长久之计，陈大年、梁培基、刘毅夫和李务滋开始投资基础设施，他们每人出资九十银元合组公司。首先建竹棚，采用乡人建议，取附近山上的"马骝毛"草作上盖，此草坚韧耐用，大风不破，大雨不漏。最初在流溪河东南建成一间草棚，为日式结构，三大房一小房，三面有宽阔长廊，可以坐立，大房可容纳十余人，小房也可住一家人，家具桌椅全用竹器，取其轻便易于

1　《从化县志》，明王至章纂修，清孙绳续修，崇祯七年刻康熙间递修本。
2　另有一说：1933年刘毅夫驾飞机观察地形时，发现从化境内有壮观瀑布（百丈飞泉），约好友梁培基、陈大年实地踏勘，于是发现并开发从化温泉。

移动，且有乡村风味。此屋由陈大年取名"玉壶溪馆"，出自《诗品》"玉壶买春，赏雨茆屋"句，而棚又在流溪河旁。玉壶溪馆附设三个温泉浴池，用白瓷砖砌成，并在附近温泉眼边建成四间温泉浴室，后来又在河东建成一座公共温泉浴室。

梁培基首先在河西建筑第一座别墅，取名"溪滨一屋"。刘毅夫特意将别墅设计成飞机形状，称"若梦庐"。陈大年别墅则称"如玉轩"。别墅区的兴建使从化温泉逐渐走向兴旺。

陈济棠、刘纪文、林云陔、谢瀛洲等广东政要纷纷在此建造别墅。陈济棠的别墅"簪宫"最为显眼，建于1936年，在河东区（现为11号楼，从化市重点文物保护单位），是一幢两层中国传统宫殿式建筑，红砖砌筑，歇山顶，盖黄琉璃瓦，绿琉璃正脊。正面入口处设柱廊，内进为客厅，两侧为房间，厅后设楼梯，铺八角形水泥花地砖。1936年5月20日，陈济棠与李宗仁、白崇禧、刘纪文等，和蒋介石派来的居正、孙科、许崇智、朱家骅等于此聚会，商讨时局及宁粤合作问题。"两广事变"结束后，蒋介石也慕名来游从化温泉。

刘毅夫别墅（若梦庐，亦称飞机楼）

陈济棠别墅（蠡宫）

冼玉清1936年重游温泉，兼游从化名胜，并赋诗："诗人觞咏余泉石，流水空山四百年。都到温泉温处去，却将凭吊付婵娟。"[1]

诗人黎民表觞咏处在水东堡新江里韶峒山，离县城约五十华里。冼玉清跋山涉水，不嫌其苦，"因为黎民表的吸引力太大了"。此地黎氏一族，明代嘉靖、隆庆年间人才辈出，有"一门三进士""五代四乡贤"美名。黎贯，正德十二年（1517）进士，选翰林院庶吉士，授陕西道监察御史，后被贬归故里，有《归韶峒山中》诗："樊笼今脱略，鹏鹬且翻飞。时命今如此，浮荣宁复论？"黎贯子民衷，嘉靖三十五年（1556）进士，曾任吏部稽勋司主事、浔州府知府。黎贯孙邦琰，隆庆四年（1570）进士，授临川县令、江西右参政。

黎民表（1515—1581），字惟敬，号瑶石山人，黎贯子，黎民衷兄。嘉靖十三年（1534）举人，授翰林孔目，官至河南布政司参议，万历七年（1579）致仕家居。非进士出身，列"四乡贤"，其实文学成就最大。擅书画，曾结庐广州越秀山麓，呼朋唤友，品酒唱和。与欧大任、梁有誉、李时行、吴旦并称"南园后五子"，称雄广东诗坛，又与海内名流并列"续五子"。

1　《从化胜迹——黎民表觞咏处》，《更生记·广东女子艺文考·广东文献丛谈》第199页。另见《丙子重游从化温泉五首》，《碧琅玕馆诗钞》第34页。下引同，不另注。

　　黎民表觞咏处即韶山精舍。《从化县志》载："韶峒之左有黑石如屋，其下流水绕之。苍藤古古，荫映百亩，其阳有韶山精舍，黎民表之草堂在焉，亦邑中一大佳景也。"冼玉清说："人人来从化都是游温泉，鲜有人能找到这个胜迹来流连的。"从化温泉无人知晓时，她不辞辛苦，承担宣传之任；温泉升温，人来人往之际，她却将目光投向无人关注的黎民表觞咏处。在物质世界与精神世界之间，她更注重后者。

砥柱谁与期

　　20世纪30年代初，南方政局相对稳定，岭南大学蓬勃发展，已建成文理、农、医、工、商和神学院，下设约30个系，其中文理学院文科包括国文、外文、政治、历史、社会和教育学系，神学院则包括哲学和宗教系。中文系教师除冼玉清外，另有杨寿昌、黄仲琴、容肇祖、吴重翰等；哲学系有陈序经、陈荣捷、谢扶雅、卢观伟等教授。另有冯秉铨、陈心陶、曾朝明、何世光、桂铭敬、萧祖徽等华人教授，以及富伦、贺辅民、嘉里斯等数十名外籍教授，可谓人文荟萃。

　　杨寿昌1926年受聘主持岭南大学古文教育，1931年起兼任国文系主任，冼玉清对其敬重有加。

　　杨寿昌与陈子褒相识于万木草堂，1920年，同为岭南大学夏令营讲习国文，"同处一房，绵历匝月，日夕相见"，杨寿昌称陈子褒不同于康门"踔厉风发，俯视一切"，他"独恳诚愿朴，有懇直

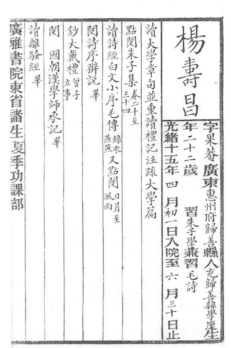

杨寿昌广雅书院功课记录

古风"，对师门"崇信备至，然不苟同"，所以能暗然敛抑，与学童共甘苦数十年。[1]

杨寿昌（1866—1938），号果庵，广东惠阳人，光绪甲午科（1894）举人，曾任惠阳余山师范监督，淡水崇雅学校校长，两广方言学堂教授，广东高等师范学校教授。

1921年广东各县选举县长，省议会明令每县举候选人两名，而惠阳一致选举杨寿昌，足见其民望之高。他因禁赌甚严，执法甚正，触怒地方势力，不久去职，辗转担任广东大学教授、黄埔军校政治教官及岭南大学教授。

杨寿昌为晚清名儒梁鼎芬入室弟子，从惠州丰湖书院、肇庆端溪书院一直追随至广雅书院。杨寿昌敬重师门，梁鼎芬每年忌日必设奠肃拜，终其一生如此。曾手抄梁鼎芬诗三部，一部藏于家中，一部赠番禺县令陈樾，一部置于袖间日日诵读。

他执教岭南大学时已年近古稀，"活泼真诚，宽和大度"，讲课"至忘形时，每每不知手之舞之，足之蹈之，有柳子厚口讲指画遗风"。或唱苏东坡"大江东去"，或唱岳武穆"怒发冲冠"，或亦唱孔尚任"桃花扇传奇"，歌声嘹亮，直达户外。一天某学生问："先生年逾七十，尚日日授课，不太劳耶？"答："马伏波八十岁，尚领兵讨五溪蛮，区区课事，何足道也！"[2]

杨寿昌专注于宋元理学，"服膺程朱，由理学而入经学，其功力在于居敬穷理"，"得力于胡敬斋，而实恪守朱子家法"。他授徒数十年，劳神费力，以致著述不多，故冼玉清称其为"实践教育家"。著有《果庵学说》二卷，述治宋元理学功力及心得；《孟子文学研究》一卷，《岭南学报》抽印本；《读经问题专论》，《东方杂志》读经专号本，主张读经而再三剖析读法；文集二卷，手抄本，以序跋为多。

东莞邓氏藏陈澧笔记遗稿一百六十册，皆手抄本。梁鼎芬为陈澧门生，杨寿昌可谓陈氏徒孙。他与容肇祖向钟荣光提议，"请其购入图书馆，以广文献之传"。岭南大学慷慨解囊，以600元购回此遗稿，杨寿昌分门别类重为整理，详

1　杨寿昌《〈陈子褒先生遗集〉序》，《陈子褒先生教育遗议》第3页。
2　冼玉清《一个实践教育家——杨果庵先生》，《冼玉清论著汇编》（下）第694页。下引同，不另注。

加说明解读，自谓其用力之作，实为对传统经学及岭南学术之一大贡献。

杨寿昌出身士林，结交广泛，深谙为人处世之道。冼玉清晚年仍称其为"理学名儒，道德文章为社会敬仰"，"他对我极好，凡有开会，他必偕陈德芸教授来接我，会毕必送我返宿舍"。[1]冼玉清也以父执相待，乔迁九家村后，其母霍太夫人来校同住，与杨寿昌年岁相仿，两人谈话较洽。冼玉清每于家中设宴，邀杨寿昌作客，以此为天伦之乐。冼母去世后，杨寿昌作挽联云："孝女作名师，忆板舆迎养书堂，曾陪侍盘飧，千岁称觞娱寿母；善人多幸福，看梓舍蜚声世界，尽秉承慈训，九原含笑□夫君。"并谓"此联尚恰切"[2]。

杨寿昌"不苟作诗"，但曾赠冼玉清五言诗："我昔读君文，击节叹清奇。骈四复俪六，光怪蟠陆离。今我闻君言，'文士非心仪。人生有大业，此乃节与枝。上焉尽性命，中亦救一时。'……吁嗟黄浑流，砥柱谁与期。珍重念君言，书之当我师"。[3]

杨寿昌主持岭大国文系12年，系里教师少时三四人，多时五六人，恒久不变者惟杨冼二人。如1927年国文系教员仅杨寿昌、徐信符和冼玉清。

岭大国文系教员尚有黄仲琴和吴重翰。黄仲琴（1884—1942），名嵩年，福建漳州人，毕业于江苏法政学堂，1927年，经顾颉刚推荐任中山大学教授，后转任岭南大学教授。1938年曾随中山大学迁云南澄江，后携藏书数箱往香港，任香港文化协会委员兼香港福建学校校长。吴重翰（1900—1980），广东新会人，毕业于北京大学，1929年任教于岭南大学，抗战期间代理香港岭大国文系主任，在《岭南校报》上作文劝渝学生读书上进："从千辛万苦

杨寿昌《更生记》序

1　见冼玉清生平档案。
2　《一个实践教育家——杨果庵先生》引此联，缺字或为"问"。《冼玉清论著汇编》（下）第693页。
3　见冼玉清《悼杨果庵先生》，《岭南大学校报》港刊第六期第一版，1939年1月9日。

中，得到学问，更觉得个中的意味，此种意味，远在声色犬马之上……岛上风光甚丽，洋场十里，酒绿灯红，惹人刺激的甚多。我们也许不能十全十美地来做个'学人'，但至少也不要离'学人'太远。"[1]1952年院系调整后，吴重翰任中山大学中文系教授。

在以西学为重的岭南大学，国学的地位难免尴尬，冼玉清曾安慰杨寿昌："尽吾力之所能，行吾心之所安，便无愧于天地。布衣穷巷之士，有坎壈白首，而泰然自得，其气充夫天地之间者，为道存也。能导青年使归于正，我辈可告无憾矣。"[2]杨寿昌为冼玉清《更生记》作序，引述《论语》中子张之言"执德不弘，信道不笃，焉能为有，焉能为亡？"，如此期许，也是夫子自道。

徐信符感叹"杨先生三代以上人也，今世不可复观矣"；桂南屏称其"不染尘埃清似水，独甘淡泊直如绳"；朱介如赞其"诚悫恳挚最不可及"；钟荣光谓其"明经修行迈前贤"；詹菊人称"文笔操行一致者，先生有之"。冼玉清结论："总观数君推许之言，先生当之无愧色也。"[3]

不敢不益自奋励

"树人千载事，岂为稻粱余。直道难为悦，穷愁遂著书。侧身天地窄，荡气酒杯虚。后世吾何敢，桓谭倘起余。"[4]冼玉清这首《朗若谓我拼命著书，写此答之》诗，被冒广生评为"浑厚"。

王莽居摄篡权，天下之士莫不褒称德美，作符命以求晋升，桓谭独能自守，默然无言。东汉开国，刘秀登基，谶纬之风日炽，桓谭称其非经，被刘秀视为"非圣无法"，贬为六安郡丞，道中病卒[5]。

经师易得，人师难求。冼玉清拼命著书显然并不因为"穷愁"，恰如教书不

1　吴重翰《岛上读书问题》，载《岭南大学校报》，同上。
2　《悼杨果庵先生》，同上。
3　《一个实践教育家——杨果庵先生》，《冼玉清论著汇编》（下）第694—695页。
4　《碧琅玕馆诗钞》第29页。
5　《后汉书》卷二十八上桓谭冯衍列传第十八上，中华书局1999年版。

仅是为稻粱谋，她希望不断充实自己，做一位正直的学者，不曲学阿世，无愧于人无愧于己。冒广生所谓"浑厚"，除技巧外，当然还指精神境界。

1933年6月，冼玉清的《元赵松雪之书画》载于《岭南学报》第2卷第4期[1]，自署"廿一年五月写于岭南大学碧琅玕馆"，是其发表学术论文之始。《岭南学报》创刊于1929年，早期由陈受颐、陈仲伟等人主编。

赵孟頫（1254—1322），字子昂，号松雪道人，吴兴人，宋太祖赵匡胤十一世孙。宋亡后觐见元世祖忽必烈，受赞赏仕元，历任集贤直学士、济南路总管府事、江浙等处儒学提举、翰林侍读学士。博学多才，能诗善文，书画成就尤高，开一代画风，被称元人冠冕。

《元赵松雪之书画》一文介绍赵孟頫事略，包括履历、生平、状貌性情、经济、学艺，学艺又包括经、乐、文、书、画。条列其书画见于记载者：法书，有年月可考者91幅，无年月可考者121幅，仅见于收藏目录者19幅；绘画，有年月可考者45幅，无年月可考者51幅，仅见于收藏目录者18幅。分书评和画评两类介绍各家批评，书评又分通评、楷书评、草书评、贬语；画评则分山水、马、人物和兰蕙。

1933年岭南大学教员合影

1　《元赵松雪之书画》收入《冼玉清论著汇编》（下）。本节引文除注明外均出于此。

赵孟頫法书之伪者《出师》《陈情》二表一册，《师说》《吴兴赋》《神仙篇》；绘画之伪者《陶潜轶事图》《洗马图》。冼玉清称："孟頫书画名愈高，而冒其名者愈众。欲求真迹，十不得一。此固吾国人作伪劣根性，所以创作界迄无异彩也。市上赝鼎无论矣。即书画著录，亦真赝并列。"坊间所见伪赵氏书画，"有刳去原名而署松雪款者，有为高手临摹而署松雪款者，有为劣手伪撰而署松雪款者。皆一望可知。有裱时揭去真迹之上层而重裱下层者，而墨色暗淡无光彩。亦有装裱揭出之上层者，则笔墨轻薄而失力量"，多见方能辨别作伪技法，除风格之外，可从署款习惯、用纸用绢及墨色等处着眼，"有相当之经验者，触目即辨也"。以上论述迄今仍有参考意义。

中国传统文论画论，皆以人品为重，所谓画如其人，文如其人。赵孟頫以赵宋后裔仕元，节行历来为人诟病，元末虞堪有诗讽刺："吴兴公子玉堂仙，写出苕溪胜辋川。两岸青山红树下，岂无一亩种瓜田？"冼玉清认为："论者因不满其人品，遂谓其笔墨有肉无骨，媚弱卑卑不足道。平心论之，孟頫书法近俗熟，未足诣于高古。然秀润婉美，固自可爱。至其学书功力至深，非徒以天分见胜者。"

《元赵松雪之书画》具有重要文献学术价值，为现代赵孟頫书画研究奠定了基石。半个多世纪后，上海书画出版社暨《朵云》杂志主办赵孟頫国际学术研讨会，出版论文集仍以此文开篇，继其后者，有何惠鉴、谢稚柳、徐邦达、徐复观诸家。

1933年底，冼玉清再撰《元管仲姬之书画》载《岭南学报》第3卷第2期，附言称："拙作《赵松雪之书画》发表后，同人促其论列管仲姬。僻处海陬，参考书不周不备，仓卒成此，自愧芜

《岭南学报》

1　《赵孟頫研究论文集》，上海书画出版社1995年3月版。

陋，修订尚俟异日。"[1]

管道昇（1262—1319），字仲姬，乌程（一说德清）人。幼习书画，笃信佛法。嫁赵孟頫为妻，封吴兴郡夫人，世称管夫人。行楷颇似孟頫，所书《璇玑图诗》笔法工绝。存世《水竹图》等卷藏北京故宫博物院，《竹石图》藏台北故宫博物院。

《元管仲姬之书画》一文介绍管道昇生平事略、性情状貌、才艺轶事和各家批评，条列法书9帧、绘画之有年月可考者6帧、绘画之无年月可考者35帧，另伪书2帧、伪画8帧。作者指出管道昇身世及其艺术存在三个"疑窦"，以往研究者容易忽略，作为一家之言，具有重要学术价值，为后继者扩展了研究空间。

其一：管道昇是否为赵孟頫嫡配？"盖孟頫三十六岁婚仲姬，古人重早婚，何以孟頫竟一迟至此？""此事在今日不为奇，在昔日早婚社会固当异也。"

其二：赵孟頫未娶仲姬前，或有另一妻，孟頫娶仲姬之年生雍，而此前有一子亮，可为他母所生。

其三：仲姬嫁入赵门三十年，生有九子，难致全力成就艺术，称其艺术伟大乃后人夸大其辞，铺张扬厉。作者直言："世上所传仲姬之画，十之九为伪。其愈工者愈伪，所当注意。"伦明《辛亥以来藏书纪事诗》评价："（冼）女士又撰《管仲姬书画考》，谓仲姬画，十之九出伪作，其愈工者愈伪，此论前人未道及也。"[2]

冼玉清熟读经史，能诗会画，1930年代，她因绘画名世，求画者甚众。《元赵松雪之书画》和《元管仲姬之书画》两文，显示出她向现代文献学研究道路转向，可谓"迷途知返"。[3]杨寿昌朋友学生转求冼玉清书画，多被拒，因他认为：世人皆以冼子为画家为文人，而不知其能为文章且终身寝馈于学问，不知其以理学安身立命，不知其以化民成俗为己任。冼玉清听人转述此言，"为惶竦涕零不胜知己之感，且不敢不益自奋励也"[4]。

1936年7月，冼玉清在《岭南学报》第5卷第1期发表《粤东印谱考》，延续艺术史研究课题，也是对地方文献学的拓展。

1 《元管仲姬之书画》，《冼玉清论著汇编》（下）第463页，下引同。
2 《辛亥以来藏书纪事诗（外二种）》第129页。
3 陆键东《近代广东人文精神与冼玉清学术》，《冼玉清研究论文集》第56页。
4 《悼杨果庵先生》，见《岭南大学校报》港刊第六期第一版，1939年1月9日。

冼玉清赠容肇祖（字元胎）《粤东印谱考》

此文引言开宗明义："吾粤代有文人，而印章一道，则瞠乎其后。道光阮通志《艺文略》，艺术类只谢云隐《汉印分韵》一书，而绝无印谱之著录。光绪《广州府志·艺文略》，艺术类著录篆刻书五种，而印谱独朱未史《印略》。民十九年东莞容氏辑《金石书目》，吾粤仅得字书二种，印谱二种。民二十二年罗福颐辑《印谱考》，粤谱仅得八种。则信乎其俭也。"她于讲授之暇，刻意求书，撰成《粤东印谱考》，搜得篆刻字书9种、集印谱18种，自镌印谱14种，共41种。以其亲见为准，未见者则以方志著录为据，未论定成集者尚逾十种，概不收入，又谦称："僻处海澨，见书不多，海内宏达，匡其不逮，有厚望焉。"[1]

且拥琳琅万卷书

冼玉清1935年撰述《梁廷枏著述录要》一文，刊载于《岭南学报》第4卷第1期。此期为"广东专号"下辑，即广东文献研究专辑。

梁廷枏（1796—1861），广东顺德人，字章冉，号藤花亭主人，曾任学海堂学长，是近代最早开眼看世界的人物之一。

冼玉清于乡邦先达"搜其遗书，为撰概要"。梁廷枏著述多散佚，"'四梦'惟北平图书馆有之，《藤花亭十种》则番禺汪兆镛先生所藏，其余则见于番禺徐绍棨先生之南州书楼，香山黄佛颐先生之种福草堂，及岭南大学图书馆。

1　《粤东印谱考》收入《冼玉清论著汇编》（上），引文出自第250、251页。

书凡三十五种，除《惠济仓志》《兰亭考》《澄海训士录》未经见不著录外，其余皆所亲见者也"。梁廷枏"四梦"指南杂剧《江海梦》《圆香梦》《昙花梦》《断缘梦》。北平图书馆所藏当为其第一次北游时所见，而披览南州书楼典籍更非一般学者所能企及。

徐信符南州书楼所藏梁廷枏著述包括：《金石称例》四卷、《南越五主传》三卷、《南越丛书》二十三卷、《南越丛录》二卷、《书余》一卷、《梁元柱年谱》《越华纪略》四卷、《碑文摘奇》《昙花梦杂剧》《藤花亭诗集》四卷、《藤花亭散体文初集》《断缘梦杂剧》。

梁廷枏撰《南汉书》

南州书楼藏书秘不示人，冼玉清能深入禁地，参阅善本及广东文献，可见与徐信符交情匪浅。

徐信符（1879—1948），名绍棨，广东番禺人，少年孤苦，聪敏好学。尝往贡院钞录贴堂文章出售，得三十余金购《十三经注疏》和《资治通鉴》，为其藏书之始。肄业于学海堂、菊坡精舍，与汪兆铭、胡汉民、古应芬、陈融、朱执信和史坚如等组织群志社，同人后来多追随孙中山，而徐信符不乐仕进，一生惟教书与藏书二事，专志专务，且夕无怠。

徐信符曾在两粤高等学堂、广府中学、两广高等师范学校、岭南大学、广东法科学院、中山大学、勷勤大学，以及香港培英、执信中学和澳门教忠学校等校任教逾四十年，桃李满天下。薪俸所入除家人生活所需外悉以购书，于广州城北状元桥（今小北路一带）居所前筑二层楼藏书，分前后两座，称南州书楼。楼下为客厅，左右两室藏普通图书，楼上中室藏善本，左右二室均藏广东文献。自题《南州书楼》诗："翰墨生涯作蠹鱼，北山斜对好安居。门虽近市何嫌俗，且拥

1 《梁廷枏著述录要》，《冼玉清论著汇编》（上）第213—214页。原载《岭南学报》第4卷第1期广东专号（下）特辑。

琳琅万卷书。"[1]

徐信符平生仰慕南海谭玉生（莹）、番禺黄石溪（子高），热衷于乡邦文献，南州书楼收藏以广东文献、各省通志最为齐备，本省县志及各地出版报刊也基本完备。1940年，香港举办广东文物展览会，南州书楼送展明戴琛所修《广东通志》，被公认是孤本。此外尚有各种珍贵文献手迹，如较罕见的宋元版本及大量明刻本。南州书楼还曾购入陈澧部分藏书："近年东塾遗书多已播散，其稿本及评校本，余南州书楼搜藏最多。"[2]

徐信符嗜书如命，性情怪僻，喜将一部古籍抽出数册分放，使人以为此书残缺不再借阅。藏书轻易不肯出手，即使最好的朋友，也要有复本才肯相让。黄荫普有幸得到其相让的复本，包括屈大均《易外》、王邦畿《耳鸣集》抄本，以及今释《遍行堂集》初刊本、《续集》精抄本，韩上桂《朵云山房遗稿》刊本等。

南州书楼旧藏韩偓《香奁集》

关于南州书楼收藏数量，徐信符称有360万卷。图书馆专家何多源曾访南州书楼，周连宽因友人介绍才"得一登其楼"[3]，徐信符任教岭南大学时与冼玉清同事，两人私交甚洽，她曾携带饭盒到书楼阅览群书一个多月，并将该书楼所藏广东文献432种（包括同一种书的不同版本）录成《南州书楼所藏广东书目》。[4]

据徐信符孙女徐家凤回忆，家人未得允许不准随便踏进书楼，小孩子

1　徐信符《广东藏书纪事诗·自题南州书楼》，《辛亥以来藏书纪事诗（外二种）》第311页。
2　同上第278页。
3　宽予《羊城访书偶记》，《中国科学院图书馆通讯》1958年第10期。
4　高炳礼《"南州书楼"聚散史述略》，《图书馆论坛》2003年12月。

们更是连楼梯也不准踏上，"但（冼玉清）先生却是除家人外唯一有书楼钥匙的人，可随时来看书抄书"。冼玉清"自告奋勇提出，先把有关广东的书目整理出来，其它的一步步再来校理"。她到书楼抄写书籍，"有时披阅竟日，其间常拿一布包包着一些点心作为午餐。先祖父曾请她在家吃饭，不要客气。她与我祖父说鉴阅群书是其最大的乐趣，如果为吃饭而打断此雅兴则大煞风景也。因之她在南州书楼观书期间，佣人们开了大门就去泡茶，先生自己开门进书楼；佣人放下茶水就退出，剩下她一个人在书楼翻阅典籍，兴尽又悄悄地回家去了。在此数月时间内从没在我家吃过一顿饭，留住一天宿"。[1]

冼玉清整理《南州书楼所藏广东书目》，应该在1934年左右。何多源后来借其稿本抄录，以著者姓名笔画为序重新编次，发表于《广州大学图书馆季刊》第2卷第1期（1935年）。此铅印本错误较多，但检索方便，另有抄本存世。1998年广东省中山图书馆王洁玉重新整理，将铅印本与抄本详加校对，更正书名、著者、卷数等有明显脱讹衍倒者，同时在著者姓名前加冠朝代，载于《冼玉清论著汇编》。王洁玉并作说明："冼玉清编之《南州书楼所藏广东书目》，计收录广东文献488种，著者344人，虽未及南州书楼藏书之全貌，然南州书楼不曾有藏书目录传世，故借此可略知所藏之一部分，亦属可贵。"[2]

广州沦陷后，徐信符将部分珍本书移运香港，暂存香港大学冯平山图书馆[3]，举家迁港后，因经济困难曾出售一批善本，得港币9000多元。香港沦陷前夕，由其女公子选出一批善本分装10箱转运澳门，或被土匪所劫，或随"白银丸"号遭美机炸沉。徐信符去世后，岭南大学图书馆向南州书楼购得一批珍贵典籍，此次收购由周连宽主持，他得以第二次上南州书楼，购入典籍有《粤秀书院志》十六卷、《广州先贤传》四卷、《温氏家集》十二卷等。[4]

冼玉清与南州书楼的故事尚有后续。1957年初，她往澳门探亲，得知徐信符女公子有意出让在澳保存部分古籍，劝其让与广东省中山图书馆，同时向中山馆反映这一信息。中山馆提出用人民币支付，但徐家坚持用港币现款在香港交易，

1　徐家凤《冼玉清先生与南州书楼二三事》，《冼玉清研究论文集》第158—159页。
2　《南州书楼所藏广东书目》说明，《冼玉清论著汇编》（上）第317页。
3　陈君葆1943年4月10日日记："徐信符寄存的书，原有三万多册，现在是移寄澳门。"
4　宽予《羊城访书偶记》，《中国科学院图书馆通讯》1958年第10期。

遂不能成议。冼玉清曾将抄录书目向周连宽出示，周氏录下其中明刻本：韩日缵《文恪公集》二十卷、黄佐《六艺流别》二十卷、黄佐《明音类选》十二卷、黄佐《庸言》十二卷、李之世《鹤汀集》九卷、黎民表《瑶石山人诗稿》十六卷、张邦翼《岭南文献》三十卷、杨瞿崍《岭南文献轨范补遗》六册、谢与思《抱膝居集》二册、罗虞臣《罗司勋集》七册、万历刻《海珠小志》六册等。

　　冼玉清也是黄佛颐种福草堂常客。黄佛颐（1886—1946），又名慈博，广东香山人，致力于地方文献搜罗，曾为冼玉清的《旧京春色》图卷等题跋，并为《广东女子艺文考》作序。

第五章

国

难

更生记痛

冼玉清出国游历证明书

冼玉清自幼体弱多病，《碧琅玕馆诗钞》中有《病起》《岭南医院病中作》《秋日卧病有怀葱甫美国》《喉病七日作》等记病之作。1935年夏秋之间，一场突如其来的大病，几乎夺走了她的性命。

岭南大学师生原计划暑假东游日本考察文化，冼玉清决定加入，并汇款预购船票。5月25日晨，她在课堂讲授文学概论时忽感身体不适，被校医诊为流行感冒。半月后病情加剧，饮食不进，再看校医，又被诊为胃病，留院治疗。邓坚白（邦谟）与李凤廷前来探视，均以为似胃寒病。中医上门诊治，服吴茱萸加云苓五剂，病情反而加剧。

时值岭南大学期末大考，扶病出卷，请杨寿昌监考，她自己勉力阅卷，已感沉倦疲惫，气喘脉促。

冼玉清移住六妹瑞清家休养，妹夫罗氏寓逢源正街，绿荫如幄，环境幽雅。同门陈德芸、区朗若、陈玉堂前来探视，区朗若又陪朋友区国良冒雨前来诊治，诊为寒症，服吴茱萸汤后呕吐不止。

病情日益加剧，以致神思恍惚，"清风入座，疑来故人，疏雨敲窗，恍闻呼我，昼无聊赖，夜恒失眠"，冼玉清决定前往香港求名医陈伯坛诊治，陈医生是她自幼熟悉的中医。

她由看护及六妹陪伴，乘金山轮过港，七妹冼妙清前来接船。四弟提前代租奕荫街某宅居住，以便照料。庶母文氏及老仆梅妈闻讯从澳门过港探视。

医生陈伯坛切脉后诊为桂枝汤症，连服中药十余剂，仍发热、恶味、盗汗、饮食不进，转方中药加人参汤等，皆不见效。

同门冯民德、陈德芸十分关心冼玉清。冯民德在港兴办实业，又助张君劢创办《宇宙》周刊。陈德芸7月20日从广州过港探视，又至陈伯坛处探究病情，知为"中气不足，阳气不升"所致。

8月6日，夏历七夕，冼玉清苦中作乐，得五言一绝寄区朗若："扶病陈瓜果，星河夜已阑，人人皆乞巧，我独乞平安。"[1]她深觉此病之奇，同意延请西医检查。共请四位医生，三位认为是甲状腺病。问及颈部何时肿大，她愕然，因平日无暇对镜装扮，回想起来便觉"春非我春，秋非我秋"。

8月14日，夏历中元节，得感怀一首再寄区朗若："愁萦眉黛怜双锁，瘦到腰肢剩一持。早识修难兼福慧，那能凉竟沁心脾。"此时她已瘦至68磅，带不成围，濒于九死。恍然了悟，人生相与，不可无意味，想到《水浒传》中阮小七拍着脖项大声说："这一腔热血，只要卖与识货的！"于是奋笔给国文系主任杨寿昌写信请辞，表示不愿尸位素餐。

此信寄区朗若转交，但区朗若不同意她辞职，认为所谓品格气节是小题大做，因此将信退回，拒绝转交。

冼玉清长姊冼端清死于甲状腺病，此次也被诊为甲状腺病，她开始关注米勒尔医生，读其《健康生活》一书，得知甲状腺位于颈部甲状软骨下方，气管两旁，大小如橄榄核。甲状腺可控制心跳速度、神经传率及思想知觉等，对人体至为关键。甲状腺病是因组织过长，血液过多，或其中细胞改变，致其功能亢进，功用紊乱，造成体内多种重要器官受到压迫，以致出现体温超常，神经过敏，心跳急速，呼吸频促等症状。

米勒尔医生在广州东山办有疗养院，冼玉清准备回粤前往诊治。恰巧杨寿昌、陈德芸相继来函劝她返校，不久岭南大学也寄来聘书。她于9月6日晚整装旋省，计居留香港竟达70天。

16日返回康乐园，"一别琅玕，炎凉顿易，满庭幽草，秋意可怜，一架豆花，旧题犹在，真有落叶半床，狂花满屋之观"。连月来岭南同仁十分关切，见者欣然相告：冼姑娘归来矣！谈起割治甲状腺，师友李凤廷、陈德芸坚决反对。

---

1 《七夕病中作》，《更生记》第20页，琅玕馆丛著第三种，1948年版。又见《碧琅玕馆诗钞》第30页。下引《中元病中》同。

24日，广州报载米勒尔医生次日将出席东山疗养院开幕礼，她在陈肇祥夫人陪同下乘汽车抵疗养院。米勒尔医生"颊绛如霞，发白若雪……举止沉着端重可敬"，诊断为甲状腺病，称明晨六时将返沪，当天下午二时可施手术，请其与家人协商定夺。冼玉清当机立断：不能惬惬作久病之人！"无所就商，万事早有天定"。

她取纸笔致函七妹妙清并转诸兄弟："米勒尔医生已到，顷往诊验，确定为甲状腺病。准下午二时施手术，仰藉上天好生之德，先人积善之泽，希望可以安全重见也。"

手术台上"陈列应用刀叉钳剪镊扣之类，寒光逼人"，施以局部麻醉，头脑仍然清醒，"俄闻刀叉钳剪铮铮作声，医生如裁衣之开领，剖余前额，刀掀其皮分上下，虽不觉痛，而血流滑滑湿项背。复以钳取甲状腺，抓把挖抓，翳闷欲绝"。当时各种思绪汹涌而来："著作多未完稿本，绛帐有前列生徒，宋元书本，校雠未竟，乡邦文献，正待编辑""《广东艺文志》未脱稿，温翁丹铭之怅惜何如耶？""褒师遗集尚未编成，何以尽弟子之责耶？"

冼玉清醒来时，伤口已经缝合。术后颈部剧痛不已，意识清醒却无法动弹，默温诗词以与死神抵抗，心得一绝："刀钳叉剪雪皑皑，霜气凌眸涩不开。莫遗钗裙尽无勇，从容曾过断头台。"[1]

一夜未眠，米勒尔医生凌晨五时来换药，称伤口恢复良好，然后乘机北飞，其后料理由助手麦德思医生负责。

一周后感觉病魔已退，食量渐增。东山疗养院除鸡蛋、牛奶、牛油外皆食素，冼玉清照例食素，十日内体重竟增加五磅，于是感慨彼肉食者"饱一己之口腹而殴众生为牺牲！"区朗若前来探视，对其一意孤行气极顿足，继而敬佩不已："果以奏刀而获救，迹类固执，然卓识定力，实有不可及者。"

10月8日下午，冼玉清病愈返回岭南大学。先后前来看望者络绎不绝。陈德芸赠《杜诗镜铨》一部相贺并题识："顷检出北山崔氏藏大本四川板《杜诗镜铨》都十册，谨以奉赠，为曾过断头台之大勇女诗人寿，并贺更生，乞哂存。"

是年底，冼玉清作《更生记》[2]，述其病之苦及割治之险，兼答谢亲友关爱。

---

1 此诗见《更生记》，未见《碧琅玕馆诗钞》。
2 《更生记》初版1936年11月由上海学术世界社出版。

杨寿昌作序称："南海冼玉清女士，吾粤女中人杰也。性情和易，而义之所在，不可回夺""相识遍南北，而人人视之如冬岭孤松，秋空皎月，崇仰其人格之峻洁"。

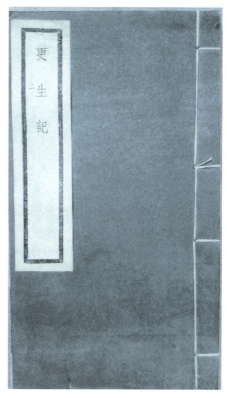

冼玉清《更生记》初版

五四以降，中国学界对于中西文化屡有论争，岭南学人陈序经更是1930年代全盘西化论战的发起者。陈序经1931年从欧洲学成归国，受聘为岭南大学哲学系教授。1933年12月29日，他在文明路中山大学礼堂发表演讲，题为"中国文化之出路"，他指出："中国的问题，根本就是整个文化的问题。想着把中国的政治、经济、教育等等改革，根本要从文化着手。"他将关于中国文化的主张分为三派：复古派、折衷派和西洋派。他特别声明："兄弟是特别主张第三派的，就是要中国文化彻底全盘的西化。"他认为，这就是中国文化的出路。[1]

演讲稿由梁锡辉记录，发表于《广州民国日报》"现代青年"专栏。1934年暑假以后，陈序经北上受聘为南开大学教授，中西文化论战也从广州扩展到全国。冼玉清在论战中并未明确表态，但从割治甲状腺过程中可见其态度，她以中国文化为立命之本，但并不排斥西医和西方文化。《更生记》可视为隐喻中西文化之争。她在结尾称："米医生今年五十六岁，美国人，为世界三大外科能手之一，来华多年。曾割甲状腺三千，无一失误者。祝彼永年，使同病者皆得救也。"

1　陈序经《中国文化之出路》，收入吕学海编《全盘西化言论集》，商务印书馆1934年版，上海书店《民国丛书》第39辑影印。

广东通志与女子艺文

中山大学广东通志馆总纂温丹铭得知冼玉清患病，十分关切，函嘱慎择良医。冼玉清赋《香豆花雅集韵》一首，温氏和之，有"铁板铜琶枉费词，瑶笺宠赉玉溪诗""夕阳盼得贻彤管，珍重班书待续时"句，将冼玉清比作班昭，注"女士方撰《广东艺文志》"。[1]

冼玉清移居香港治病，七夕后作诗称"剩有愁肠难殢酒，为怜倦眼屡抛书"。温丹铭和其韵称"为怕沉疴先戒酒，难忘结习是看书"，注"通志馆聘女士任纂修""余近亦不敢饮酒"。[2]

温丹铭（1869—1954），名廷敬，以字行。广东大埔人，广东通志馆纂修兼主任。有《经史金文证补》《温丹铭先生诗文集》传世，辑有《潮州诗萃》。

1928年，广东省民政厅厅长兼中山大学副校长朱家骅提议纂修《广东通志》，最后交由中山大学办理，广东修志馆定名为中山大学广东通志馆，省教育厅厅长兼中山大学校长许崇清任馆长，馆址设在中山大学西楼。广东通志馆委员会由校长聘请教授若干人及纂修5人组成，会议由校长召集并主持，决定通志编纂体例和方法，由馆主任落实执行。

修志业务由中山大学师生合作完成，即将通志门类分工，聘请相应学科、学系教授兼任纂修，督促学生担任助理，让学生有实习机会，也为政府节省开支。1930年，许崇清聘温丹铭任通志馆总纂。1932年校长邹鲁兼任通志馆馆长，温丹铭继续担任总纂。

《广东通志》编纂工作因抗战爆发广州沦陷而中辍。据邹鲁《回顾录》，《广东通志》稿"在1938年学校西迁前，已全部编成。但因经费缺乏，只先印了《列传》四本，其他稿件，由于学校搬迁，能否保全，诚属堪虑"。[3]通志120册稿本现庋藏于广东省立中山图书馆善本室。通志稿叙事截至1934年，分训典、山川略、地形、地质概要以及艺文略、金石略、集古略、列传等28门，保存了大量清代和民国广东史料。由于社会环境欠安，政府支持缺乏，"开局时有声有色，

---

1 冼玉清《咏香豆花》《和人香豆花雅集韵兼呈丹翁》，《碧琅玕馆诗钞》，第32页。
2 《更生记》，第12页。七夕后一日诗又见《碧琅玕馆诗钞》第30页。
3 邹鲁《回顾录》，第231页，岳麓书社2000年版。

（國立中山大學廣東通志館）人員名冊 民國廿六年八月 七

姓名	年齡	性別	籍貫	學歷	現在職務	住所
溫廷敬	六九	男	大埔	清廣東惠潮嘉師範學校校長 國立廣東大學教授	纂修兼主任	本館
冒鶴亭	六五	男	江蘇如皋	清舉人	纂修	本館
陳梅湖	五三	男	饒平	法政學校畢業	編纂	本館
張俞人	五七	男	大埔	[illegible]	黨務纂修	本館
冼玉清	三四	女	南海	嶺南大學教授	藝文纂修	嶺南大學
饒聘伊	四一	男	大埔	上海法政學校畢業	教育纂修	本館
黃仲琴	五二	男	潮安	[illegible]	金石纂修	本館
蕭漢槎	五六	男	大埔	[illegible]	列傳幫纂	本館
饒宗頤	二一	男	潮安	廣東省立四中肄業	藝文纂修	本館
陳鐵魂	三十	男	潮安	國立中山大學文學士	文學院助教	[illegible]
杜結全	三七	男	東莞	廣東高等師範畢業	文學院助教	[illegible]
何乃文	二七	男	大埔	國立中山大學法學士	法學院助教	本館
李杰	二八	男	南海	國立中山大學理學士	理學院助教	[illegible]
吳漢光	二九	男	澄海	國立中山大學理學士	理學院助教	本館
尹桂頤	二八	男	新會	國立中山大學理學士	大學理學院助教	本市龍津東路一八八號
溫克瑤	二七	男	大埔	大埔中學畢業	徵訪員	本館
李介丞	五八	男	豐順	清附生	潮梅徵訪員	本館
陳[illegible]鶴	二二	男	潮安	汕頭市立一中畢業	繕校員	本館

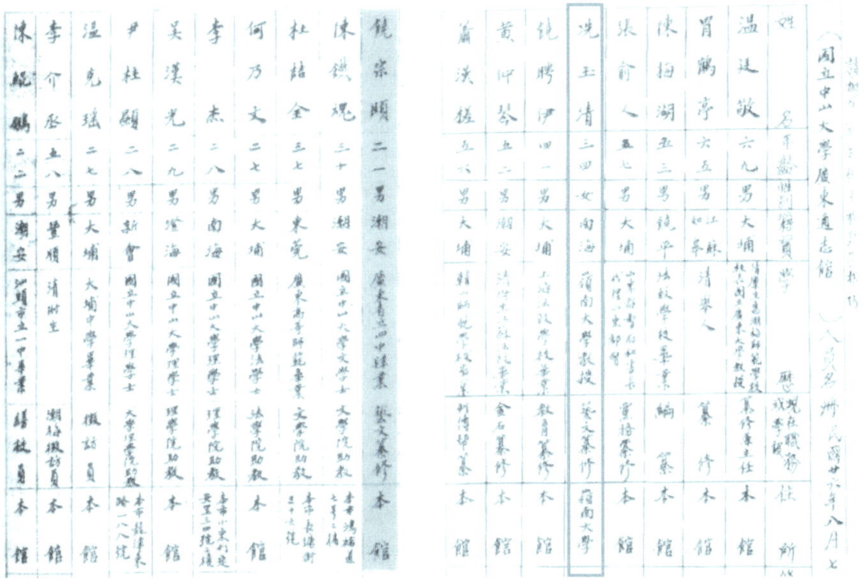

广东通志馆人员名册

但终以草草收场”[1]。

中山大学广东通志馆1937年8月《人员名册》共记27人，其中纂修兼主任温廷敬、纂修冒鹤亭、编纂陈梅湖、党务纂修张俞人、艺文纂修冼玉清、教育纂修饶聘伊、金石纂修黄仲琴、列传帮纂萧汉槎、艺文纂修饶宗颐。除冼玉清注为“岭南大学”外均为“本馆”，即中山大学广东通志馆。温廷敬时年69岁，冒鹤亭65岁，冼玉清34岁，最年轻者为21岁的饶宗颐。

广东大学初设于文明路高等师范原址，校舍陈旧而逼仄，后选定郊区石牌为新校址，1933年邹鲁再次担任中山大学校长后，开始进行校园建设，1934年秋，农、工、理三学院先行迁入新校开学，并举行新校落成及文、法两学院奠基庆典，邹鲁撰有《国立中山大学新校舍记》。

1935年6月5日（夏历重五），诗人陈石遗南下，校长邹鲁集校内外文士，设宴石牌新校欢迎，赋诗谓之“端午文星聚，石牌欢宴开”。冼玉清为唯一获邀女宾，遗憾因病不能赴约，感觉有负邹公雅意。[2]

《广东艺文志》或许也未竣稿，而《广东女子艺文考》是冼玉清受聘艺文

1 林子雄《广东通志馆与民国〈广东通志〉》之编纂》，《广东史志》2001年第4期第72页。

2 《更生记》，第12页。

《广东女子艺文考》扉页

篆修的副产品，成稿于战乱之际穗港之间，这是她拼命著书的缩影。

她在此书后序中说："余年来篆修省志，博搜群书，妇女专集，辄有过眼，随手编目，所积渐多，爰有《广东女子艺文考》之作。计得书一百零六种，作者凡百家。"[1]分经、史、子、集四部，经部3种、史部2种、子部1种、集部100种。又标注为"见"与"未见"两类，前者28种，后者78种。见者有版本传世，曾在公私所藏中披阅；未见者多散佚，而省、府、县志或《广东名媛诗选》《粤东诗海》《闺秀正始集》《岭海诗钞》等文献典籍曾著录。如史部顺德李晚芳撰《读史管见》三卷，阮元《广东通志》、戴肇辰《广州府志》和郭汝诚《顺德县志》艺文略著录，又见清乾隆五十二年谧园刊本，《艺文考》录谢方端序、李晚芳自序及自识、龙门知县伍鼎臣序，并案："此书节录或全录《史记》原文，加以眉批或旁批，多评文法，每篇后有孺人评语，并前人王鏊、钟惺……诸评，皆并列入。"史部南海陈霞浣撰《续古事苑》，仅考得数语："（未见）据《南海县郑续志》本传。清南海陈霞浣撰，霞浣有《字海辨似》已著录。"

通过分析作者籍贯，她编出岭南文化地域分布图："大抵吾粤文风，以广州府之顺德、番禺、南海、香山为盛。加以交通便利，易为风气，作者之众，理固宜然。而高州比他府州为多者，则以《高州府志》《吴川县志》《石城县志》皆经李文泰篆修。"

作者成名的三个途径为："名父之女，少禀庭训，有父兄为之提倡"；"才

1　《广东女子艺文考》后序，《更生记·广东女子艺文考·广东文献丛谈》第115页。下引同，不另注。

士之妻，闺房唱和，有夫婿为之点缀"；"令子之母，侪辈所尊，有后嗣为之表扬"。她同时坦言，学艺在乎功力，女子多早婚，十七八岁即为人妇，学业无成功之可言。婚后心力耗于侍奉舅姑、周旋戚党、料理米盐、操作井臼及相助丈夫、抚育子女。"质言之，尽妇道者，鞠躬尽瘁于家事且日不暇给，何暇钻研学艺哉？"

《广东女子艺文考》搜集材料时，得到黄慈博、黄秩南支持，稿成又经汪憼吾、张汉三审阅订正。

黄任恒（1876—1953），字秩南，号述窠，斋名信古阁，又有保粹堂，广东南海人。精广东文献史料，著有《番禺河南小志》等。

《广东女子艺文考》得粤籍名士徐信符、黄佛颐、桂坫等作序题词。徐信符序1938年12月作于港寓，虽未提及冼玉清披阅南州书楼典籍事，但对此编颇多襃扬，称"关心文献者""于乡邦文志特为重视"，"然而专辑宫闺撰述者实未前闻"，"玉清女士夙擅词章，鞠稽载籍，对于乡土遗著，搜采尤勤。年来纂修省志，浏览妇女专集，爰有《广东女子艺文考》之著……斯著也，举刘向之《列女传》，班固之《艺文志》兼而备之。一披阅间，而知天南文苑，固不仅俊髦多士而已也"。

黄佛颐序作于1939年初，提及借阅藏书事："余家略有藏书，辄匝月借读不厌。尝以吾粤女子撰述，传者寥寥，因荟集志乘，旁稽载籍，考定存佚，分别部居，一本诸史艺文及各家书录题解之例。其有功于吾粤文献固多，而于吾国女学激励为尤巨也。"黄佛颐称，黄秩南亦拟辑《宫闺经籍志》，网罗广博，已渐次成书，但尚不知付剞劂与否，"女士兹编，殚见洽闻，深得体要，余甚冀其速刊以饷世"，并称此书将永垂不朽，不止于一方掌故。

桂坫序作于1939年暮春，对此书赞誉有加："网罗散佚，阐发幽潜，创为是编，以光巾帼。当代名宿，相与表扬。属付梓人，藉广流布。庶几珠编璧合，腾五岭之清华；蕙质兰心，振二樵之秀色。"[1]

《广东女子艺文考》后序作于"民国二十七年冬"，1941年7月由商务印书馆初版发行[2]，时值太平洋战争爆发之前，冼玉清随岭南大学流寓香港。

---

1 徐序、黄序、桂序，《更生记·广东女子艺文考·广东文献丛谈》第33—37页。
2 庄福伍编《冼玉清生平年表》称其排印本于1938年由商务印书馆出版，又称1941年再版。

津津乐道人善

冒广生1934年底应勤勤大学校长陆嗣曾（1888—1956，字光宇，广东信宜人）之邀主讲该校。邹鲁又商聘其任中山大学词学教授，再聘为广东通志馆纂修。勤勤大学是陈济棠于1934年为纪念国民党元老古应芬（字勤勤）而创办。冼玉清亦兼任该校文史系讲师，因此与冒广生相识交往。[1]

1937年1月，苏轼诞辰900周年，冼玉清约定祭拜，冒广生作《丙子十二月十九日玉清约拜东坡生日》，后冼玉清多次出示文史论著和诗词之作请益。[2]

冒广生像

冒广生（1873—1959），字鹤亭，号疚斋，江苏如皋人，祖上在广东为官，生于广州。其先祖为"明末四公子"之一的冒辟疆。光绪甲午（1894）科举人，历任清刑部、农工商部郎中，东陵工程处监修官。民国农商部全国经济调查会会长、江浙等地海关监督、南京国史馆纂修。1949年后任上海市文管会特约顾问。著有《小三吾亭诗文集》《疚斋词论》等。

冼玉清呈送冒广生诗作为1929年北游后所作，冒氏点评15首，评语如次：

《极乐寺》：似唐人；《法源寺》：唐人律之佳者；《天寿山展明陵》：一起唱极高；《登八达岭》：声响似高、岑；《北戴河道署》：叙次井井；《哭长姊端清》：至情真悲；《次伯月师中元夕过饮韵》：句奇语重；《朗若谓我拼命著书写此答之》：浑厚；《仆人去后独处一室戏作》：通首皆胜；《水仙花》：约素七字足传；《咏雁用疚翁韵》：寄托遥深；《瓶梅已落不忍弃之有作》：题佳，诗亦称；

1　陈永正《碧琅玕馆诗钞》前言："一九三五年，大名士冒广生南来广东，先生录近作二十余首以呈，冒氏一一为之圈点、批评。"
2　《冒鹤亭先生年谱》第399页。

1933年勤勤大学部分教师合影

《咏香豆花》：侔色揣称；《和人香豆花雅集韵呈丹翁》：诗好，微嫌过艳，不如割爱，疢斋饶舌；《乙亥清明前一日夕梦先君作》：能状难状之状。

多为佳评，可见赏识冼诗，且为人宽厚，能予人莫大鼓舞。冒广生博学多闻，风流倜傥，交游广泛，奖掖后进不遗余力。其子冒效鲁说："父亲是津津乐道人善，关怀后辈无微不至，所以1959年8月他去世时，许多挽章都以'山颓梁坏将安仰'来表达自己的感激之情。"[1]。同年秋，旅港学人钱穆、张大千、易君左、罗香林等数十人举行追思会，称赞冒氏为乾嘉以来经史文学兼擅的一代大儒，且为人"有真性情、真肝胆、重道义，肯帮助人，发扬了我国传统美德……真可以警末世，挽颓风，振伦常，励名教"[2]。

冼玉清与冒广生志趣相投，性情相近，很快成为忘年之交。冒氏广邀文坛友人为《旧京春色图》题跋，请吴湖帆作《琅玕馆修史图》，再邀友人题跋吟咏。

1939年6月25日，上海词人午社第一次雅集于林葆恒家，由林铁尊、廖恩焘作东。"拈得归国摇、荷叶怀二调，不限题。""宴后昳翁谈清季大乘教事。鹤

---

1 《冒鹤亭先生传略》，《冒鹤亭先生年谱》第13页。
2 同上，第606页。

亭翁出示广东冼玉清女士画《旧京春色》手卷。"[1]雅集到者还有夏剑丞、吕贞白、夏瞿禅等人，此前，"先生以冼玉清《旧京春色》手卷托交周梅泉，请其题咏。""先生复以冼玉清《旧京春色》手卷托交廖凤舒，请其题词。冼玉清为此馈桃金二百元，以为报之，先生却之，'然其意为感'。"[2]

林葆恒（1872—？），字子有，号讱庵。福建闽侯人，林则徐侄孙。题《旧京春色》图款署"己卯夏五闽县林葆恒"。廖恩焘（1874—1954），字凤舒，号忏庵，广东归善（今惠阳）人，廖仲恺胞兄。题跋款署"玉清女士雅属并正，七十五叟廖恩焘忏庵时己卯春杪避兵沪上"。夏敬观（1874—1953），字剑丞，江西新建人，参与主办两江师范学堂。款署"奉题玉清女士旧京春色卷"。吕贞白（1907—1984），字伯子，江西九江人，曾任中央大学教授。款署"玉清女士雅正，贞白"。周达（1879—1949），字美权，安徽建德人。题识："壬戌之秋，余将辞京阙南归，濒行，遍游城南，诸花时已过，别绪云涌。今十七年矣，再入修门，不知何日。"林鹍翔（1871—1940），字铁尊，浙江吴兴人。题识："己卯七月吴兴铁尊林鹍翔时客沪上"。

《旧京春色》图与冒广生有关题跋者尚有：陈祖壬、何之硕、金兆蕃、龙沐勋、刘承幹、王福厂、张其淦、吴庠。

吴湖帆署"丑簃吴湖帆书于梅影书屋"，分别为《牡丹》图卷和《海棠》图卷题词，一为《荷叶杯·极乐寺海棠》："一架蒙茸璎珞，深幄。铃动护花旛，高烧银烛照妆残，相并倚阑干。红杏青松长卷，同展。英爽忆高凉，旧京春色剩余香，翠袖莫相忘。"一为《归国谣·崇效寺牡丹》："秾脸。魏紫姚黄呈富艳。佛香深院微敛。劫尘须不染。宝盖绣幢低掩，止观清竹簟。鞓红欧碧芳馣，玉犀灵一点。"[3]

吴湖帆（1894—1968），名翼燕，号丑簃，后改倩庵，江苏吴县人，吴大澂嗣孙。由冒广生介绍与冼玉清交往，诗词唱和颇多，本书后文将详细交代。

叶玉麟题识："旧藏周禧画，摹绘花药，笔情静穆，盛时闺彦类能以卷轴涵淹胸趣也。玉清女士思存都门花事，以静气写生，盖善读书者，何代无盛衰，一

1 《天风阁学词日记》（二），《夏承焘集》第六册第108页。浙江古籍出版社、浙江教育出版社1997年版。
2 《冒鹤亭先生年谱》第423、424、425页。
3 吴湖帆二词见《佞宋词痕》，上海书店出版社2002年版。

《洛阳名园记》乌足尽之……吾又惜其不睹琼琚佩玉之高致也。奉题玉清女士画卷,己卯五月桐城叶玉麟。"叶玉麟(1876—1958),字浦荪,安徽桐城人。

袁思亮(伯夔)、夏仁虎(蔚如)、黄君坦(孝平)、陈运彰(君谟)等亦有题跋。

这一场题咏接力直到1949年方告结束。在那战火纷飞,山河破碎,人民流离失所的年代,这份众多名流合力完成的手卷充满文化意蕴,也饱含家国情怀。

国难文学

1937年7月7日,卢沟桥事变爆发。蒋介石在庐山牯岭举行国事谈话会,誓言"地无分南北,人无分老幼,无论何人,皆有守土抗战之责任,皆应抱定牺牲一切之决心"。岭南大学校长钟荣光也受邀参加谈话会。

7月28日北平沦陷,全国哗然。冼玉清直言:"有识者知大祸将至,名城都会必遭荼毒。广州为华南经济军事交通重心,当难幸免也。"1

8月17日,广州市警察局通告市民,所有妇孺老弱即日离市回乡,警察登门向每家劝谕人民离境,官眷亦奉正式命令迁徙。"于是居民举家转徙回乡或至香港、澳门者,有空巷之势。连日广九火车由上午

岭大科学院(史达理纪念堂)

1　《广州八夜空袭之经历》,《冼玉清论著汇编》(下)第719页。本节引文除另注外,均出于此。

八时至下午六时增开特别快车六次，而舟车拥挤莫名。鹄立西濠口一带候船者途为之塞。"她本人却"孤处岭南大学如恒"。

18日上午10时20分，防空警报第一次鸣响。她从图书馆飞步至科学院课室，当时岭大夏令班逾百学生留校，包括她从香港来补习数学的侄儿冼祖源。科学院地窖划定为第一避难室，四周以沙包围绕，以避流弹及炸弹碎片。一路只见人群飞奔，冼祖源木立人群面色如土。11时半警报解除。下午夏令班学生离校，冼祖源乘夜轮返港。是夜起广州宣布灯火须遮以黑布，12时起全城灯火熄灭。

31日凌晨5时45分，第二次防空警报响起。她"推枕奔向避难室，梳洗盥漱不暇计"，沿途提携抱负者相接，炸弹爆炸声、高射炮发射声相闻。第一次轰炸持续约3小时。返寓后惊魂未定，10时30分警报又响，所有人再奔向避难室，11时10分警报解除。

9月12日上午10时40分，日机再次轰炸广州城。市立学校一律停课，其余学校迁安全区域上课。各校纷纷择地搬迁：女子师范迁西樵，培正迁鹤山，培道迁肇庆，培英迁香港，协和女校及岭南西关附小迁澳门，岭南附中迁香港青山。勤勤大学迁至梧州，中山大学部分迁罗定。岭南大学决定不迁校，原定复课时间由9月12日改为20日。

此后防空警报几乎日日不断。21日轰炸最为密集，6时30分至9时报警，日机45架来袭，机关枪声、高射炮声、炸弹爆炸声密集如雨，天河白云机场被炸。下午1时30分，日机37架来袭，西关一带民房被震毁者无数。

亲友均已离开广州，六妹瑞清、侄女素闲早已迁往澳门，冼玉清仍留康乐园，每早7时半到教室授课。学生寥寥可数，即使在校者也因夜袭失眠，多不能早起上课。

从9月22日起，日机连续8日对广州狂轰滥炸。

22日从凌晨2时起，轰炸长达9小时，天河白云机场受祸最烈。衾夜披衣挈女仆奔赴避难室，俯伏屏息，不敢作声。俄尔敌机来袭，动地如轰雷，众人皆心悸胆裂，坐待屠戮。基督教妇女跪地吁天，祈求万能之神赦免罪恶，拯救性命！冼玉清以为临危求神赦罪，不如平日慎行谨言，勿膺罪庆。

23日从深夜12时40分起，空袭约8小时，日机图炸增埗、西村水厂及工厂。投下百磅炸弹十多枚，高射炮密集扫射。

24日晨4时报警，空袭约2小时。陈德泰、梁缉熙等学生送冼玉清返寓，称此种震惊非弱女子所能承受，劝其赴港澳休养。同事及市民赴港澳或返乡者更多。她回答："中国一日存在，我一日努力。诸君一日留校，我一日授课。"并称："国家兴亡，人人有责。倘有智识者皆避地洋场，则民众谁与领导？正义谁与主持？社稷谁与固守？况畏死苟安，卵翼外人之下，亦有心人所不忍为也。"

25日空袭两次，报警约7小时。女仆提出辞职："不能以生命博区区佣金，即死亦宁返乡与儿孙众人同死。"冼玉清因而反思："蝼蚁尚且贪生，何况人类？我不畏死而守此者，为抱定之主义，然不能强汝舍命相从。"于是厚遣女仆，此后更无人陪伴。

26日报警两次逾4小时。连续数日未能吃饱喝足，"盖每一起炊，闻警后即须灭火，凡有警不得见灯火与炊烟也，或饭甫熟即走警，每每一饭经半日一日尚未能入口者。乡间鸡犬，亦奉命尽屠杀之，盖恐其发声资对方以目标云。"

27日空袭5次，空战激烈，燕塘、西村、白云山、石牌均落弹。

28日空袭4次。随校医嘉惠霖踏勘灾区，其状惨不忍睹："中山纪念堂、莲塘路大塘街、惠爱东路、西华路、净慧路、锦龙北等地落弹甚多，民房被毁无数，居民惨遭机毒，残肢断腔，狼藉道左，血迹朱殷亘二里也。""有扶老携幼往认尸者，或父哭其子，或妻哭其夫，或儿女哭其父母。哀声震原野。此辈何辜，转眼而成鳏寡孤独也。"

29日4次报警，日机分三路袭击虎门炮台、黄埔及肇和军舰，肇和舰受伤。

八日狂袭，"奔避之狼狈，事业之废弛，精神之损失，真有非笔墨所能形容者"。冼玉清"痛定思痛，乃为悲秋八首以纪之。诗虽不工，然当前实事，振笔直书，亦作他日信史之参考资料也"。

《悲秋八首》中有《八夜狂袭后市况萧条感赋》："银霞销尽金银气，烽燧应怜草木愁。几日乱离生事歇，非关多士独悲秋。"又有《入夜全市灯火管制》："虎窟余生宁有乐，每谈烽火辄凄然。市同鄷府怜长夜，节异清明亦禁烟。""淮南鸡犬都无幸，一夕冤魂尽上天。"记录了城市不得起炊、乡村须尽杀鸡犬的惨状。

1　《悲秋八首》见《广州八夜空袭之经历》，《冼玉清论著汇编》（下）第719页，原载《大风》第82期（1941年1月），收入《碧琅玕馆诗钞》。《入夜全市灯火管制》等载《抗战期间的岭南》第4页。

白居易称"文章合为时而作，诗歌合为事而作"，冼玉清《悲秋八首》感时怀事，记录了一座城市的苦难，堪称史诗。

1937年10月15日，广州中山大学、岭南大学、勷勤大学、国民大学、广州大学等校教授林砺儒、吴康、侯过、洪深、罗雄才等联名致电欧美文化界，揭露日寇侵略罪行，请求主持正义，予侵略者以严厉制裁，冼玉清亦列名其中[1]。

八日狂袭之后，又发生了600多次零星空袭。1937年底，岭南大学第45次校董会议决在广州继续坚持办学。面对敌机不时轰炸，岭南大学依然苦撑着，冼玉清依然苦撑着。

抗战爆发前夕有所谓"国防文学"与"民族革命战争的大众文学"之争，冼玉清僻居岭南，并未参与，她执意将这个时期作品定位为"国难文学"。《国难文学》组诗11首，上接《悲秋八首》，下连《流离百咏》，饱含家国情怀，仍然是一组史诗性的作品。

八日轰炸后，岭南大学于10月12日宣布停课，最后一批行政人员撤离康乐园。冼玉清此前返抵澳门，《丁丑八月二十八日避乱澳门》即《国难文学》第一首，其中有句："七载别故园，此心长恻恻。游子岂忘家，言之泪沾臆。况值丧乱归，焉敢言息辙。"

1938年4月14日，日军空袭广州西关一带，大利车衣厂死伤女工数百人。此厂原为宝华戏院，建成于1919年前后，由清末巨富周东生大屋堂会戏台扩建而成，曾是广州有名戏院。《国难文学》第三首题为"大利工厂被炸死伤逾五百人感赋，工厂为旧宝华戏院也"，时间为"戊寅三月（廿七年四月）十四日"。"欻听炮弹声，密集若骤雨。巨撼山疑崩，黑焰自西吐。天地变黯惨，行人毛骨竖。""蓦地一刹那，举目无遗堵。焦尸变黑炭，残骸余红腐。断臂与零胲，惨状不忍睹。"结尾愤怒声讨："我闻圣人言，皇天德是辅。未有暴戾者，可以受福祜。呜呼东邻人，勿诩勇可贾。"

第四首《戊寅感春》"剩水残山满目非，啼花怨鸟寸心违"，有杜甫"国破山河在，城春草木深"之意，最后表示"艰难犹有遗经抱，讲学危城正此时"。[2]

虽然不能投笔从戎，她仍尽其所能为抗战出力：1937年冬，为前方募捐寒

1　见庄福伍编《冼玉清生平年表》。
2　上引《国难文学》四首，见《碧琅玕馆诗钞》第37—39页。

衣，同时发表《妇女对于募制寒衣之责任》播音演说。除《国难文学》组诗外，从1937年7月至1938年10月，她在《岭南周报》开辟"国难春秋"专栏，发表《国难随笔》《读宋史李纲传》《宋代太学生之士气》《民族女英雄冼夫人》《读宋史岳飞传》《与新会县长一席话》等文，弘扬民族精神，提升抗战士气。

其中《读宋史李纲传》1937年12月20日写于教室，载次年1月1日《岭南周报》，文章特别强调李纲反对迁都、反对避敌东南："绍兴四年，金兵退，国人以为保东南一隅可以苟安。李纲复上疏曰：愿陛下勿以敌退为喜，勿以东南为安。"《宋代太学生之士气》写于1937年12月25日，载次年1月15日《岭南周报》，结尾写道："学生运动不自今日始，若陈东、欧阳澈、华岳诸子，为士林争正义，不惜殉之以身，其贤于摇旗呐喊远矣！"

万苦千辛离危城

1938年春，大批来自北方各大学的学生借宿岭南大学，等待经越南河内前往云南昆明的交通工具。两名来自燕京大学的学生决定就读岭南，通过在岭南的学习他们可以得到相应学分。当时燕京大学尚未搬离北京。[1]

国立北京大学、清华大学和私立南开大学南迁长沙，合组临时大学，1937年10月底开学。次年2月，临时大学西迁云南昆明，更名西南联合大学。包括女生、教职员家属和体弱生病师生数百人，乘火车沿粤汉线经广州，再由香港乘船到越南海防，然后乘火车至昆明。他们抵达广州后，借住岭南大学半个月，《抗战期间的岭南》载："（1938）2月4日，招待清华、南开、北大过境员生。"[2]临大学生五六百人得以饱览广州风光，并与岭南大学学生尽情联欢，彼此结下深厚友谊。王正宪是这批学生之一，他对岭大师生热情接待的一片盛情感受颇深，由此推知岭大具有良好的校风。王正宪是湖南长沙人，他从西南联大毕业后，又获英国剑桥大学博士学位，1949年选择任教岭南大学经济系。

1　郭查理《岭南大学简史》，《岭南大学》第100页。
2　庄泽宣编《抗战期间岭南大学大事记》，《抗战期间的岭南》第1页。

1937年底，鉴于校长钟荣光年已古稀尚为国事奔波，岭南大学校董会议决聘其为名誉校长，由副校长李应林代理校长，次年9月正式接任。1938年3月7日，《岭南周报》出版"三八妇女特号"，代校长李应林题写刊名。

"三八妇女特号"具有特别意义——将妇女与抗战紧紧联系在一起。冼玉清发表《民族女英雄冼夫人》一文，盛赞冼夫人是"妇女为国立德立功之第一人，妇女开幕府建牙悬肘之第一人，妇女任使者宣谕国家德意之第一人，妇女享万民祭祀之第一人"，可与霍去病、郭子仪并传不朽。[1]

3月25日，冼玉清参加李应林主持的陈辑五教授纪念会，有感而发，撰写《记陈辑五教授纪念会》一文，刊于4月11日《岭南周报》。

《读宋史岳飞传》刊于《南风》杂志，梳理介绍抗金名将岳飞故事，贬斥宋室昏庸。她认为天下之奇耻大辱，莫过于败战丧师、土地沦胥于异族，天下之痛心疾首，莫过于家破国亡、人民鞭策于夷虏。国难当头，当万众一心同仇敌忾。宋室南渡，岳飞矢勇矢忠，力排和议，谋划收复西河，剑指燕云，不幸遭奸贼陷害，功败垂成，"以高世之绩，贯天之忠，饮恨以死"。她笔锋一转，直指时

《岭南周报》

《岭南周报》三八妇女特号

1　《民族女英雄冼夫人》，《岭南周报》"三八妇女特号"，1938年3月7日。

弊："今日国难，其严重不亚于赵宋。而上下之苟且偷安，顾私利而不顾公义，且有百十倍于赵宋者。吾不禁惴惴危惧。安得起岳飞于九原相与同声一哭也。悲夫！"[1]

1938年7月，时值卢沟桥事变一周年，国民参政会在汉口成立，召集各党派、各民族、各职业、各地区代表，共商抗战建国纲领。钟荣光从牯岭赴汉口与会，遇岭南同学甚多，皆系从京、沪、杭、平、津各地聚集。参政会闭会后，钟荣光又由汉口飞香港，返广州。9月，将岭南大学校长职务正式移交李应林。

9月21日，岭南大学开学，新生人数增至670人，教务极忙，冼玉清每日上午授课，下午至图书馆读书，自言"未尝一日或辍"。

10月12日下午5时，得知日军已于大亚湾登陆，学校宣布疏散妇孺，次日分赴香港、澳门。她匆匆赴图书馆长何多源家，得知疏散之说属实，当即转告杨寿昌、冯锡三。又以电话咨询老同学梁镜尧，梁以为避地为上策。

晚9时，农学院教授兼院长古桂芬来告，听收音机得知日军在大亚湾登陆，劝其速行。庶务处长谢昭杰也劝其迅速离穗。但冼玉清决定暂缓一日，因次日下午须清点博物馆动物标本交与何辅民，又要照料杨寿昌与高冠天夫人（高冠天尚在新加坡）两位老人。

一夜未眠，13日清晨访高夫人，请其同往澳门。高夫人不知所措，称过江与其姊商量才能定夺。再赴杨寿昌宅及美籍教授包令留家，包氏夫妇表示留在岭南尽责尽力。返回家中，有受训女生数人来乞饮水，因学校疏散令未及时转达。

下午与何辅民交接动物标本后，返家收拾衣服一小包，准备乘次日昇昌轮赴澳门，恐难求座位，拟当晚抵达。至岭南大学码头遇学生卓元栋，主动泛舟送至昇昌轮码头。守闸者称明早6时方可放闸。有舟子愿以6角钱渡至船背后，与卓生挽行李登舟，荡漾至轮后，舟子举行箧登轮，舟妇从下托双足，舟子从上牵双手，奋跃方得入，登船已精疲力竭。

悄然入舱，被办房"瘟客"喝"船中无此例，不能留宿！"幸遇侄女娴及其家人。侄婿陈叔淇为某海关职员，故能挈眷在轮留宿，顿觉"道德文章不及区区势力也"。

---

1 《读宋史岳飞传》，《南风》杂志第13卷第1期，第79—80页，1938年5月出版。

随陈叔淇一家至西濠口利记餐馆吃姜葱炒鸡宵夜，"价廉味美，足快朵颐"。返船休息一宿，14日晨得船员通报，虎门珠江口遭封锁，轮船不能启碇。

乘客纷纷上岸，随侄女返陈宅。早餐后往海员俱乐部电话询问岭大，谢昭杰告之学校提供学生选择路程：一乘轮渡至石岐转岐关车至澳门；一从江门转开平、茂名、电白绕道广州湾赴香港；一从广三铁路转往梧州。

决定返回岭南大学随大队行动。返寓所卸下书籍两箧，再往女宿舍寻同事黄翠凤，得知黄女士已往东安轮，匆匆渡江前往，在拥挤的人群中找到黄女士，得知东安轮并无开行计划。乘船返回岭南大学，致电询问广州各处交通情况，以乘船至石岐最佳。

二人夜半再从康乐园出发，3时到达南石头。码头人满为患，经拉拽帮扶挤上驳艇，到达中山渡轮又遇险情，"沿渡旁木板以行，板阔不满尺，人与行李相

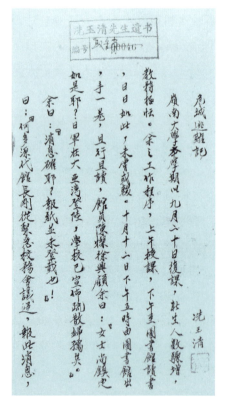

《危城逃难记》手稿之一　　　　　《危城逃难记》手稿之二

挤，前路逼塞，后路推压，狼狈不可名状"。被人群推挤着曲躬匍匐进入一舱，空气秽浊刺鼻。同事吴女士经过，拉其进舱蜷伏，被同舱几位妇女咒骂。劝以"国破家亡之际，怎能如此自私自利？"同船一翁谈起岭南大学，亦知有冼玉清其人，"虽未识荆，然闻其文章道德甚高"。此翁并告以渡船极重，因载有大量军火子弹。吴女士闻言大哭，恐遭日机轰炸也。

学生李良才寻至此舱，称觅得一房，请其前往安顿。此轮共有12间房，10间已为军政人员定购。进入卧舱，发现多岭南师生，黄翠凤已在，又嘱李生请吴女士同来。

上午9时，渡轮开行，乘客满心欢喜。岂知行至白鹅潭复又下碇，船上广播：今日载人货极重，又因避日机来袭，故停泊于此，预计下午始能开船。下午3时，有军政界要员三四人施施然而来，船乃开行，坐等半日大抵皆因此辈。

16日凌晨3时，船抵石岐码头，岐关公司不允许包车，只能先到先坐。赶到华陀庙车站，开行车辆早已座无虚席，幸得车中岭大学生杜豁彬主动让座，得以乘第一班车于6时许发车，8时许抵达澳门关闸，方有曙光初现之感。

连日奔波辛劳，担惊挨饿，抵澳门后即伤风感冒，卧床不起。亲友来访相告，因搭渡覆舟而死、挤船失足而死、路上践踏而死者不可胜数，候船四五天不得其位者更多。

悼杨果庵先生

10月22日，报载广州沦陷。冼玉清惊愕不已，疑信参半，痛不可言："车夫贩叟，亦买报纸立街头巷尾，裂眦骂政府误国，有报童年十二三，掷报于地曰：'人人阅报盼佳消息，今消息日日趋恶，吾何颜业此。'撕报作片片碎。余亦凄然泣下。"

半年前，她作《读宋史岳飞传》痛斥当局败战丧师，土地沦陷，家破国亡，何止奇耻大辱！半年后竟致广州沦陷。

10月25日，她在澳门作《万苦千辛离危城》，载《大风》旬刊第24期。文中

《大风》杂志

感慨："夫自淡水至广州，步行亦须十日，何以一路绝无抵抗，使侵略者如入无人之境？不图南国名城，于无声无臭中竟堕于狄人之手？官吏不以谋国而以辱国！士卒不以守土而以撤退！军实不以御狄而以供焚炸！天地间倒行逆施之事，孰有甚于此者？""嗟夫！民非亡国之民，官则亡国之官。寇可恨而召寇者更可恨耳！'可怜千载云中鹤，夜半归来失故巢。'一百五十万之粤市民，可以同声一哭矣！"[1]

当时有广州沦陷因守将通敌之说，有民谣曰："余汉无谋，吴铁失城，曾养无谱（甫），莫希缺德。"

回想日军大亚湾登陆当天，冼玉清首先想到要通知杨寿昌。杨寿昌年届古稀，不与闻外事，"患难之中，不可不关照也"。

杨寿昌作为国文系主任，对冼玉清关爱有加。冼玉清甲状腺病期间写信请辞，杨寿昌以为她从个人及学校大局考虑，可辞去教授职务仍主持博物馆。冼玉清十分感激，自称"一介弱女，未识绮罗，不谙世故，徒欲不负所学，为社会稍尽绵力"，12年来"殷斯勤斯，以期无负职责"，她为学校考虑"莫如将所任各职，与以解脱。"

当时金融危机席卷全球，影响到岭南大学，学校既不能开源，唯有节流，节流惟有裁员。校中各系无员肯裁，冼玉清认为，国文系应率先而为，她不愿尸位素餐，慷慨陈言："去就之间，尤征品格。与其若即若离，曷若独来独往。天下无道，卷怀大有其人；国家将亡，气节乃在女子！"下笔千言意犹未尽，再表感激之情："微学校，不能见先生之高谊；微先生，不能见学校之过爱也。"[2]

冼玉清报告日军登陆消息，杨寿昌表示尚不能确定日军系切实来犯，或系牵制性质，要看情形决定行止，称日军非十几日能抵达广州。

1　《万苦千辛离危城》，《冼玉清论著汇编》（下）第717—718页。原载《大风》旬刊第24期。
2　《更生记》，第24页。

　　次日清晨，再访杨寿昌，知其欲返惠阳原籍，极力劝阻："惠州正当战冲，万不能去，不如暂赴香港。"杨寿昌称香港虽有门生亲朋，但系米珠薪桂之地，自己家口繁多，仍决定返回惠阳。[1]

　　杨寿昌暂居康乐园静观时局变化。广州沦陷前夕，应连县县长何春帆之请，举家往连县避难，17日离开岭南大学，24日抵达英德县连江口。因敌机轰炸剧烈，觅舟北上不得，既忧且惧。27日得同行者协助入住西洞村黄鼎臣家，去函连县请何春帆派船来接。西洞在英德县城西南约21公里处，位于西江北岸。

　　11月1日，重阳后一日，杨寿昌曾致函冼玉清，谘问时局并索寄港报，足可见倚望之重，两人情谊之深。[2]

　　因连日劳累惊恐，杨寿昌一病不起，17日病逝于何春帆派来的船中，地点在阳山县黄金滩。18日中午船至连县，何春帆见到杨先生遗骸，不禁为之恸哭："所以接先生来者，一为避难，二为改善连县教育也。今先生乃死于旅途，匪独先生之不幸，亦连县之不幸也！"

　　杨寿昌被草草安葬，十分凄惨："连日连县大轰炸，延至十九日下午四时始在双溪亭外之沙滩露天成殓。陈尸两日，无法备衣衾。敝袍破帽，皆平日所用者。荒凉情况，行路见之，皆为流涕云。是夕草草葬于双溪塔畔之小丘。荒土数抔，不封不树，一代儒宗，赍志竟逝，可哀也矣！"此为冼玉清转述，仿佛身临其境，令人动容。

　　何春帆向广东省政府呈请周恤，得到主席吴铁城支持。

　　1939年1月25日，岭南大学在香港举行追悼会，讣告称"本校文学院中国语言文学系主任杨寿昌教授，一代儒宗，道德文章，见重当世。服务本校多年，备著劳绩"。岭大校报第9期以三个版面发表《追悼杨寿昌先生专刊》，其中包括冼玉清《悼杨果庵先生》一文[3]。不久，她又作《一个实践教育家——杨果庵先生》一文，载《大风》旬刊是年第31期。

　　1939年8月，汪兆镛在澳门逝世，冼玉清与之有师生之谊，不能亲往吊唁，赋《挽汪憬吾世丈》一首以代，置于"国难文学"组诗。诗中抒发缅怀之情：

1　《万苦千辛离危城》，《冼玉清论著汇编》（下）第711、713页。
2　据《一个实践教育家——杨果庵先生》一文。下引同，不另注。
3　《悼杨果庵先生》，《岭南大学校报》港刊第六期第一版，1939年1月9日。前引悼词同。

汪兆镛《雨屋深灯词》扉页

"讵谓成永别，音问悔不数。高山空仰止，清泪落盈握。缅怀微尚斋，谁与商旧学。"[1]

抗战军兴，汪兆镛挈家移居澳门，1937年秋，冼玉清以旧作《旧京春色》图就正，汪氏赋《调寄虞美人》一阕。冼玉清诗中称："一见遽奖借，怀深复语慈。喜我出授徒，勉为风教维。"

1938年，《广东女子艺文考》成稿，汪兆镛为订正数则，并赠诗云："自然好学著诗名，才媛吾家旧有声。何似碧琅玕馆里，征文更得女书生。"冼玉清感激以应："相呼女书生，微笑时捻髭。感公诱掖意，忍负名山期。"并记述在澳门问学情景："去岁避兵来，近居仍海角。风雨和鸡鸣，每见问述作。南湾立夕晖，高歌沧浪濯。"

日寇铁蹄所到之处，人民流离失所，家破人亡，悲惨故事屡有所闻，为国捐躯为事业尽忠者也所在多有。1940年9月16日，岭大农学院教授兼院长古桂芬在曲江逝世，日军登陆大亚湾当日，正是他将此消息告知冼玉清。古桂芬，原名金汉，字汉松，广东香山人，岭南大学学士，加利福尼亚大学农科硕士。1935年任岭大农学院院长。岭大迁港复课后，三次往返香港与韶关之间，不辞辛劳为农学院回粤开办而奔波，因劳累过度致病，享年仅42岁。

1　《挽汪憬吾世丈》，《碧琅玕馆诗钞》第40—41页。下引同。

第六章

迁

港

苦难中的新生

　　李应林受命于危难之际，担任岭南大学校
长正好跨越抗战八年。他接任校长后第一件事
便是率岭大迁校。1938年9月，冼玉清晋升岭大
国文系正教授，正值岭大迁港前夕，似乎也是
使命的昭示。

　　10月17日，日军兵临城下，李应林布置中
西教职员留守学校，同时写信给美国基金会，
建议暂时收回岭南大学财产。根据原协议，岭
南大学每年以1美元象征性向美国基金会租借康
乐园。正是因为美国基金会收回，日军占领广
州后，岭大康乐园得以保全，留守教职员配合
广州难民区委员会在此开设救援中心，为救护
难民发挥了重要作用。

李应林校长

　　广州疏散后，岭大超过80%学生寓居港澳，校方于是决定在香港复校，维持
学生学业，保存发展生机。11月12日，岭大在香港复核注册，委任朱有光为教务
长、谢扶雅、黄翠凤为训导长，谢昭杰为总务长，并呈教育部及广东省政府核准
备案。李应林偕同美籍教授富伦往见香港总督兼港大校长罗富国，商借港大校舍
办学。港大副校长施乐诗表示，岭大可以利用港大课室、实验室及各种教学工
具，还可以利用港大图书资源。

　　11月14日，岭大在位于青山薄扶林道的香港大学复课，距广州停课仅一个月
时间。李应林发表题为"苦难中的新生"的演讲，表明赤手空拳，也要保持母校
生命之存在，以坚定师生复校信念。当时来校上课学生563人，约占原学生数的
90%。[1]

　　李应林总结1938、1939年校务概况时，提到借用港大校舍及设备情况："办
公室及资物室各1间，大小课室共18间，西文图书馆、大礼堂、冯平山中文图书

1　李应林《本校迁港复课经过》，《抗战期间的岭南》第4页，广州岭南大学1946年1月版。

馆、工科各种实验室、生物学实验室、学生会会所、女生休息室等亦均与本校使用。课室借用时间多数在下午五时至九时半，但亦有少数由下午二时半可用，故各科讲授部分，多数于夜间进行。"岭南大学另借港大水力厂楼宇、般含道宁养台大楼为实验、教学和办公场所，租加路连山南华运动场为体育场，租九龙青山道兰地园办农学院。

冼玉清兄弟姐妹及众多同学朋友均在香港，旅居生活并不困难。她租住般含道12号，邻近香港大学。1941年10月7日，她在给陈中凡的信中说："敝寓在般含道十二号，而信封写十三号，故不递到，然终以写学校地址为佳。"[2]

冼玉清（左二）1940年在香港

岭南大学经费来源包括教育部、广东省政府、美基会、中基会辅助和学费五种。中、美基会辅助主要由热心中国教育事业人士捐款，金额有限，用于美籍教职员全部薪俸、个别特种事业经费和经常费用。在严峻的战争形势下，岭大经费常有杯水车薪之感，但仍努力维持教育水准，造就人才，服务国家。在港复课之初，参考图书全无，每科只有港币10元作为购置参考书之需，图书仅有6299册。

岭大招生时严格把关，通过控制录取率提升学生质量。1940年5月15日，岭大参加第一届全国专科以上学校学业竞试，10位同学得奖，位居全国第二。

岭大规模缩小，教职员薪俸微薄，但师生均能体谅困境。各科教员十分注重学术研究，迁港后学术空气仍然浓厚，教学内容更加充实，专题研究都以切合

1　李应林《廿七廿八两年度校务概况》，同上第12页。
2　冼玉清致陈中凡，《陈中凡年谱》第49页此段缺，徐雁平《冼玉清致陈中凡函札笺释》得吴新雷之助补全。

社会实际需要为选题。复课一学期后恢复收招研究生，文学院设立社会科学研究室，又得美基金会补助设立中国文化研究室，维持出版《英文科学季刊》，恢复出版《岭南学报》（仅出版1941年11月六卷四期）。

冼玉清热衷于社会活动，全力投入抗战文艺创作。《广东女子艺文考》也由商务印书馆在长沙印行[1]，是其重要学术成果。

战时岭南大学关注抗战建国大业，增设有关科目，注重提高民族意识，养成学生爱国观念，训练人才参加抗战工作及为战后建国之用，举办表演、义卖和捐款，积极为抗日将士募集棉衣等物资。

校内有学生总会及分会、基督教青年会、女学会等，另有戏剧、音乐、摄影等小团体。有同学组织政学会，撰写政论文章在《岭南周报》专栏和其他刊物发表，宣传抗战，唤起爱国共鸣。社团组织使学生在艰苦环境下坚定信心，形成国家观及个人价值观。

岭大迁港办学是抗战时期中国高校播迁流离的缩影，虽只有短短3年，但在

冼玉清聘约

1 《广东女子艺文考》1941年由商务印书馆出版发行。

中国教育史上留下浓墨重彩的一笔，也对促进香港地域文化发展、加强粤港校际学术交流作出了贡献。

岭大图书馆设于港大冯平山图书馆二楼。冯平山图书馆是战时学术研究重镇、文物古籍避难所，也是文化交流与展览的重要平台。该馆落成于1932年，由慈善家冯平山捐赠。

冼玉清因逃离危城广州，远离琅玕馆藏书，十分珍视冯平山图书馆，与图书馆主任陈君葆由相识而成为朋友、诗友。

陈君葆（1898—1982），广东中山人，11岁随父来港，肄业于皇仁书院，后入港大文学院修读政治经济。毕业后赴马来西亚工作，1934年受聘于港大，历任中文学院讲师、冯平山图书馆馆长等职。

陈君葆乐于参加各类学术、文化、政治活动，结交广泛，留有详细日记，是极为珍贵的文化史料。他1939年6月15日首次提及冼玉清："冼玉清携了一件玉器来，作琵琶形，但它的沿边显然系琢磨成以备盖什么东西用，就它放法——可平放，但亦可以悬挂——似乎系备两用的……"[1]

"八一三"淞沪抗战爆发后，徐森玉、郑振铎与港大许地山和马鉴取得联系，将中央图书馆一批线装古籍邮寄香港，寄存冯平山图书馆。陈君葆还将徐森玉寄来的5箱汉代木简送到香港上海银行，以施乐诗的名义存放[2]。太平洋战争前夕，这批多达几万册的典籍，经叶恭绰、徐信符、冼玉清等清点整理后，装成111箱，准备转运美国寄存国会图书馆，但因故未及装运，不久落入日寇之手。日本投降后，这批典籍在东京上野公园被发现，111只书箱全部盖有国立中央图书馆章，最后完璧归赵。[3]

南州书楼藏书也在此期间寄存冯平山图书馆。1938年1月4日，高宝森与叶恭绰到港大见徐森玉，询问书籍运港的手续。陈君葆在日记中写道，"大家看见咏学斋徐信符的运出来那样容易，倒想利用大学的名义起来了"。[4]咏学斋是黄裔（字慕韩）斋号。

1月6日，徐信符第二批书由西安轮运到，傍晚6时由许地山从中国旅行社拿

1 《陈君葆日记全集》卷一第456页。

2 同上，第360页。

3 同上，卷二第448、459页。另据《珍帚斋文集》，蒋复璁也曾往日本查访这批典籍。

4 同上，卷一第359页。下引同，不另注。

冼玉清贺陈君葆荣膺奖章函

来提单，8时许到图书馆，共50箱。其中好几只箱子玻璃面上写着广雅两字，陈君葆一见便知是广雅书院旧藏，"老徐所藏虽多属应用的书，惟不少好的，集部犹其是，似远非勄学斋的可比"。

香港大学欲向港府请款买下这批书，故请徐森玉估价。施乐诗的请款计划中将徐信符藏书估价由3.2万元改为2万元，大概他以为勄学斋130箱书估价1万元，而徐信符188箱书估价3.2万元太高，他不知这批书有很多善本，明版及禁书尤为难得。因为价格未能谈妥，港大未能买下南州书楼藏书。

1938年2月8日，罗原觉大批藏书也从广州运抵冯平山图书馆。陈君葆认为，罗原觉48箱书多属考古，"最好放在中文学院内，以便史学系参考"。冯平山图书馆已有书满为患之感。这批书后来冼玉清曾介绍广东省中山图书馆回购，可惜未果。

抗战期间广东文献古籍遭兵燹者众，流落香港等处的也远远不止上述几家。1940年2月1日，冼玉清致函陈中凡称："广州陷后逾年，抢劫不绝。藏书家之书籍蹂躏无遗，此种文化之损失真不可以数计。亦有奸人运港求售者。玉清不忍过问矣。"[1]

1940年8月3日，冼玉清往冯平山图书馆借书柜及《粤海关志》，陈君葆顺便约她到播音台演讲。

1　见《陈中凡年谱》第46页，姚柯夫编著，书目文献出版社1989年版。

大风起兮云飞扬

冼玉清在香港，教学研究的同时，仍积极进行抗战文艺宣传。《大风》旬刊是她的重要阵地，1938年12月，抵港未久，便在第24期发表《万苦千辛离危城》。她批评时政，剀切陈词，令人警醒。

《大风》杂志社长为岭南校友简又文。简又文（1896—1979），字永真，号驭繁，笔名大华烈士，广东新会人。岭南学堂毕业后留学美国，获奥伯林学院学士、芝加哥大学硕士学位。曾任国民政府立法委员。广州沦陷后，任国民党港粤湾总支部执行委员，负责文化工作。

1934年，简又文与林语堂合办《人间世》杂志，简任社长，林任主编，徐訏、陶亢德编辑，标明"小品文半月刊"，风行海内外。1936年3月，简又文在上海创办《逸经》半月刊自任社长，谢兴尧、陆丹林先后主编。

1938年3月5日，《宇宙风》与《逸经》在香港联合创办《大风》杂志，社长简又文、林语堂，编辑为陶亢德和陆丹林。简又文撰写发刊词，仿《大风歌》作诗："大风起兮云飞扬，云蔽日兮日无光。仁风所及兮世界清凉，全民努力兮守四方。"该杂志一直坚持到香港沦陷，共出版102期。

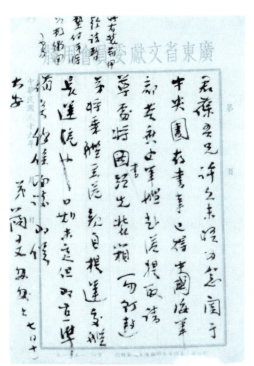

简又文致陈君葆函

冼玉清为《大风》写稿，立足文献学，结合现实经历，辅以文史知识，宣传全民抗日。《万苦千辛离危城》和《广州八夜空袭之经过》属纪实文学，较详尽记述广州遭日机轰炸及沦陷前的实况。前者具有新闻性，后者则为追述，具有史料价值，读者有身临其境之感。

1939年3月，《一个实践教育家——杨果庵先生》载《大风》第31期。讲述广州沦陷后杨寿昌颠沛流离，客死他乡，具有典型意义，令人感叹，会使读者产生共鸣，坚定抗战意志。

《朱九江先生对外之正义感》载《大风》第51期。朱次琦（1807—1882），世称九江先生，广东南海人。康有为、简朝亮为其门徒，康氏赞其"挺亮特瑰磊之姿，标青云紫岳之节，赅高密建安之学，怀魏国涑水之器""自近诸儒，罕有伦比"。

道光七年（1827），回人张格尔叛乱，攻陷喀什噶尔，青年朱次琦作组诗感时伤世，直抒胸臆，观点未必正确，爱国心却坦荡炽烈。咸丰七年（1857），英法联军围困广州，朱次琦避居乡下，不复入城。咸丰十年（1860）英法联军入京，朱次琦伏地北面大哭"国事乃至斯乎？"光绪元年（1875），外籍翻译官马加理在腾越厅遇害，英国公使威妥玛严词恐吓，清廷被迫签订《烟台条约》，开放宜昌、芜湖、北海、温州为通商口岸，外国人获领事裁判权。朱次琦闻之，痛恨慷慨曰："公羊所谓百世之仇，无时焉而可与通也。今重有此大辱之事，此志义之士，所以言念国耻，当食而叹。"光绪六年（1880）俄人觊觎伊犁，朱次琦再发感慨，并与门人畅论兵法。

"世人皆知先生为儒宗，为乡贤，为大师，为循吏，而不知抱道忧时，同仇敌忾之心切也""国难严重，蒿目时艰"，冼玉清爱考朱次琦"对外之正义感"诗文以飨读者。[1]中国国难不自今日始，中国受外侮亦不自今日始！咸丰辛酉、光绪甲午均是先兆。"独叹国人不自惕励，苟且图存，至今日犹存希冀侥幸观望之心。"冼玉清借西哲"惟自助者人助之"名言呼吁："我辈舍自强不息，真不知何以救亡也。"

《黄遵宪之中日战争史诗》载《大风》第57期。黄遵宪（1848—1905），字公度，别号人境庐主人，广东嘉应（今梅州）人。光绪二年（1876）举人，曾出使日本、美国旧金山、英国、新加坡，署湖南按察使。工诗，喜以新事物熔铸入诗，倡导诗界革新。著有《人境庐诗草》《日本国志》《日本杂事诗》等，其中《悲平

1　《朱九江先生对外之正义感》，《冼玉清论著汇编》（下）第696页。原载《大风》旬刊第51期。下引同。

壤》《东沟行》《哀旅顺》《哭威海》等流传甚广。他以为威海、旅顺之失，皆由于将无能才，不相系属，互相观望，致陷国家于绝地。《降将军歌》讥讽丁汝昌投降，《度辽将军歌》讥讽吴大澂轻敌致败。甲午战败，清廷与日本签订《马关条约》，割地赔款，黄遵宪作《马关纪事》诗感叹国辱臣伤，债台高筑。

李鸿章总结甲午战败原因："十年以来，文娱武嬉，酿成此变。平日讲求武备，辄以铺张糜费为言，至以购械购船悬为历禁。一旦有事，明知兵力不敌，而淆于群哄，轻于一掷，遂至一发不可收拾。"如今中日再战，生死仍悬一线，冼玉清写道："其（李鸿章）言感慨系之，非饰语也。甲午至今，四十六年矣，前事不忘，后事之师。甚望后之视今，勿如今之视昔也。悲夫！"[1]

1941年底，《清季海军之回溯》载《东方杂志》第38卷第11期，延续《黄遵宪之中日战争史诗》，梳理文献史料再次反思甲午战争。

《万木草堂与灌根草堂》载《大风》杂志第63期（1940年3月5日），叙及康有为与陈子褒关系，旨在重提政治革新与教育救国。其后，又作《改良教育前驱者——陈子褒先生》，载《教育杂志》。

《东方杂志》

《古礼与西礼之比较》载《大风》第70期（同年7月5日）。《礼记》称"坏国丧家亡人必先去其礼"，冼玉清比较研究中西礼仪，教育青年于抗战中注重细节，自强自爱。青年常常忽视礼节，或以为自由，或自诩西化。"不知自由云

1　《黄遵宪之中日战争史诗》，《冼玉清论著汇编》（上）第194页，广西师范大学出版社2016年版。

1939年10月1日华南国语讲习所合影（二排左六为冼玉清）

者，以尊重一己不侵犯他人为自由。而西欧礼仪，其细密严重要更有十倍于中国者，故浸润中国礼教者，其人笃敬可亲；饱受西方文明者，其人亦文质可法。惟新旧皆无深切认识者，则放辟浮薄，直不知所谓而已。"[1]此篇中已有"丧礼"一节，修改增益成《中西丧礼之比较》，载12月9日《岭南大学校报》。

《岳雪楼之鉴藏印章》载《大风》第101期（1941年12月），是她在《大风》发表的最后一篇文章，不久香港沦陷，杂志停刊。岳雪楼是广州著名藏书楼，楼主孔继勋（1792—1842），字开文，广东南海人。道光十三年（1833）进士。其子广镛、广陶借乃父遗绪，好学嗜古，吴氏筠清馆、潘氏听帆楼珍物多为其所得，岳雪楼得以光大。孔氏著有《岳雪楼书画录》《岳雪楼鉴真帖》。"鉴真帖中之鉴藏印章琳琅满目，美不胜收"，[2]冼玉清一一罗列，其中孔继勋10枚、孔广陶38枚。

1939年10月1日，冼玉清参加思豪酒店华南国语讲习所第五届结业典礼，作题为"由国语统一说到团结自强"演讲，之后与学员合影留念，参加者共61人。

1   《古礼与西礼之比较》，同上，（下）第473页。原载《大风》旬刊第70期。
2   《岳雪楼之鉴藏印章》，同上，（下）第634页。原载《大风》旬刊第101期。

讲习所国语班由教育部组织，旺角中国语讲习所国语班结束后，经过调查研究，讨论决定今后行止。[1]

故园花事凭谁主

锦水魂飞，巴山泪冷，断肠愁绕珍丛。海角逢春，鹧鸪啼碎羁惊。故园花事凭谁主？怕尘香，都逐东风。望中原，一发依稀，烟雨溟濛。

万方多难登临苦，揽沧江危涕，洒向长空。阅尽芳菲，幽情难诉归鸿。青山忍道非吾土，也凄然，一片啼红。更销凝，度劫文章，徒悔雕虫。[2]

这一阕《高阳台》，是碧琅玕馆词的代表，极具女性色彩与时代性，论者评为"凄艳在骨，寄情遥深"[3]。1939年春作于香港，题记："羊城沦陷，客滞香江，杜宇声中，一山如锦。因写《海天踯躅图》以志羁旅，宁作寻常丹粉看耶？"《海天踯躅图》自序："民国二十七年十月二十一日，广州沦陷，岭南大学迁校香港，余亦随来讲学，栖皇羁旅，自冬涉春，如画青山，啼红鹃血，忍泪构此，用写癫忧！宁作寻常丹粉看耶？"

踯躅为杜鹃花别称。传说望帝杜

冼玉清致陈君葆约斋食函

1 《陈君葆日记全集》卷一第481页。
2 此阕收入《碧琅玕馆词钞》，见《碧琅玕馆诗钞》第144页。
3 邱世友《试解读陈寅恪教授〈冼玉清教授修史图诗〉》，《冼玉清研究论文集》第220页。

宇国亡身死，化为鸟，悲愤泣血，又化为花。为鸟为花，皆称杜鹃。李商隐《锦瑟》诗有"望帝春心托杜鹃"句。望帝在蜀，因蹢躅而写川蜀，由海天杜鹃联想到巴山蜀水，原本山水清秀奇隽，多出才子佳人，此时难免"锦水魂飞，巴山泪冷"。"故园花事凭谁主？"故园当指广州康乐，尘香总被摧残，是陆游"东风恶，欢情薄"之东风。"忍道"即不忍道，吾国吾土正片片沦陷，陷入凄然啼红的杜鹃声中。尾句自谴文章如雕虫，无用于国难，更销凝惆怅！

　　避地香江，为凄婉不平之词，北望中原烟雨溟濛，却是她一生相对平稳安逸的三年。1941年7月19日，星期六，陈君葆应冼玉清邀约，下午到青山清凉法苑吃斋，同行者：许地山夫妇、马鉴夫妇、梁漱溟、李沛文、士提反教员刘君。"素菜亦不过尔尔，惟青菜特佳，'此地此斋非熟人不能享受'却是事实，我尤爱的是那里的豆浆，足喝了三碗，至六点回来时仍觉得想再要。"[1]李沛文（1906—1985），广西苍梧人，李济深长子，美国康奈尔大学农科硕士，时任岭南大学农学院院长。

　　此时，冼玉清学术与艺术生命进入勃发期，与众多文人雅士诗词唱和外，又捡起搁置多年的画笔，《海天蹢躅图》便是此时画作。

　　遗憾的是，《海天蹢躅图》已不存。[2]而众多名流挥翰题咏尚有留存，可借以窥此图一斑。

　　袁荣法题《虞美人》："海天一角花如火，谁念家山破。津桥蜀道梦魂殷，莫作寻常图画与人看。翠螺朱粉和愁写，知是伤心者。从今酣酒属东风，不许子规啼到夕阳中。"并序："冼玉清女士《海天蹢躅图》，鹤亭丈属题。"[3]袁荣法（1907—1976），字帅南，湖南湘潭人。

　　杨玉衔题《锦缠道》："照水明霞，薰染暮山初透。杜鹃啼血流丹咮。谁栽南国调鹦豆。误认红桑，浅到沧瀛后。向郊原讨春，春酿如酒。泪盈盈、紫殷离袖。正路歧、蹢躅斜阳候。甘泉火通（去），见说蓍胡狩。"[4]杨玉衔（1869—1944），字懿生，广东香山人，光绪三十年进士。

　　江孔殷、叶恭绰、黄慈博等也都曾为《海天蹢躅图》题咏。

1　《陈君葆日记全集》卷二第16页。
2　朱万章《冼玉清画学著述及画艺考论》，《冼玉清研究论文集》第246—247页。
3　袁荣法《玄冰词》，录自《近代中国史料丛刊二辑·湘潭袁氏家集》，文海出版社1966年版。
4　此词收入《抱香室词钞》。

冼玉清迁港前后与叶恭绰往来甚密。1938年春，赋《次玉甫丈杜鹃花》七律两首，前首有"啼魄三更依蜀栈，归心终古隔秦关"句，后首下阕："蛾眉往事无今古，鸡肋浮名分弃捐。同此天涯伤踯躅，况教愁里更啼鹃。"[1]此处杜鹃可能指画，她作《海天踯躅图》或许受到叶氏启发。

戊寅夏，又有《玉甫丈见示所画竹有感成咏》："陶令黄花茂叔莲，三分我独爱斜川。上官琴是无弦谱，钟隐书偏有画缘。个个总怜描不尽，猗猗谁识琢弥坚。岁寒只许松梅共，懒向春花一门妍。"将竹与菊、莲、春花对比，引用陶潜、周敦颐、刘孝先等典故，极言竹之高洁孤傲，点睛之笔在末句。

1940年12月15日，旅港文化人相聚寅圃公宴叶恭绰，补行六十寿宴。

1940年，吴庠以词索画，冼玉清为写黄菊折技，题绝句二首："读罢新词拨篆灰，梦窗小令最萦回。卷帘别有销魂处，待向东篱写照来。""小宋清才赋晚香，今番画里又回黄。却怜影与人同瘦，一度西风一断肠。"[2]

1940年2月1日，冼玉清致陈中凡函中附录词稿，称"可见此间老辈吟兴尚不寂寞"，次年10月7日函中又称："玉甫丈时有晤面。云史丈为题《旧京春色》卷甚佳。"[3]

陈中凡（1888—1982），原名钟凡，字斠玄，江苏盐城人。1925年受聘为广东大学文科学长，1932年在广州筹办暨南大学临时分校，1934年任中山大学教授，次年转任金陵女子文理学院教授。

两人相识于中山大学并成为诗友。次年南京陷落后，陈中凡随金陵女子文理学院迁成都华西坝，其南京藏书尽付劫灰。冼玉清间或转寄滞港文化名流诗词唱和，与其分享老辈吟兴。

1939年底，陈中凡致函冼玉清，请其斡旋为生活困难的石光瑛谋一教职。石光瑛（1880—1943），字太始，浙江会稽人，先后任教广东大学、中山大学，抗战时期避难香港。

1940年2月1日，冼玉清复函陈中凡，称"彼此读书求道，意味相投，未有不关心者"，石光瑛教席事已向港大及岭大当局说项，均无反响："大抵今之办学

1 《碧琅玕馆诗钞》第39页。题为"戊寅春廿七年"。下引同。
2 《碧琅玕馆诗钞》第41页。
3 冼玉清致陈中凡，《陈中凡年谱》第46页、49页。

者，均有其囊中人物，其他奇才异能亦不易见赏，可胜浩叹！"据徐信符称，石君曾任汪氏专席，"汪妻（陈璧君）讲究西化，而石则痰涎满地，习惯不合，宾主遂不相安云"，故汪精卫香港公馆不再续聘。"现太始已迁港九龙，专教补习班，报纸已大为吹嘘，当可维持现状，知念顺闻。"[1]

10月7日函告陈中凡，听闻石光瑛已回广州，任伪广东大学文学院教授，"盖汪政府极力罗致人才，而石又穷。饿死非人所能堪。愧无广厦万间以庇寒士，故亦不为刻酷之批评也"。"人以汉奸目之"，冼玉清却能体谅石的选择，不加苛刻批评，既具风骨节操，又不失宽厚善良。

广东文物展览会

北平、天津、南京、上海、广州相继失守，大批政、学、商界人士汇聚香港，东方明珠更加闪亮，中国文化在此浓缩并放出异彩。1940年2月22—26日，中国文化协进会假座香港大学冯平山图书馆举办广东文物展览会，盛况空前，传为佳话。

中国文化协进会成立于1939年9月3日，地址设德辅道中81号四楼。叶恭绰任筹委会主任，简又文、陆丹林、许地山、伍伯就、陈仿林等为发起人，黄般若等为执行委员。发起人大会在胜斯酒店举行，到会60余人，讨论行动方案，通过19人组成的筹备委员会。许地山称，中国文化协进会"后台老板其实就是国民党，所以'有钱有势'，他们负些甚么使命呢，可就难言了"。[2]

11月1日，协进会刊物《文化通讯》登载包括冼玉清在内的49位成员名单。

中国文化协进会着手筹备广东文物展览会。11月9日执行委员会决定旧历元宵借冯平山图书馆开展，陈君葆说："这于我倒无问题，不过颇碍南大学生的读书耳。叶誉虎对于草章程似别饶兴味。'乐此不疲'，亦一难能可贵者，比诸其他闲着的官僚不去做汉奸便斗角钩心干别的违心的勾当，'不有博弈者'其犹愈

1　同上，第46页有删节，徐雁平《冼玉清致陈中凡函札笺释》得吴新雷之助补全。下引同。
2　《陈君葆日记全集》卷一第478—479页。

广东文物展览会外景

广东文物展览会内貌

之乎。"[1]

"研究乡邦文化，发扬民族精神"是广东文物展览会宗旨，叶恭绰在《征集出品缘起》中称："广东文化见于史籍者，虽较中原为略后，然比年地下之发掘，实物之参稽，已证明此邦文化之进程，具有深长特殊之历史……故都乔木，南海明珠，言念风流，蔚为大国。高山仰止，景行维贤，剩馥残膏，都成馨逸矣。""凡先民手泽之所留，皆民族精神之所寄，允宜及时采集，共策保存，一以表文献之菁华，一以动群伦之观感。"[2]

叶恭绰任展览会筹委会主任委员，简又文、许地山、陆丹林、陈君葆、邓尔雅、李景康、潘熙、黄般若分任研究、宣传、出版、保管、征集、编目、陈列、总务组主任。

广东文物展览会之前，冯平山图书馆曾举办系列展览预热。

1940年1月10日首次举行艺术观赏会，港督罗富国亲临参观，当日观众多达七八百人，简又文觉得非常满意，"黄子静的藏品中，石谷的山水手卷六幅，算是他最珍贵的了，便施乐诗也最欣赏这六幅淡着色东西。"[3]黄子静（1885－1962），名兆镇，广东台山人，广州西关小画舫斋主，收藏字画文物颇多。

2月1日举办何冠五藏品展，共展出古代书画三十余幅。何寿，字冠五，广东三水人，以货殖起家，亦富收藏。陈君葆认为藏品"不如黄子静的有意思"，女孝经图卷据说价值过万；清初八家寿意册极有风致，戴醇士山水册也佳，钱叔善十八罗汉轴也秀丽有致；李士行枯木图"平平无甚奇特处"。[4]

是年2月，冼玉清还与许地山、何星俦、李景康、孙璞等共同举办盆栽书画展览筹赈会，在九龙塘学校展览三天，所得用于劳军。[5]

经过4个多月紧张筹备，1940年2月22日，广东文物展览会在冯平山图书馆正式开幕。对展览陈列，陈君葆认为楼上光线稍觉不妥，楼下两室布置令人满意。门口搭盖彩棚，门联之外挂着一对大灯笼，他认为"真正表现出十足的封建

---

1 同上，第489页。
2 《广东文物》上册卷三第3页，中国文化协进会刊行，1941年出版。广东人民出版社2013年重印。
3 《陈君葆日记全集》卷一第507页。
4 同上，510页。
5 《华字日报》1940年2月10日有报道。

思想"。

　　冯平山图书馆张灯结彩，热闹非凡，路人以为是办喜事，甚至有人说是冯平山嫁女，还有许多叫化子围着在闸口要饭要钱。陈君葆对简又文说："这哪是发扬民族精神，这分明是表彰封建思想！"简又文解嘲地说确实是乡土气味，土头土脑。黄般若却对他说："这是好意头，一定发图书馆主任。"

　　于是笑话愈来愈多。"幽默专家似乎在制造资料也似的，不过当然我们不能说他'儿戏其事'，但究竟是谁的作风我也是莫名其妙。"[1]

　　冼玉清作为展览会筹委会委员，以"冼氏琅玕馆"名义出其所藏，包括：明代梁元柱行书手卷、清代朱次琦手卷、张穆竹鸟扇面、梁廷枏兰花、金希农刻象牙臂阁、邝露若玛瑙冠等。

　　明末广东著名诗人邝露旧藏玛瑙冠，有"明福洞主"四字隶书款。此物价值不在玛瑙，而在于它是邝露旧藏。邝露，字湛若，号海雪，广东南海人。南明永历五年（1651，清顺治八年）十月，清军攻陷广州城，邝露拒绝投降，怀抱古琴而亡。

　　叶恭绰作《百字令》，"为冼玉清题所藏邝湛若玛瑙小冠"，述其形状及来历，盛赞邝露气节和勇气。"因念再易沧桑，曼殊运去，往恨应消歇。却痛南交天柱折，珠海翻成鲸窟。"是说清王朝已成过去，往恨本应消歇，无奈日寇侵华，国土沦陷，珠海也成鲸窟。最后感叹："掷帻伤心，请缨虚愿，日夕循余发。畸人往矣，萧条异代谁说。"

　　广东文物展览会除冼玉清玛瑙冠外，还有一件邝露古琴——绿绮台琴，由邓尔雅携来展览，同样引起轰动。

　　预定展期结束后，展览会又特别延期三天（2月28日至3月2日），专供研究之用，影响巨大，极一时之盛。"虽交通困难，经费短绌，卒于两阅月征得出品五千余件，开会五日阅览者凡十余万人，为港地向所无有。"[2]

　　展览会开幕前，冼玉清致函陈中凡称："誉虎丈筹办一广东文物展览会，夏历正月十五开幕，征求专题论文。玉清现正忙于撰稿。"[3]

1　《陈君葆日记全集》卷一第510—511页。
2　见《叶遐庵先生年谱》第367页，遐庵年谱汇稿编印会编，民国三十五年十月印行。
3　冼玉清致陈中凡，见徐雁平《冼玉清致陈中凡函札笺释》一文。

她作为编纂委员参与编辑《广东文物》，分上、中、下三册十卷，一一载列展览会准备情况、陈列展品（包括目录及部分摄影）、报刊评论及学者研究论文等，方法严谨科学，为后人了解展会盛况及当时广东文物保存情况提供了难得的史料，数十年后仍被广泛征引。

邝露旧藏绿绮台琴拓片

她所撰论文《广东之鉴藏家》，载下册卷十"研究之部""鉴藏考古门"。其引言称："收藏鉴赏，与文章经济绝不相关，故史传甚少记载。大抵秉笔者以为无足重轻，遂略之也。然贤哲遗泽，摩挲把玩，诚有足以启发兴起者。且制度款识，每足为订讹考古之助，顾安得以玩物丧志视之。况金石书画，岁久耗散，文人艺士，不复更生。而风雅之好，耳濡目染，亦可近于博雅之林。其胜于佗靡服食多矣。"

清代嘉庆、道光之后，广东游宦京沪者附于风雅，开始蓄聚文物，比如吴氏筠清馆、潘氏听飒楼、叶氏风满楼、孔氏岳雪楼，以后激流扬波，此风益炽。藏家分为三类：好事、鉴赏、谋利。"家多资力，贪财好胜，遇物收置，不过听

《广东文物》

声，此谓好事；若鉴赏，则天资高明，多阅传录，或深得精意，每得一物，则终日晤对，虽声色之奉，不能或夺；至于谋利者，或割裂真迹，或冒为赝品，俗不可医，适足为病耳。"

文章结尾说，广州沦陷后文物荡然，金薤琳琅付诸灰烬瓦砾者不知凡几。"违难来港，行箧乏书"，此文仅"就可考者，略为录次，藉资备忘。"[1]

1941年2月，中英文化协会再于冯平山图书馆主办萧寿民藏品展，冼玉清参与策划，与陈君葆等前往萧斋选画，计选宋元两代共一百幅，手卷册页不在内。展览于28日开幕，港大副校长施乐诗到场主持开幕礼。[2]

儒殇

抗战期间，偏处南隅的香港流亡者众，居大不易，文化名流客死者时有所闻。

1940年3月5日，蔡元培病逝于香港，享年73岁。3月10日出殡，丧礼肃穆而简单，出席者有亲友知交、北大同学及其家属。"抵达南华体育场时，场内各学校团体即肃立致敬。"没有哀乐，"但无论如何，秩序十分好"。灵柩暂放东华厝庄，后移葬香港仔华人永久坟场。3月24日，各界人士在香港大学礼堂召开追悼大会。挽联约两百多副，任鸿隽撰中央研究院"道德救国学术建国，中心藏之何日忘之"，李沧萍代蒋介石撰"盖代数完人一暝应为天下恸，胡烟尚满目所悲不见九州同"，均传颂一时。[3]

同年8月4日，许地山突发心脏病遽归道山，年仅47岁。

许地山，名赞堃，祖籍广东揭阳，1894年生于台湾。1935年任香港大学中文学院教授兼院长，推进系列改革，增设历史系、哲学系，使港大中文学科迅速崛起。

1 《广东之鉴藏家》，原载《广东文物》下册，中国文化协进会1940年版。《冼玉清文集》，中山大学出版社1995年版；《冼玉清论著汇编》（上），广西师范大学出版社2016年版。

2 《陈君葆日记全集》卷二第8、9页。

3 《陈君葆日记全集》，卷一第513—524页。

1938年底，岭南大学借港大课室复校，两校文学院几乎合为一体，冼玉清与许地山时相过从。许地山早年曾在广州生活，能说流利粤语。1939年，冼玉清为许地山画松，赋诗一首："夭桃弄春风，绿芰舞炎热。轮与冬岭松，晏然饱霜雪。"[1]

1941年暑假，许地山借新界沙田朋友别墅静心写作，8月4日下午2时15分突发心脏病逝世。陈君葆得知噩耗，"直像晴天霹雳，好久说不出话来"，匆匆赶到现场，许太太悲伤至极，呆视良久才自言自语："人是会死的啊！""但是，地山，你的事情还没有做完啊！"

许地山葬于香港薄扶林道华人基督教坟场。9月21日，燕大同学会、港大中文学会和中英文化协会举行追悼会，司徒雷登与颜惠庆分别题写"露冷南枝""文化宣勤"横额，陈寅恪撰写挽联："人事极烦劳高斋延客萧寺属文心力暗殚浑未觉；乱离相倚托娇女寄庑病妻求药年时回忆倍伤神。"[2]

除二人外，钟荣光逝世于香港沦陷之际，亦使冼玉清倍感哀伤。

1941年9月7日，钟荣光75岁寿辰，岭大同学总会假座香港大酒店庆祝，"先

1941年许地山（前排中）与港大师生合影

---

1   《碧琅玕馆诗钞》第40页。
2   《陈君葆日记全集》卷二，第16页、28页。

生乘肩舆至六国饭店餐室，说话已不能成声。以后日趋严重，附中学生银乐队，已练习哀乐，学生已练习送殡步伐，盖知先生不能久留人世也"。[1]

当晚成立百万基金筹募委员会，钟荣光任主席，林逸民、李应林等为副主席，另设基金保管委员会，主席简鉴清，副主席为冼玉清之弟冼秉熹。为岭大筹募百万发展基金是钟荣光夙愿，无奈不久战局恶化，香港沦陷，筹款计划并未实现。

"及香港战起，先生卧病榻上，犹问战事如何，家人但答我军反攻，节节胜利而已。"冼玉清叙述其晚景极为传神。12月25日香港沦陷，30日，"日本酒井中将来访，钟夫人答以先生病重，酒井似不置信，入病室，展先生衾，抚其双足，曰：'余奉汪主席电来问候，祝校长早日回复健康。'先生但坚卧闭目不答，酒井致敬去"。

1942年1月7日凌晨，钟荣光在养和医院病逝，钟夫人独守遗体，情景凄凉。学生陈汝锐与陈符祥受托办理后事，议定当日下午大殓，翌日出殡，暂厝东华医院义庄，后安葬华人基督教坟场。

8日上午11时出殡，"时香港失陷未久，风云萧瑟，草木皆兵，沿路行人，辄受检查之苦，况舁兹重柩，迈此长途。幸酒井中将致祭时，同学洪钧以通过证请其签字，得免滋扰，且兵目在在致礼焉"。

冼玉清约弟子卢文海、梁伯衡作伴为先生送行，"盖走此僻静阴森之路，步步为营也"。出殡情景尴尬凄凉，没有学生演奏哀乐，送葬者仅朱有光、曾昭森、司徒卫、陈汝锐、洪钧等十多人。

钟荣光伉俪

一代巨匠就此匆促走完一生。钟先生早在1937年就撰长联自挽："三十年科举沉迷，自从知罪悔改以来，革过命无党勋，作过官无政绩，留过学无文凭，才

1 《写在钟荣光校长归葬后》，《冼玉清论著汇编》（下）第679页。下引均出自本文，不另注。

力总后人，唯一事工，尽瘁岭南至死；两半球舟车习惯，但以任务完成为乐，不私财有日用，不养子有徒众，不求名有记述，灵魂乃真我，几多磨炼，荣归基督永生。"

香雅各评价钟荣光对岭大贡献："先生虽死，而精神不死，其德泽时时充满岭南。无先生则无岭南。"

香港沦陷前，冼玉清与僻居东莞的伦明书信往还，诗词唱和不断。伦明寄冼玉清诗云："踽踽穷乡一岁长，艰难屡觅避兵场。战争道阻音书梗，忧患心劳笔砚荒。果帝暴秦甘蹈海，所思之子怅横江。黄冠白刃吾何任，切欲从君一审详。"[1]

广州沦陷前，伦明曾访康乐园琅玕馆，冼玉清劝其洗脱旧日文人放浪不羁恶习，以笃实周慎为务。伦明作诗相谢，有"积过如山去日长，悚然一棒下当场"句。

交通阻塞不能北返，伦明寓居其女家中，某日忽患脑溢血，全身瘫痪，几濒于死。广州沦陷，被迫返回故乡望牛墩，辗转于新塘与横沥之间。乡间土匪猖獗，动辄声言"扒村"，一夕数惊，苦不堪言，乡间无书籍，也无人聊天，只能作诗自遣。曾作乡园忆旧七言绝句数百首，积稿盈寸，致函冼玉清，恨不能与其击节赏之。不久香港亦沦陷，两人音问断绝。伦明于1944年10月病逝于东莞。

不肯降志，孑身远引

1941年8月28日，冼玉清突患失眠怔忡之病，她10月7日致函陈中凡，称逾月未痊，"此中痛苦不必向过来人缕述，至今仍未照常工作"。[2]香港遭袭击并迅速沦陷，对她更是一场可怕的噩梦。

12月8日凌晨，日本偷袭珍珠港，正式向英美宣战，太平洋战争爆发。几乎

1　见冼玉清《记大藏书家伦明》，《艺林丛录》第五编第327页，商务印书馆香港分馆1964年版。下引同。
2　冼玉清致陈中凡，见《陈中凡年谱》第49页。

同时，香港遭受猛烈攻击。

校长李应林身在九龙，电话指示校本部召开紧急校务会议，决定暂行停课，图书仪器搬入教员宿舍地窖存放，入口处筑墙封闭及伪装；留守工友发薪两月，并购存足够粮食。随后致电教育部及广东省教育厅，称岭南大学已经停课。

驻香港英国空军、皇家海军相继覆没。日军第三十八师团5天之内占领新界和九龙半岛。12月25日下午6时，香港总督府悬起白旗，港督杨慕琦正式宣告投降。这就是香港历史上的"黑色圣诞节"。

陈君葆往学校看望马鉴，一路遇见很多友人，均幸无恙。"闻刘君言谭长护于香港失守时牺牲了性命，为状至惨，不禁为之泪下。刘系去年暑天冼玉清在青山清凉庵请素筵时所承识，相隔数月，不图事变至此。"[1]

工厂停工，学校停课，商店不敢开门，市面一派萧条，已无往日繁华景象。每人每天可配给200克粮食，普通居民没有存粮，生活极其困难。

陈寅恪一家常有食不果腹之感，肉类更是难得"奢侈品"。他有诗记此："乞米至今余断帖，埋名从古是奇才。劫灰满眼看愁绝，坐守寒灰更可哀。"4月21日，友人"携米十六斤、罐头肉类七罐"与陈寅恪，陈君葆"闻此为之黯然"。

陈寅恪任教昆明西南联大，1938年底受聘为英国牛津大学汉学教授，因战事一再延期赴英履职。香港大学以中英庚款委员会和中英文化协会名义聘其为客座教授，讲授唐史及唐代文学。

听说陈寅恪一家窘况，冼玉清请人送去40元港币和一些食物。50元以上大额票面已被禁用，她特地把40元港币兑换成零钞。陈寅恪没有接受，但十分感激，后来在挽冼玉清诗中自注："太平洋战起，与君同旅居香港，承以港币四十元相赠，虽谢未受，然甚感高谊也。"

日本人占领香港后，组织东亚文化协会，企图通过拉拢文化人收买人心。冼玉清和前清翰林张学华成为拉拢对象，但遭到拒绝。冼玉清有诗"国愁千叠一身遥，肯被黄花笑折腰"，即记此事，自注："予谢香港东亚文化协会之招，遂即远引。"《流离百咏》自序也称"旋以不肯降志，孑身远引"。[2]

1　《陈君葆日记全集》卷二第44、49、51页。下引同。
2　《壬午七月初六初抵赤坎》诗及注，《流离百咏》自序，《碧琅玕馆诗钞》第46、45页。

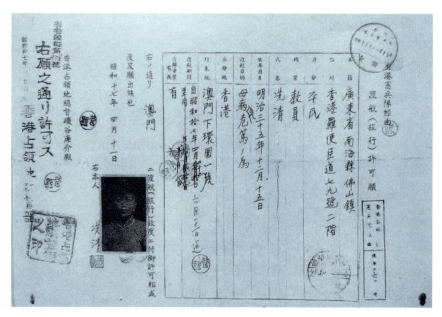

冼玉清离港许可证

远引并非易事，"香港陷后，社会秩序凌乱恐怖，人人都欲离此阿鼻地狱。但离境亦非易事，必须经过审核、填表、托人事、用黑钱，乃能取得通行证"。直到6月20日，冼玉清方以"冼清"之名取得离境证："予家在澳门，亲戚朋友居留该地者甚多，故于21日买船位返澳。下船之前，须经过打针及验粪，吆喝叱吒之声，冷酷狰狞之貌，非有血性者所能忍也。"[1]

22日下午，她与陈君葆至陈伯益家，"谈至七点，因留饭，肴膳甚丰，有罐头肉及豆，是停战以后少吃到的滋味"。26日，陈君葆得知冼玉清明日回澳门，傍晚在香港大学"正和冼遇于门前"。[2]

陈君葆已将妻儿转移至澳门，托冼玉清看望关照。冼玉清抵澳翌日，即访陈夫人，随后致函陈君葆："夫人谓诸孩到澳后，因转换空气不须劳心读书，又有运动，故比在港好得多，母亲则不免井臼之劳，然精神则甚舒适云。所居有大天台，凉快阔大，无怪孩子乐之也。"此信写于29日，地址为澳门下环围一号。[3]

香港沦胥，太平洋烽火漫天，港人纷纷避居澳门。澳门是消费型城市，衣食

1   《澳门小住记》，《冼玉清论著汇编》（下）第706页。
2   《陈君葆日记全集》卷二第91、92页。
3   见《陈君葆书信集》第80页，广东人民出版社2008年版。参见《陈君葆日记全集》卷二。

所需皆靠外地供给，战乱之际交通阻绝，遂成真正"孤岛"，一切日用必需品来源断绝。邻近乡县禁止粮食出口，粮价月月暴涨，7月米价涨至每担160元。她感叹："无恒业无恒产之民，试问何以堪此负担？只有束手待毙耳。"柴亦紧张，可谓薪桂米珠，甚至有居民拆红木柚木家具作燃料，看了实在让人心痛。冼氏为澳门富庶之家，但她抵家后"庶母文氏、六妹瑞清皆以粮食为忧"。[1]

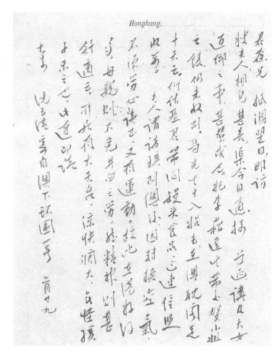

冼玉清致陈君葆函

"抢匪猖獗，尤以抢食物之童匪为甚。警察放枪击匪，每每伤及途人，市面虽有干警日日巡逻，然亦有防不胜防者"。她出门漫步，行至下环海旁被抢去眼镜，两天后又在路旁冷摊购回。澳门湾仔一苇可航，交通原本十分便利，但因走私盛行，良歹混淆，来往亦成戒途。劫杀之事时有所闻，谋财害命花样百出，求生无路自寻短见跳楼自杀者时时见诸报端。

与此同时，奸商囤积居奇，操纵物价，投机倒把，大发战难财。澳门以烟赌闻名，战乱中更是畸形发展，许多人沉溺赌馆妓寨、茶楼酒肆，或孤注一掷而至倾家荡产。杜甫所谓"朱门酒肉臭，路有冻死骨"今复见之！民有饥色，途有饿殍，真有人间何世之感。

人祸未已，天灾复来。7月13日，台风袭击华南沿海，西潦暴涨，灾情惨重。

澳门亦遭瘟疫肆虐，当局推行救济事业，主要包括：医药施赈、尸体收容、孤儿收养及疏散资助回乡者。冼玉清自动担当社会调查员，详细记录具体救济内

---

1 《澳门小住记》，《冼玉清论著汇编》（下）第706页。下引同，不另注。

容，是澳门抗战时期珍贵史料。

鲍斯高中学受澳门总督之托，每月发施粥票1000张，先行救济久居澳门的贫民；天主教长亭及妈阁贫民饭场，每天售饭2000份，每份收钱5分，因开支太大不能持久，拟于9月停办；莲溪庙每天派出施粥票50张；精武会内诚修堂每天施粥700份；同善堂接办青洲施粥场；怡兴堂、佛教功德林都有施粥之举；潭仔赈饥会居留难民，甲等每天两餐，乙等每天一餐。

饥民为领薄粥，争先恐后，有人天未亮而先至，有人索性每晚睡在施赈场。冼玉清认为这种救济非积极办法，建议以工代赈，使其自食其力。

路上死人日多，卫生局雇仵作收拾街头遗尸，每日50人，每人工资1元。因耗费过巨改用货车及长工，长工月薪30元，另加司机月薪及汽油、辆费等，月费可降至500元。镜湖医院殓房每日停尸约30具，请求将尸体直接送至青洲海旁，转大船运至关闸埋葬。

粮价高涨，成人尚吃不饱，弃婴之事日有所闻。撒嘉诺仁爱会6月下旬收容病婴160名，三巴仔附近办理难童餐，每日300名。

疏散民众行动持续进行，侨胞登记回乡者20批约6000人，需款约40万元之巨，刘柏盈、陈伯祥等捐款陆续护送侨胞返乡。学生救济会给予初中毕业生回乡旅费，登记者也络绎不绝。

冼玉清每天读报，盼望国际形势好转，胜利早日来临，以解人民于水深火热。1942年8月1日，报载德军进攻顿河，苏联红军坚守阵地。她以为此乃明智之举，国民党所谓转移阵地，实为败北撤退。9日，苏德两军激战，显露希望的晨曦，8月15日，报载邱吉尔与斯大林会晤，商议开辟第二战场，未几英、美、加联军进攻法国，"倘由法国登陆以攻柏林，则战事又当告一转机矣"。

她忧心时局，又为自己的行止进退焦虑。

第七章

内

渡

临难毋苟免

　　1942年7月中旬，李毓宏从韶关至澳门，带来岭大决定在曲江仙人庙大村复课的消息，也带来校长李应林手谕，诚邀冼玉清归队：粤北穷苦，道路遥远，恐资深教授不愿前往。冼玉清在澳门生活优越，如以一弱女子毅然先至，岭大师生无疑会视其为一面旗帜。

　　李毓宏1939年9月入读岭大化学系，任学生自治总会主席。1942年，在韶关协助李应林校长处理复校事宜，7月偷渡澳门及香港，向教务长朱有光、文学院长庄泽宣、总务长谢昭杰和附中主任杨重光转交李校长亲笔信[1]。

　　太平洋战争爆发前岭南大学已有内迁准备。1940年11月9日，岭大农学院在坪石新校址举行开基典礼，校长李应林、国立中山大学校长许崇清、岭大校董会代表林逸民等与该院三四年级全体师生出席，李应林在讲话中称："惟同人等以内地切需高等教育，及学生在战时亟应受内地精神之陶冶，爰先将农学院内迁，将来在经济与环境许可之时，其他各学院亦拟次第迁回。"[2]

　　香港沦陷后，李应林渡海到九龙，摘掉眼镜，作劳工难民打扮离境，辗转到达粤北韶关。他描述逃离时的心境："后来再想，敌人谋我，处心积虑，它正在施行以华制华的政策，诱迫华人为它鹰犬，倘若它把我拘捕后强迫担任伪职，或强迫岭南复课，施行它的奴化教育，那真是求生不得，求死不能了。"[3]

　　听闻韶关复校消息，冼玉清心向往之。但亲友以为她在澳门有住有吃，可以悠游自得，不必冒此艰难险阻，与逐衣食者共奔波。灌根学塾同窗孔宗周时任澳门汉文学校校长，也称内地无医无药，生活起居均不便利，况且敌人日日可至，不忍见她"以有用之身为此不智之事"。梁镜尧时任曲江仲元中学校长，熟悉粤北情形，去信相商，迟迟未复。

　　她思虑再三：去则生命可危，留则志节有憾。转念一想：国家兴亡，匹夫有责，不能因一己之优越条件而高枕苟安。"读圣贤书，所学何事？'临难毋苟

1　李毓宏《李应林校长50年前的一封信》一文未提及冼玉清。参照冼玉清《澳门小住记》，李毓宏作李毓弘。
2　卢惠风《坪石农院新址开基礼纪略》，《抗战期间的岭南》第15页。
3　李应林《香港沦陷后之本校》，同上第23—25页。

冼玉清（中）与家人在澳门岭南中学

免'之谓何？遂排除众议，决计内迁。"[1]

1942年8月17日，冼玉清离开澳门北上，当天抵达广州湾（赤坎）。

"国愁千叠一身遥，肯被黄花笑折腰。地限华夷遗恨在，几回痴立寸金桥。"[2]广州湾租界之西有赤坎河为界，遂溪县绅民筹建寸金桥，取"一寸山河一寸金"之意，隶书桥名刻石现存湛江市博物馆。

赤坎是古镇，为河名，也是港口，在遂溪县东南，石门港右岸，是广州湾法租界核心。1899年签订的《中法互订广州湾租界条约》，将遂溪、吴川两县属部分陆地、岛屿及两县间麻斜海湾划为租界，统称广州湾，辟为自由贸易港，面积约250平方公里，租期99年。

广州湾海上交通发达，外商及华商轮船可通香港、澳门和海防等港，陆路联通广东与广西、贵州、四川各省。香港沦陷后，大批难民由港澳经此前往桂、滇、川等后方。

1　见冼玉清《澳门小住记》，此文经庄福伍整理载《岭南文史》1995年第3期，又见《冼玉清论著汇编》（下）。

2　冼玉清《归国途中杂诗》，载成都《大学》1943年第2卷第6期，又载《宇宙风》第130期，1943年4月1日。后编入《流离百咏》第一辑，见《碧琅玕馆诗钞》第40页。

陈寅恪无法前往英国，遂决定率家人内渡，5月5日启程，经澳门到达广州湾，26日由广州湾出发，6月4日到玉林，18日到桂林。许地山夫人周俟松携子女也由香港逃难到广州湾，住在赤坎某小旅店半月，得到国民政府离港文化人救济金帮助，经过7天旅行到达玉林。

8月27日，冼玉清从寸金桥出发，转遂溪道中，一路吟咏："篮舆安稳客程赊，夹道青苗黄豆花。千里葱葱尽甘蔗，百畦簇簇认芝麻。"青苗黄豆花，甘蔗与芝麻，诗情画意跃然纸上，虽处羁旅，前程迢迢，但仍心态从容，尚有赏花阅景余兴。她归国途中乘过多种交通工具，诗中"篮舆"为其一。

遂溪往北便是廉江，旧名石城县。《廉江道中》："鸡声未唱趁征途，天际犹悬片月孤。百里半程刚日出，路旁随意问朝铺。"结尾虽言"随意"，但首句"鸡声未唱趁征途"明显有紧迫感。不幸很快发生行李遗失事件——"刺破青衫踏破鞋，孤灯远笛总伤怀。更堪客里黄金尽，目断来鸿信息乖。""廉江道中行李尽失留滞盘龙作"此句情绪低落。盘龙在廉江北九十里，入广西境，属陆川县。

战乱时期财物被骗、被盗、被劫事件司空见惯。陈香梅姐妹涉世未深，在广州湾变卖珠宝首饰兑钱时，被骗走名贵钻戒、玉镯和钻石项链。冼玉清行李尽失，不知是遭遇劫匪、被人偷盗，抑或不慎丢失，此事影响甚巨，她不得不滞留盘龙，通过书信向外求援。

玉林道中走出失落行李阴郁，因为遇到故人洪钧（岭南同学、钟荣光校长秘书）、欧阳雄，又结识新朋友朱善卿、黎继全等，她激动地赋诗："相逢何必曾相识，旧雨新知强共欢。珍重解衣推食意，此情尤感异乡难。"

晓记旅舍主人敬重过路文人，十分慷慨，有诗记之："元龙豪概一家春，向晓楼开迓远宾。不信功名高越绝，陶朱原是贸迁人。"

玉林下一站是宾阳，旅店其状可怖："破桌渍油尘涴袂，断垣飘雨鼠跳床。倚装无寐偷弹泪，前路凄惶况远乡。"旅途艰辛中透出民生凋敝。

冼玉清过柳州曾拜谒柳侯祠。唐宪宗元和十年（815），柳宗元被贬为柳州刺史，十四年卒，终老柳州，州人建庙祀之，世称柳侯。罗池庙即柳侯祠，冼玉清"低拜罗池贤刺史，客愁古恨两茫茫"。韩愈《柳州罗池庙碑》文中有《迎享送神诗》，神采飞扬，感怀极深，首句"荔子丹兮蕉黄，杂肴蔬兮进侯堂"。苏轼来游，读其文赞叹不已，挥笔书写该诗，南宋年间刻成"荔子碑"，今存柳侯祠内。

9月19日，冼玉清历经千辛万苦抵达桂林，入住桂林饭店。"梁漱溟、林憾庐得知，先后前往致问。广西省政府并赠'归国文化人补助金'二千元。"[1]

林憾庐，名和清，福建龙溪人，林语堂三哥，本是教师兼医

柳州柳侯祠内的荔子碑

生。与陶元德接办《宇宙风》杂志，又在香港创办《大风》杂志，冼玉清是主要作者之一。香港沦陷后，"1942年他第二次到桂林又在那里复刊了它"。巴金回忆，他曾为《宇宙风》撰写散文和旅途杂记。[2]

冼玉清与梁漱溟1941年相识于香港，那时他受中国民主政团同盟委托创办《光明报》。创刊数月，因太平洋战争爆发停刊。不久梁漱溟得中共地下组织帮助，离开香港回到桂林。

桂林交通便利：铁路有湘桂线通粤汉线，黔桂线通贵州独山可转西南各地；公路有桂黄（黄沙河）路、桂柳（柳州）路、桂八（贺县八步）路等；水路常年有民船通梧州连接广东；航空有秧塘机场飞重庆、香港两条航线，战时国际救援物资多由此转运。

香港沦陷，文化人和文化机关纷纷内渡，桂林成为首选之地。桂林是广西省会，山明水秀，风景优美，被中外媒体誉为"文化城"，人口迅速增至60余万，人文荟萃，极一时之盛。冼玉清在此逗留近十日，仅有一首诗作，提及龙隐岩碑："荒碑犹是题元祐，忠佞千秋有定论。"

龙隐岩在桂林城东七星山脚，岩高四五十尺，深广皆六十余尺，镌题至盛。[3]北宋徽宗崇宁元年（1102），蔡京专权，元祐、元符间司马光、文彦博、苏轼、

1　据庄福伍编《冼玉清生平年表》。
2　巴金《创作回忆录》，《巴金全集》第20卷第647页，人民文学出版社1993年版。
3　《桂林龙隐岩读元祐党人碑》及注，《碧琅玕馆诗钞》第40页。

黄庭坚、秦观等三百余人被列奸党，姓名刻石颁布天下。石碑后由徽宗下诏毁之，未料却在偏远的桂林复刻留存：南宋庆元四年（1198），党人梁焘曾孙梁律据家藏旧本，雇工匠依原拓刻于龙隐岩石室内。碑距地丈余，额为蔡京书"元祐党籍"四字，久经风雨侵蚀，文字模糊不清。

大村——岭大村

"黄田坝上人如织，孝悌桥边艇似梭。为爱涤尘临武水，画船呼伴试行窝。"冼玉清9月27日抵达曲江，有学生前来迎接，心情激动口占一绝[1]。

汉代始置曲江，明清皆属韶州府。"江流回曲，故名曲江。"地为省北门户，粤汉铁路经过。武水即城外西河，源出湖南临武县，经宜章南流入乐昌，又流百里经城下西南，流百里与东江合，古名虎溪，唐改今名。

在致陈中凡函中，冼玉清总结内渡行程："香港陷后，玉清移居澳门，至八月十五始离澳赴广州湾，经玉林、柳州、桂林，至十月一日始抵曲江复课。行路靡靡，中心摇摇，辛苦亦罄竹难书矣。"[2]当年10月，她获广东省政府赠送"归国文化人置棉衣费"。[3]

大村岭南大学已初具规模，并于9月7日正式开学。

"播迁此到武江滨，竹屋茅檐结构新。辛苦栽培怜老圃，一园桃李又成春。"国难方殷，弦歌不辍，她以诗歌记录这所奇迹般的校园，抒发内心感受，作为"岭南大学迁韶书事十首"之首。

大村属曲江县，原名大坑村。村前原有仙人庙车站，粤汉铁路经此。岭南大学迁校于此，改大村为岭大村。[4]

1942年1月22日，李应林校长到达韶关，岭大同学开会欢迎，他们主张从速在粤北复校，以免为日伪冒用名义。不久在青年会成立办事处，登报通告师生

1　《抵曲江与女弟子左坤颜王瑞文宿阿秀艇》，《碧琅玕馆诗钞》第40页。
2　冼玉清1942年11月28日致陈中凡，见《陈中凡年谱》第51页。
3　据庄福伍编《冼玉清生平年表》。
4　《迁校》及注，《碧琅玕馆诗钞》第49页。本节所引冼玉清诗及注均出于此，不另注。

前来登记，以便筹划救济和
复课。

30日，李应林对中央社记
者发表谈话，重申："岭南大
学为私立的、国际的、基督教
的、中国人主权的大学，悉照
国民政府所颁布的教育方针办
理，无论环境如何困难不容或
变……若敌伪冒用名义在香港
或广州开办，本校当然不予承
认，因本校是具有国际性质之
大学，故特此发表声明，以正
视听。"[1]

校董事会主席孙科和广东
省主席李汉魂对岭大复校十分
支持。第七战区司令长官余汉
谋给李应林两个校址选择：南

后人通过大樟树找到当年岭大遗址，重构部分建筑

雄修仁和曲江大村，都有现存房屋。李应林与同事经过视察和调查比较，选定后
者：大村距粤汉铁路仙人庙站不过1公里，仙人庙站离韶关只有29公里，往来韶
关和坪石，有火车可乘，交通便利。曲江为战时省会，社会安定，给养容易，生
活成本较低。第七战区在大村及横岗两处建有40余座棚屋，全部转让岭南大学，
校舍问题暂时解决。余汉谋还拨枪数十支供岭大成立自卫队，又从湖南调拨一批
大米。于是岭南大学及附中于曲江大村筹备开学，此前农学院已在乐昌坪石复
校，医学院在韶关复校。

《岭南大学简史》称，大村校址经余汉谋将军提议"花3万国币"买下，
"这里原有60多所房舍，周围是古老的樟树。它曾用于广东高级军官的训练营
地，如今除了几个看家的士兵外空空如也"。[2]

---

1 李应林《香港沦陷后之本校》，《抗战期间的岭南》第26页。下引同。
2 李瑞明编《岭南大学》第106页。另有资料显示，原有房舍48所（大村34所，横岗14所）。

　　司徒卫原任香港岭南分校校长，他被李应林校长从开平电招"来韶办学"。司徒卫当时对大村在何处、人情、风土和自然环境如何茫然不知，承此重责，"无他，盖余深信余友必不置余于歧路耳"。[1]

　　5月12日，司徒卫进入大村，招来300多位工人，修葺旧有建筑，改建不合用者，同时计划增建礼堂、图书馆、教室、宿舍、膳堂、合作社等。6月21日，新怀士堂动工兴建，7月中旬落成。"其他建筑物一律以康乐园原校房屋旧有名称分别名之，如格兰堂、马丁堂、爪哇堂、陆佑堂、哲生堂、荣光堂、十友堂、谭礼庭同学屋、马应彪招待室……应有尽有。"[2]饱含岭南人对故园的眷恋和对胜利回归的企盼。

　　大村岭南大学9月7日正式开学，学生人数达488人。待冼玉清到来，所见已是"竹屋茅檐结构新"，盼望"一园桃李又成春"。

　　她在诗中描述："不是耽禅也闭关，漱余甘露诵华鬘。澄怀花水浑无语，闲对停云静对山。""冈陵环抱翠长新，鸡犬相闻鸟雀亲。松柏不凋樟叶绿，天寒著个素心人。"[3]李应林对全校员工演讲，提到岭大村环境时也自豪地说："岭大村的风景，较诸康乐园可以说有过无不及，最难得的参天古木，把全个岭大村荫蔽起来，在浓荫下，虽是盛夏时节，还不见炎热。从格兰堂瞭望，但见远山挹翠，阡陌纵横，大有'平原广阔，瞭近目前，江水流其间'的景色。在这里，可以见到纯粹农村风景的优美。""平原广阔"为岭南大学校歌。

　　抗战时期，大学播迁流离，校舍多简陋逼仄。西南联大创立之初，"新建校舍以土木能蔽风雨为原则，不求美观"。[4]相比较而言，岭大村虽然简陋但风景如此美丽，在战时大学校园中也算是翘楚了。

　　美丽景色的另一面是生活的艰辛。冼玉清平时生活优游，有女佣操持家务，大村所谓独立生活对她是一种磨难，她曾致陈中凡长函，仿骈体文详为描述，文辞优美又充满辛酸：

　　"敝校位于大樟林中，环境颇美。惟荜路初启，不具不周。汲水洗衣，均须自理，其他设备简陋可知。五日一墟，馔鲜兼味。山村水远，食从无鱼。书堂走

1　司徒卫《从港战到复校》，《抗战期间的岭南》第29—30页。此文也收入《岭南大学》。
2　李应林《香港沦陷后之本校》，同上第27页。下引演讲词同。
3　《寂坐》《校园》，《岭南大学迁韶书事十首》，《碧琅玕馆诗钞》第50页。
4　《郑天挺西南联大日记》（上册）第40页，中华书局2018年版。

野鼠之群，溷厕集饥蝇之阵。蚊喙毒如蜂蜇，雁唳哀于猿啼。孤馆青毡，关河冷落，奚能免于秋士之悲也。入冬以还，一雨七日。杜陵茅屋，夜漏床床。张籍笋鞋，寒泥浣浣。气候幻变，午葛宵棉。讲贯之余，伥伥放步。腾蛇有蔓草之径，碍马多岹蓉之坡。惊飙忽来，白日寝曜。荧荧青灯之烬，熠熠鬼燐之光。废书长吁，永夜不瞑。嗟呼，憔悴专一之士，羁栖穷谷之中。为母校命脉，为生徒学业，甘心荼苦，勉赴其难。然而容膝无宁居之室，养性鲜可读之书。竭智尽忠，靡酬初服。吾道何之，临风增慨耳。"[1]

岭大村教学因陋就简："更无纱缦障宣文，百二传经愧博闻。虞溥著篇先劝学，一生砥砺在精勤。"[2]诗中引用后汉马融绛帐授徒和西晋虞溥博览群籍典故，冀望以精勤立业立德。

冼玉清卧室即设为图书馆，但仍缺乏书籍，教学著述无以参考。从桂林到曲江，市上无一本线装书，商务、中华所出之书也十不得一二。于是又有《缺书》一诗："一编得似荆州重，几卷探来邺架虚。苦忆琅玕旧池馆，芸香应冷子云书。"自注"琅玕为予藏书处，精椠甚多，乱后不知下落"。

二十年前广州已是电灯世界，而大村只能用油灯，《挑灯》诗忆起儿时母亲伴读情景："犹似儿时陪夜织，恨无慈母共灯旁。"

圣贤书上颜回故事，在现实生活中感受到了："买菜清朝驰远市，拾薪傍晚过前山。执炊涤器寻常事，箪食真同陋巷颜。"

冼玉清吟成"迁韶书事十首"，曾寄赠留港诸诗友。陈君葆称"最爱其第六第七两首"，并抄录在日记中。《下厨》诗曰："伯鸾灶不因人热，络秀刀还自我操。谁惜摛文挥翰手，丹铅才歇析炊劳。"《浣衣》则有"薄浣青衫到小溪，坡陀碍屐袖沾泥"句。伯鸾即举案齐眉的梁鸿，苦读时不愿趁人热灶；晋代才女李络秀操刀宰杀牛羊也传为美谈。引此二典又称"摛文挥翰手"，不无自我解嘲意味。陈君葆与叶次周谈及此诗，叶以为"谁识玉堂挥翰手"不合身份。[3]致陈中凡长函可与《曲江诗草》之"岭南大学迁韶书事十首"互为参证，绝无虚言而发自肺腑。

1　冼玉清1942年11月28日致陈中凡，见《陈中凡年谱》第51页。
2　《碧琅玕馆诗钞》第49页。本节所引冼玉清诗及注均出于此，不另注。
3　《陈君葆日记全集》卷二第223页。所录诗句稍异《碧琅玕馆诗钞》。

历数生活艰辛困苦，冼玉清仍志向坚定："廿载皋比自抱芳，任销心力守书堂。拒霜冷淡秋荼苦，欲植青松蔚作梁。"

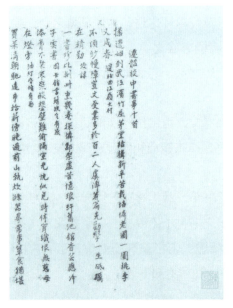 

冼玉清寄陈君葆诗稿之一　　　　　冼玉清寄陈君葆诗稿之二

颠沛犹存物外心

曲江岭大村是抗战时期高校合作办学的楷模。港大流亡学生进入内地，也有远赴仙人庙到岭大借读者。东吴大学由沈体兰校长带领，广州协和神学院由龚约翰院长、招观海教授等带领，也在仙人庙大村复办。此后三所院校鼎立，团结互助，共奏弦歌。

抗战时期大学播迁，教授可自由选择学校。闲云野鹤是诗人的向往，"好古好游兼两类"的冼玉清也滋生远游的冲动。她曾致函陈中凡称："倘可摆脱，甚欲远离广东，一览他方风物。如有机缘，望代留意。若能追随教益，俾有长进，尤为忻奉。"

金陵女子文理学院已迁成都，寄居华西坝广益学舍。燕京、金陵、齐鲁大学先后迁此，共假华西协和大学校舍开学，有"华西五大学"之称。冼玉清希望在成都谋一教职，因为向往"蜀主武侯之遗迹，浣花堂薛涛井之流风"。[1]

成都有武侯祠，为纪念诸葛亮而建。唐代传奇女诗人薛涛曾居成都西郊浣花溪，望江楼公园内有薛涛井和薛涛墓。冼玉清一生神往成都，1961年夏天终于了却平生心愿，此是后话。

广东省立勷勤大学原设广州石榴岗，校停办后教育学院改组为省立教育学院，又改为省立文理学院，迁至曲江桂头圩，又欲"厚礼延聘"冼玉

冼玉清诗稿

清，国文系主任王韶生亲送聘书，称"志切求贤"。她感怀旧游，口占三绝寄何士坚、王韶生、黄文博，其一曰："浅草堤边涨碧新，老樟乌桕最撩人。可怜桂水盈盈绿，隔断高吟两岸春。"[2]自注："桂水之南为岭南大学，北为文理学院。"两地实隔甚远，桂头今属乳源县。林砺儒、黄希声、罗香林和何爵三先后担任广东省立文理学院院长。该校1946年秋迁回广州石榴岗原址。

国立贵州大学也曾给冼玉清寄来聘书。张正、岑家梧、罗香林三君致函敦促，并盛赞花溪镇校址风景优胜，她思虑再三婉拒，吟成二绝奉答，其二为："风光闻与富春齐，锦鲤吹波柳压堤。晴雨一竿堪卧钓，梦魂三夜绕花溪。"

1940年，国立贵州农工学院成立，选址贵筑县花溪镇，1942年扩充为国立贵州大学。张正字西堂，湖北武昌人，时任贵州大学中文系教授兼主任。

1943年暑假，是冼玉清抗战八年中较为舒心的一段日子，她越五岭而游湘南衡阳、耒阳，作《湘南诗草》，其中有《南岳纪游八首》及《耒阳纪游四首》，

1　冼玉清1942年11月28日致陈中凡，见《陈中凡年谱》第51页。
2　《碧琅玕馆诗钞》第51页，诗稿作"涨渌新""碧樟"。下引奉答张正等诗见52页。

苦中作乐，亦即诗中所谓"颠沛犹存物外心"。

此行可能受第九战区司令长官兼湖南省主席薛岳之邀，同行者尚有岑学吕等人，岑学吕曾作《长沙三捷记》。冼玉清在白龙潭同薛夫人姊妹晚泳并赋诗："翠柏潭边暑不骄，红薯白黍味偏饶。临流濯足添双影，岂独江东有二乔。"[1]

粤汉铁路与湘桂线交汇于衡阳，武汉、广州相继陷敌后，粤汉线仅株洲至韶关一段通车，粤北与湘南交通仍较便利。

8月9日，冼玉清初登南岳喜赋："芙蓉岣嵝许登临，颠沛犹存物外心。下界昏沉尘障眼，劳生何日住山深。"衡山为五岳之一，芙蓉、岣嵝均属七十二峰，是抗战名山。当年众多军政机关和大专院校搬迁于此，广为兴建医院、宾馆、旅行社等设施，衡阳商市空前繁荣。

祝融峰为衡山最高峰，李白、杜甫曾游并赋诗。冼玉清有登祝融峰诗："拨开云雾立峰头，一派衡湘眼底收。万象浑归明灭里，轻衫又度万山秋。"山中气候有三变，山脚、半山与山顶均不同。冼玉清夜宿祝融峰上封寺并赏月："朗然碧落出冰盘，万壑涵光漾素澜。玉臂忽惊凉似水，始知高处不胜寒。"上封寺旧为火天观，隋大业中始易为寺。门外寒松皆拳曲下垂，高大者不过七八尺，谓之矮松。

从福严寺至磨镜台，禅宗七祖怀让遗迹昭然。寺前有平顶古松及银杏各一株，相传为二千年物。大慧禅师讳怀让，十五岁出家，曾诣曹溪参六祖，得真传为南宗七祖。唐先天二年至南衡，居般若寺，与马祖问答传为禅宗公案。怀让取砖磨石作镜，马祖问："磨砖何能作镜？"怀让答："磨砖既不成镜，坐禅岂能成佛？"反复辩论，马祖豁然开悟。冼玉清赋诗，有"悟得磨砖能作镜，禅机原不在华言"句。

福严寺位于掷钵峰下，初名般若禅寺，宋代僧人福严增修寺院，并栽柏树，因此得名。磨镜台在福严寺北数百米处，在祝融峰南燕子岩下，怀让墓至今仍存，并有唐代宰相裴休手写"最胜轮塔"。

祥光峰下有藏经殿，原名小般若禅林，陈后主妃尝避乱于此，法号惠慈。明太祖朱元璋赐《大藏经》，改名藏经殿。清初寺舍修葺，改名普光殿。环寺林木葱蔚，花有洛阳球，树有连理枝，冼玉清游此赋诗："避乱皇妃号惠慈，香尘已

---

1 《碧琅玕馆诗钞》第53页。本节引诗、注均出自其《湘南诗草》，不另注。

渺剩花枝。鸣蝉舞蝶风光里，又拜金经展殿帷。"

某日凌晨登山观日，却被浓雾所阻久不见出，因有"乾坤未启鸿濛气，四顾茫茫雾霭深"诗句，借景隐喻抗战时局艰难，任重道远。

此行盘桓十日，衡山美景与佛教胜境尽收眼底，身心愉悦，临别依依不舍，作《离岳口占》一诗："十日山居百不闻，新诗赋罢诵梵文。归来拂拭寻幽展，脚底依依有白云。"

离别衡山，8月19日夜抵达耒阳，沿耒河步行至汉园。耒阳有粤汉铁路经过，恰如广东曲江，1939年5月至1944年6月为湖南省政府驻地。期间车水马龙，热闹非凡，城市人口高达60余万，集市商贸十分繁荣。冼玉清见耒河而思珠江："耒河月下有回泷，几处渔歌出钓艟。午夜化龙桥上望，金波漾影似珠江。"

历史上有三位名人与耒阳关系甚深：杜甫、蔡伦与庞统，分别遗有杜甫墓、蔡侯池和凤雏亭。冼玉清一一拜谒，咏诗纪念。

咏杜甫墓："儒冠底事误沉沦，稷契心期不遇身。一样哀时同庾信，孤坟独吊几酸辛。"杜甫晚年穷困潦倒，代宗大历五年（770）往郴州探亲遇耒水暴涨，病死舟中，县北靴洲有墓，杜甫幼子宗武后将灵柩归葬偃师。冼玉清考证，"似柩虽迁而冢未毁，或谓甫当时为水所漂，仅得其靴，累工筑墟冢瘞之"。1940年，薛岳派人重修杜甫墓，并撰有《重修杜公墓碑记》。

薛岳撰《重修杜公墓碑记》

蔡伦改进造纸术泽被后世，冼玉清诗中有"价重三都凭片纸，青青柳下蔡侯池"诗。蔡伦为桂阳郡（治今耒阳）人。耒水北经蔡伦故宅，旁有蔡子池。光绪《湖南通志》称"蔡伦故宅旁池南有石臼，即伦舂纸臼。伦始以鱼网造纸，具人今犹多能作纸，盖伦之遗业也"。

凤雏亭为纪念庞统而建，庞统字士元，人称凤雏先生，蜀汉刘备帐下谋士，与诸葛亮同拜军师中郎将。冼玉清赞其"骥足原非百里才"。

曲江疏散

粤北韶关历史悠久，西汉元鼎六年（前111）设曲江县，隋开皇九年（589）设韶州。冼玉清曾作短文《韶州与广东文化》，称："秦汉以来，番禺固然是广东政治、经济、文化中心，但粤北的韶关也有其重要性，因为从汉代到北宋，海路的南北交通尚未发达，来往的人，都走陆路，韶关就是一个最重要的交通枢纽，同时韶州也成为经济重心之一。"[1]

古时从北方入粤有两条重要通道：一从江西经大庾岭抵韶州，一从湖南经桂阳入韶州。南宋建都临安，来往广东可经福建入潮州，韶州不再是交通枢纽，经济文化中心地位逐渐消失。

1938年10月广州沦陷，广东省政府迁至曲江县城韶州，此地机关、学校林立，人文荟萃，商贾云集。迁韶学校有岭南大学、广州大学、法商学院、仲元中学等（中山大学迁乐昌坪石）。韶州人口从6万激增至24万。1943年11月，广东省政府拆曲江县城设韶关市。1945年1月曲江沦陷，韶关市建制自行解体。曲江县城作为临时省会长达6年之久。

冼玉清文章结尾写道："粤北一带资源丰富，的确是多山多宝！煤矿触目皆是；其他如铁、银、铅、锡、水晶、云母、石墨等，亦随处可见；山区更盛产木材；此外，药材、野兽、经济作物，产量都很多。"[2]

唐皇甫湜《韶阳楼记》，宋余靖《浈水馆记》，都说韶州是岭南大郡，即经济文化中心。唐代名相张九龄、北宋名臣余靖都是曲江人，禅宗六祖慧能在南华寺演经说法三十六年。

张九龄于开元二十八年（740）回乡扫墓，病逝家中，谥文献，其墓在韶关北郊罗源洞山麓。曲江岭大时期，冼玉清拜谒张文献墓，感叹："一身忧国烛先几，美服高明世反嗤。"[3]张氏墓1960年被发掘，墓室四壁及通道残存侍女蟠桃园等壁画和一批重要文物。张九龄墓志现藏广东省博物馆。

韶州气候宜人，风景秀丽，初春时节，李花盛开，令人流连忘返。横江距岭

---

1   《韶州与广东文化》，《更生记·广东女子艺文考·广东文献丛谈》第173—174页。
2   同上，第175页。
3   《谒张文献墓》，《碧琅玕馆诗钞》第51页。下引诗、注均出自《碧琅玕馆诗钞》。

大村约二里，冼玉清往看李花，忆及在广州萝岗看梅情景，赋诗感叹："满身花影日初午，消受横江淡宕春。"其后《再咏李花》："绡裾飘下广寒宫，低亚云光月色中。"

张九龄墓志铭（局部）

北郊黄岗山乌蛟塘是赏荷胜地，初夏时节，荷花傲然怒放，掩映在青山绿水间，俨然世外仙子。冼玉清受广东赈济会主任秘书卓振雄之邀前往观赏，对此美景，感叹"退食无鱼诗更好，风光如许莫轻抛。哀鸿遍地苦饥寒，我辈何妨苣蓿餐"，称赞卓氏"宦囊早闻空似洗，少翁廉吏古称难"。

冼玉清内渡以后颠沛流离，近一年没有发表过文章。生活稍稍安定后，其作品又开始见诸报端杂志。1943年初，《归国途中杂诗》分别发表于《大学》（成都）1943年第2卷第6期与《宇宙风》第130期（1943年4月1日）。

1943年2月4日，癸未年除夕，冼玉清作诗遣怀："卖痴声不到山村，祈谷田家笑语喧。我自无言闲读赋，螟蛄鸣处忆王孙。"[1]2月14日，甲申大年初十，冼玉清与麦华三、黄文宽、马小进、冯梁、麦汉永等友人雅集于韶关西河茶座，宣传抗日，倡导书风。

麦华三（1907—1986），广东番禺人。1938年毕业于广州大学，曾参与香港广东文物展览会，撰文介绍广东历代书法家。时任教曲江广州大学，撰述《书法源流》，到岭南大学等校示范讲授书法。

冼玉清晤见容肇祖、吴三立等人，谈及陈中凡，"藉审道履胜常慰"，于是致函问候[2]。容肇祖原任教西南联合大学，几经周折来到粤北，任教于坪石中山大学。

1944年3月，冼玉清在《东方杂志》第40卷第6期发表《第一届驻日公使何如璋》一文，旨在探索中日关系前因后果。何如璋是广东大埔人，同治戊辰

1　《癸未除夕怀友》，《碧琅玕馆诗钞》第53页，此诗曾寄饶宗颐，《瑶山集》中有录。
2　冼玉清致陈中凡函，见《陈中凡年谱》第51页，又见《清晖馆友声集》第307页。

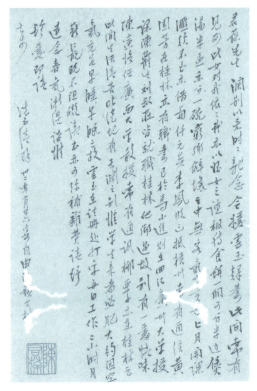

冼玉清1943年2月致陈君葆函

（1868）进士，留心当世之务，问访英美牧师，得其国情与政术大概。李鸿章惊异其通晓洋务，力荐充出使日本大臣，时为光绪二年（1876）。4年后归国，督福建船政，主讲韩山书院，卒于讲舍，年仅54岁。冼玉清感叹：一代外交人才，遂赍志以殁，撰述此文，愿国人深思警醒。

1944年，值林憾庐逝世周年，冼玉清作诗纪念（载《宇宙风》杂志），回忆文字之交（苦茗一瓯供破暑，十年文字许神交），以及去年夏天北渡抵桂后相聚情景（九霄丹凤失云巢，倦羽欣逢入桂郊）。诗尾感叹："去者日疏来未亲，何堪北郭遍邱坟。浮生一梦余长叹，劳苦烦愁总误君。"引憾庐《哭子》句作注[1]

"人生纵活至八十，其中不外劳苦烦愁，最后只余一声叹息。"

偏僻的岭大村也难容下一张平静的书桌。

1944年5月下旬，传闻长沙奉命撤退，冼玉清感赋："岳家军撼原非易，自坏长城可奈何。"[2]曲江疏散传说亦愈演愈烈，29日得省教育厅条谕：曲江奉令疏散，各校务必于6月3日前考试完毕。6月9日，曲江告急，岭大奉令疏散至坪石或连县。

冼玉清随女教职员及眷属先行到达坪石，当日赋诗描述仓皇撤离情景："离离蔬果盈原野，世乱谁为守土人""担惊一月看农事，烽火难容十亩闲"。

坪石在乐昌县西北，与湖南宜章接壤，又与耒阳有舟楫往来。岭大农学院设于此，太平洋战事爆发前奠基，不久开学。冼玉清在坪石遇到李沛文、黄伟胜等同事。

---

1 《去年道过桂林憾庐先生相见甚欢今逝世一周年矣写此志悼》，《碧琅玕馆诗钞》第53页。
2 《闻长沙奉令撤退感赋》，《碧琅玕馆诗钞》第54页。下引诗、注同出自诗钞，不另注。

蛰居坪石一月许，她决定迁往连县。欲先运行李（多为书）赴连未果，抱怨"廿载树人徒自苦，籯书无计付装轮""烽烟报急近燃眉，漫卷图书泪暗滋"，感叹"礼乐兵农今异昔，腐儒犹说重人师"。

曲江疏散两周，往桂林、柳州者众，仙人庙车站摩肩接踵，月台行李堆积如山，岭大每日有学生到站帮助搬运行李，"往坪石的妇孺亦蒙长官部代雇车卡遂得依限疏散完毕，不久粤汉铁路曲江至乐昌一段拆轨，本校因稍得先机未受多大影响，亦云幸矣！"[1]

连州赋诗黄坑避难

1944年7月19日，冼玉清乘广东银行行长胡继贤小汽车转徙连县，居燕喜学校。抵达当日赋诗感叹："一路风驰逃劫火，蒲车定稳到湟东。"[2]

《连州诗草》有《燕喜学校闲居十二首》，此为第一首。连州历史悠久，著名古迹莫过燕喜亭，为唐司户参军王弘中所建。贞元十九年（803），韩愈来游此亭，因亭后高岩有大石似燕子低飞，又有燕群戏于亭前绿树间，兴之所至，命为"燕喜亭"并作记。唐代元结、刘禹锡、孟郊，宋代周敦颐、张浚先后慕名来游，附近岩壁留有石刻诗文。冼玉清晚坐燕喜亭赋诗："照眼巾峰晓翠横，参天双柏自峥嵘。丰碑吏部文章在，千载岿然燕喜亭。"[3]

邱世友是连州人，就读坪石中山大

连州燕喜亭

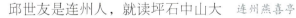

1　李应林《由疏散到开学（卅三年六月至十月）》，《抗战期间的岭南》第35页。
2　《甲申五月廿九日偕胡继贤行长继良及继雄夫妇乘小汽车从坪石至连县》，《碧琅玕馆诗钞》第59页。
3　《连州诗草·燕喜亭晚坐》，同上，第60页。

学中文系，读到冼玉清《连州诗草》，"油然而生同仇忾慨，赏誉冼教授独至的深情"。他在纪念文章中写道："连州山水清奇，历史悠久，就燕喜亭说，固然有韩愈的记和戴熙的书，而且四周怪石嶙峋，摩崖石刻共有二十四处之多，足可洗战尘的烦冤。"[1]

冼玉清由杨芝泉校长招待居燕喜学校至圣楼，因而感赋："珍重玄亭礼意优，四围嘉树任藏修。穷经廿载怜虚负，幸许居依至圣楼。"[2]杨芝泉（1897—1967），名瑞祥，广东连南人，曾为冼玉清绘琅玕馆修史图。

离乱之际，治安难免不靖，冼玉清客馆中蓝布袍被窃，慨叹"一度流离一减装，阿谁犹羡布裋裳"。但不愉快情绪很快被当地士绅民众的盛情冲淡，她在连州广受尊敬，倍感欣慰。

恰逢中秋，民众教育馆、妇运会联合举行"迎月会"，她应邀即席演讲，题为《诗人对月之各种感情》，称于此兵荒马乱之秋，能在幽静的连州山城赏月实属难得。手边无书，仅凭记忆朗诵、分析李白、杜甫、白居易等有关月亮的诗作，寄寓各种感情，充满爱国热忱和凛然正义。"月是天上最美丽的东西，诗是人间最美丽的东西，情感是世上最微妙轻灵的东西。诗人把他们的情感和天上人间最美丽的东西描写出来。"在座有遭乱的，有离乡的，有与亲朋好友分离，有曾经战阵的军人，也有无忧无虑的少年，"我们对着今晚的月亮，情感又怎么样呢？总之希冀抗战成功，希冀和平早日降临，这是我们共同的心理"。她祝愿明年中秋战氛尽扫，得到更美满、更如意快乐的中秋。[3]并赋诗纪事，题为"广东省农林局、广东省振济会、连县民众教育馆、妇运会、青年会、真光中学、培英中学招演讲，东陂西溪学校萧校长怀德、三江铁城学校甘校长霖、八步水利局王经理应榆、龙坪侨垦会李委员郁焜治馆见邀感赋"。[4]

连州城东士绅沈文清以藏酒及花生招待，冼玉清过谈赋诗相赠："饮啄事微皆学问，乡间别后见人情。落花生嫩家醅酒，食谱应增一令名。"中秋次日，潘诗宪、梁锡洪于湄园招饮赏月，感赋有句"今夜天涯须尽醉，浮云西北是

1　邱世友《忆冼玉清教授》，《冼玉清研究论文集》第286页。
2　《卸装燕喜学校杨芝泉校长辟至圣楼下座以居》，《碧琅玕馆诗钞》第60页。
3　见谢健朝《烽火岁月中的冼玉清二三事》，《岭南文史》1995年第1期；《冼玉清研究论文集》第339页。
4　《碧琅玕馆诗钞》第61页。下引同，不另注。

神州"。

好游的冼玉清不愿错过连州佳胜，尤爱古时八景。

昆湖叠巘、圭峰晚霁皆属连州八景。昆湖山接连山县界，苍崖峭壁，森然罗列；圭峰众山环绕，俨如执圭。游历二山联想欧阳修名篇，赋诗有"此地雅游文会友，一亭山色似环滁"句。

东陂林木葱茏，景色宜人，物产丰富，赴东陂赶集，墟市以美石砌成，"白蜜黄精满地摊"。阅《刘梦得集》，知《连州刺史厅题名记》有"石侔琅玕"句，与自己书斋同名，甚为自得。

重阳节游宾于乡静福山。静福山又名抱福山，后梁廖冲于此炼丹，相传白日飞升，炼丹处名曰廖仙岩，古松峭壁，苔藓斑剥，感叹"廖仙丹灶冷无烟，诗价犹传孟令贤"。

此后往龙湫潭观瀑，悬流飞瀑如白浪卷空，因再赋诗："岭半跳珠冷翠侵，似闻风雨起龙吟。年来为怕腥膻染，远向寒潭一豁襟。"壮游揽胜，把酒临风，诗兴之外又有画意，于是有《燕喜校园写兰》："清梦潇湘九畹馨，灵均遗佩认风茎。乱离那得闲如我，日对幽兰为写生。"

《连州诗草》十七首曾刊载《建国日报》副刊，并附录文毅甫《访冼玉清教授》、刘一庐《玉清教授来连》等文。冼玉清采阅志乘，咨询观察，了解历史源流、气候物产、风土人情和名人逸事，曾在《大光报》发表《刘禹锡与连州》，在《建国日报》发表《建燕喜亭之王仲舒》《静福山之文献》《孟宾于之诗》等文。

冼玉清离开连县回到大村，岭大已再度开学，农学院也合并上课。新旧注册学生仅171人，旧生因战乱多有流失；部分教员已赴黔桂，或因湘战失利急转西江、赣南，还有部分以为岭南已无开学可能，转接其他"安全区"聘约。

1945年初，侵华日军出动2万余人，分南北两路对韶关发起进攻，欲打通粤汉铁路线南段，第七战区司令长官兼十二集团军总司令余汉谋率部抵抗，此为第三次粤北会战。冼玉清感叹："打通粤汉铁路之说，已甚嚣尘上，初不意其如是之速也。"[1]

元旦前夕，江西籍学生黄贞绰、李银生招饮教师于樟林酒家，冼玉清"难得

---

1 《黄坑避难记》，《冼玉清论著汇编》（下）第650页。本节引文除另注外均出于此。

重建岭大村怀士堂

送归扶薄醉，一林人月共双清"。[1]未曾想，仅半个多月后岭大再度疏散。

1月17日下午，她正讲授中国诗歌史，得知日军来犯，栗源堡已失消息。18日，中山大学一陈姓学生逃难至此，证实栗源堡（中大农学院）、管埠（中大师范学院）和坪石（中大校本部）相继失陷，师生纷纷逃难。岭大闻讯成立紧急委员会，派人至邻乡寻觅疏散地点，恐银行搬迁，校长李应林率人前往韶关提款。

学校准备疏散，曲江或乐昌籍员生纷纷步行归乡。冼玉清决定随学校疏散，"连夜衣不解带，学生自卫队终夕逡巡，嘱闻枪声即向横冈小路走，女生有饮泣者，有废寝食者，真有草木皆兵之象"。

同人租得上塘、黄坑两村农舍祠堂等供师生暂避，离学校约20里，每人可带行李35斤。21日中午，冼玉清与同事眷属启行，沿途山路，高低不平，同行者有六七十岁老妪，也有手拖背负之孩……"皆现可怜之色"，"回顾郁郁樟木之岭大村"，感叹"不知何时再见也"。

下午3时许抵达黄坑。该村仅11户80余人，地偏屋陋，乡长区林清明敏忠厚，拨出13间房屋供教员眷属暂住，皆泥地泥墙，有原畜鸡养牛之屋，黄坑有新

1　《卅三年除夕江西黄贞绰李银生两生招饮樟林酒家饯岁》，《碧琅玕馆诗钞》第54页。

村旧村，新村建成未久，较旧村为佳。冼玉清与四家共处一室，皆有妇儿女童，"男啼女哭之声昼夜不已"。房屋无厨房无浴室，各家皆用砖块垒成火炉，卧铺前后都是炉，因孩提不时需要煮炙，又烧木柴，飞灰四起。被席衣发满布灰尘。客居无床板，只能购禾秆席地而卧，"真有寝苫枕块之叹"。

22日一早，随黄坑乡长区林清、上塘乡长张汝涛踏勘乡中险隘，知此处道路一可通仁化，一可通乐昌。

又行5里，至上塘，屋宇较黄坑稠密，岭南农学院、协和神学院同人皆居此。半山有会泉庵，风景颇好，神学院院长龚约翰夫妇、钟爱华牧师及自卫队皆下榻庵内。

余汉谋拨付的枪支派上了用场，更讹传有机关枪，土匪听闻望而却步。[1]岭大存于校内粮食、书籍等公家物品多未运完，疏散一个月内，每天有人回校搬运，剪径匪徒居然毫无干涉。

24日，教务长黄延毓撤至黄坑，称官坝、马坝发生炮战，中央、中国、交通、农业四家银行已迁东江，省政府与省银行迁龙川。25日，协和神学院留守学生称曲江已失，日军已至桂头。岭大最后留守的4名庶务员也撤至黄坑，岭大村仍有数十名工人看守。

冬雨连绵，枕席皆湿，虽置面盆于床头亦无补救，恰如杜甫所歌："自经丧乱少睡眠，长夜沾湿何由彻。"又联想灾难深重的中原大地，于是赋诗："十户茅檐隔市寰，鸡鸣豕突此人间。中原已是无干处，屋漏沾衾亦等闲。"[2]

28日晚，乡长区清林请客，他曾劝导乡亲设法保护学人到安全离开为止，冼玉清称其义气可敬。

传闻留守岭大村的工友盗去校长及各住宅大量衣物，冼玉清也非常担心。2月3日，形势稍有缓和，她返回岭大村，发现房门已被撬开，所幸仅失冰糖一瓶。"逡巡室内，抚摩卧榻之温软，轩窗之朗彻，几桌之整齐，较黄坑寝苫枕块之生涯，真有天渊之别"，于是留居5日，感觉"耳目宁静，心境清闲"。

1　据杨逸梅《插曲之一》，《抗战期间的岭南》第42页。
2　《茅屋漏雨席草卧地》，《碧琅玕馆诗钞》第59页。

大丈夫岂能望风先遁

1945年2月13日，乙酉春节，冼玉清与同人在黄坑度过，惊惶清苦，但乡情民俗味十足。

腊月廿八，农家做糍粑，有以糯米粉搓艾叶作皮，以蓉麻为馅，也有以糯米粉包花生粒者。皆下锅油炸……她一一记下烹饪制作方法，出于女性细腻，也是对美食的喜好，"闻每家用米七八十斤，另油不计，所费逾四五千元云"。在战乱时期未免过于铺张，奈何民以食为天，且年年只有春节如此。

除夕，乡人家家自制豆腐，以油炸之，留供岁朝之用。门前有贴春联者，孩子挝鼓舞狮，成人祈谷迎神，乡村生活质朴有趣。

依乡俗往各家贺年，农家以竹篓盛果饵相待，因而有诗："不须午碗与春盘，一篓盈盈礼未悭。娱客家家风物好，生烟地豆饼如环。"又记："乡居极朴俭，无几桌之设，亦不多买衣服，寒则炙火。元旦余至各家贺年，乡人倒置木桶为桌，上放一小竹篓，篓内载炒米饼、生烟丝、花生、糖橘皮，家家以此奉客。"

客家妇女勤苦耐劳，以线织红带束腰，乌布裹发，耕田、种菜、担水、砍柴、挑粪、煮饭，常年赤脚，只有新年始穿自制布鞋："耙锄腰脚健村娃，种菜芟茅更斫柴。红带束腰乌裹发，新年才著硬帮鞋。"

2月26日，闻日军已占桂头文理学院，并搭桥以备渡河。桂头离黄坑30里，马队半小时可达，因此人人戒惧。28日上午，闻日军逼近岭大村，避难上塘妇孺皆纷纷逃往黄坑，黄坑妇孺则入山逃匿。此后风声日紧，每日早饭后背负行李入山，披荆斩棘，手足为伤，辛苦不堪言状。3月7日中午，急报日骑兵已抵上塘，众人匆匆负背包上山。如此亡命，日复一日，以诗记之："传来风鹤紧声声，日日重山濮被行。披棘入林嫌不密，崖阴蜷伏水流坑。"[1]某太太命仆人挑行李前行，又与其夫肩携手捧者，归来被夫骂不顾男人性命，斤斤计较无用之物。

早闻曲江失守，仲元中学被占。正月初二，仲元学生徐志泉自曲江来，告以惊心动魄消息：梁镜尧校长已殉难。

1　《碧琅玕馆诗钞》题为"敌驻桂头（离黄坑三十里）入山躲避"，诗亦有改动。

学校失守，学生被俘沦为苦役。徐志泉伺机逃脱，辗转投奔枫湾青年会救济站，又到大村寻父，终于在上塘找到父亲，再到枫湾救济站找到母亲与兄妹。一家人大年除夕团聚，堪称奇迹，同人艳羡不已，"所谓团年，唯徐公独擅其美矣"。

徐志泉详细介绍仲元中学失守过程，冼玉清《黄坑避难记》已有记载。次年2月，她应梁镜尧夫人刘碧筠之请，撰写《记仲元中学校长梁镜尧烈士事》，1947年4月刊于《广东教育》杂志。[1]

仲元学校接到疏散通知，梁校长宣布学生1月24日凌晨撤退。23日晚日军猝然来犯，校长整衣持枪巡逻，长子梁铁紧随其后。"日军迎面来一枪中其双目，再发二枪胸腹受创，父子同时殉难，教职员学生死者约六七人，尸堆置课室中，仲元中学遂被占据，梁夫人携次子三女仓皇出走。"[2]冼玉清如此描述事件经过。

仲元学校创办于1934年，为邓仲元（邓铿）纪念学校，校址原在广州文德路广雅书局，1938年迁曲江鹤冲岗，1942年更名广东省立仲元中学。

梁镜尧（1899—1945），字景唐，广东顺德人。9岁就读澳门灌根学塾，与冼玉清同窗，"夙未通片词，只在前列帖堂文上认姓名而已"。[3]曾任职广州教育局、公安局、税政局及番禺县立中学。冼玉清主讲岭南大学，"镜尧投书叙旧，并拟刻先师遗集，俾传于无穷"，两人遂有往来。

广州沦陷，任纺织厂总务课长的梁镜尧炸毁工厂，步行至黄埔工友家中躲避，后来辗转逃往香港。1940年冬入曲江任第七战区上校参议，次年兼任仲元中学校长。

梁镜尧烈士

在仲元中学，梁镜尧事无巨细，责无旁贷，"每饭必与学子共食，每晨五时行升旗礼，必先至参加。每试必高坐监考，天未曙，持电筒烛书桌内——以杜绝作弊字迹"。实

1　《纪仲元中学校长梁镜尧烈士事》，收入《冼玉清论著汇编》（下），所记与《黄坑避难记》略有出入。

2　《黄坑避难记》，同上第653—654页。

3　《纪烈士梁镜尧事》，同上第705页。本节引文除另注外均出于此，不另注。

褒师同学联旧会合影，前排左二为冼玉清，后排左五为梁镜尧

行军事化管理，有"迅速敏捷，延年益寿之良方；迟缓怠慢，失事误身之毒药"等口号。仲元学风在曲江有口皆碑。冼玉清称赞："其视学校如家庭，视生徒如子弟，不愧真正之教育家，余顾镜尧，谓子褒师有传人也。"

冼玉清初抵岭大村，梁镜尧率全家越数十里前往探访。她过鹤冲岗仲元中学回访，梁氏举家往车站相迎相送。在校居校董室，梁氏开轩扫榻，犹如陈蕃礼遇徐孺子。"花树围绕，疏窗临湖，插架图书，足供披览。""置酒举觥，相对痛饮"，梁氏又诵王安石《示长安君》"草草杯盘共笑语，昏昏灯火话平生"诗句，"盖镜尧视余犹妹，余亦视犹兄也"。

两人饭后散步，至仲元中学对面湘军坟场，"时月暗天高，荒山森旷，风摇百草，四顾茫茫"。感其盛情，赋诗相赠："开轩扫榻劳亲手，绝胜寻常主客情。待我周旋如骨肉，照人肝胆见生平。"[1]

仲元中学曾组织疏散，梁镜尧带领妻子儿女留守学校。1944年10月复课后，经第七战区同意，曲江城防服务团成立仲元分队，取得生活物资供给，必要时可

1　《赠仲元中学校长梁镜尧同学》，《碧琅玕馆诗钞》第53页。

投入战斗。他并未放松警惕，称若情形有变，当自任总指挥，率同学至莲花山作殊死一战。誓言"我辈为读书明理之人，怎能作无意义之逃遁？""若弃甲曳兵，望风先遁，此岂大丈夫之所为哉？"

1945年1月22日，日寇逼近曲江。师生紧急疏散，学校公物和部分教职员家属被疏散到仁化县南头乡，学校仅剩五六十人自愿留守。他将军训枪支80余支分发护校队员使用，终夜巡逻不止。

23日传敌人已撤退，大家暗自庆幸，不料24日黎明时分，日寇突然向校园推进，护校队员拿起武器撤入临时战壕，奋勇抵抗，击毙敌寇十余人。半小时后，妇孺全部撤退入山。不料另一支日寇队伍从侧面包抄而来，梁镜尧掩护其他护校队员撤退时，中枪倒地。

据冼玉清追记，梁倒地后，"敌以其衣军装，又佩城防司令证章，再发二枪，复以刀乱刺之。父子同时殉难，员生死者约十人。教员某为藁葬校旁旷地。"其子梁铁年仅16岁，另有学生张永涛、梁加林等牺牲。

2月26日，中共在重庆出版的《新华日报》报道仲元中学师生卫国捐躯事迹，题为"一校忠烈"。冼玉清又有《挽仲元中学校长梁镜尧烈士》三绝句，第一首为："赤手撑持舞斧柯，头颅如许奈伊何。干城竟属书生事，哭尔宁如哭国多。"近40年后，1986年民政部补发证书，授予梁镜尧、梁铁父子"革命烈士"称号。

---

1 《碧琅玕馆诗钞》第67页。

第八章

复

员

丹霞宜住胜宜游

1945年1月，日军为彻底控制粤汉铁路，向中国守军发动进攻，激战17天，相继占领乐昌、曲江，致粤北全部沦陷。

疏散时间太久，岭大经济陷入绝境。许多同事因生活日窘而暂作盐商，白天到溪头等处买盐，乘赶集日挑至乐昌廊田墟出卖，每斤可赢利十至二十元，黄坑至田廊之间盐客往来络绎不绝。利为祸本，溪头与岭大村之间、黄坑与廊田之间劫案不绝，荆棘载途。

3月20日，教务长黄延毓在上塘李树林中召集会议，决定月底结束疏散。校长李应林已抵梅县设立联络办事处，筹集经费力图复课。4月1日，岭南农学院同事全体赴乐昌五山（乐昌县政府迁徙于此），校本部同事多赴仁化转梅县。

周郁文、黄锡凌分别邀冼玉清往五山、东江。周郁文时任粤岭垦殖公司技正，挈眷居五山，来函相邀。黄锡凌毕业于岭大，时任教中山大学师范学院，欲接其同往东江。冼玉清觉得五山离家更远，岭大又未明确在东江复课，因此决定仍留黄坑暂住，并有"去从何处谋詹尹，日日回肠读《卜居》"诗句。[1]

避难黄坑近4个月，此为三不管地带，终不可居，她于1945年5月1日随省银行职员邓越培、吴泽流赴仁化，拟查访当地情形，借谋退路。

他们一行上午10时启程，翻越五座大山，双足疲惫，髀肉颤痛，经检查站时行李又被搜查。沿山路下坡行60里至石塘乡，又行至历林乡，参观民居时疲倦至不欲举足，无奈此处无旅舍。黾勉前行，至何周福旅店下榻，天已入黑。翌晨7时，从董塘启程，约行3小时，终于抵达粤、湘、赣三省交界地带的仁化县。

是日下午，步行20里至腊口村，访广东军法处处长邓坚白、广州市工务局局长麦蕴瑜，二人皆赴东江公干，留眷属在此，夜宿麦宅。

省政府机要室秘书罗球也在腊口，闻其能诗，因往访之。罗球字雨山，江西赣州人，听岑学吕称道冼玉清学识渊博，故神交已久。当晚罗球夫妇来访，次日宴请并赋诗相赠："籍甚诗名冼玉清，肯来坐对足峥嵘。始怜历劫才相见，便觉

1　《劫掠频闻周郁文技正邀住五山罗雨山秘书约来仁化区林清君留居黄坑感赋》，《碧琅玕馆诗钞》第66页。《黄坑避难记》亦有此诗，第三句为"孤蓬遗迹原难定"。

孤怀许共鸣。"

冼玉清自谓无所嗜好，独喜游山，因有"愿读尽天下奇书，游尽天下佳山水"闲章。与罗球相谈，约抗战胜利后同访名山。患难之交显真情，罗球邀其来住仁化，并承诺代觅住宅，比邻而居。冼玉清和诗中有"欲觅武陵求避世，卜居难得蕙兰招"句，冀望"容我暂抛身外累，许由差免一瓢随"。[1]

仁化为自由区，有报纸可阅，有朋友可谈，遂决意居住此地。翌日返黄坑取衣物书籍，行40里至历林乡夜宿，5日再行60里返抵黄坑，疲惫不可言状。

5月14日，冼玉清启程再往仁化，行程依旧，因有行李，另请挑夫。战时通货膨胀，此行花费可见一斑："行李从黄坑至董塘，每担六十斤，夫力一千二百元，从董塘至仁城六百元，连茶资共二千元矣"。[2]

回到仁化，在博爱街天主堂受到恩泽民神父照顾，独居教堂一室。仁化天主教堂有200年历史，旧址在城外石灰巷五行公所，1932年，坚善美神父来仁化传教，本地绅商捐地建天主堂，并兴办女学及慈善事业。

翌日遇罗球，介绍与守备司令部参谋长云春霖见面。云春霖（1906—1971）字昌烁，海南文昌人，曾就读岭南大学，对冼玉清以师礼相待并留晚饭，翌晨云夫人来邀早餐，当晚又设盛宴专请，同席者有前曲江警察局长杨志成。

18日，在世界药房遇学生蒋克新，蒋为番禺人，现任曲江区专卖局局长，其父梓舒收藏书画陶瓷甚富，平常宴客也用康熙、乾隆御制碗碟。

冼玉清"好古好游"，避难仁化，又有丹霞山可供清游。丹霞在仁化县南，耸削千仞，攀铁索上海螺顶，有雪岩、龙尾石诸胜。仁化名胜，首推丹霞。[3]

20日一早，冼玉清随青年团干事叶颖基等15人往游丹霞。乘小舟沿锦江顺流而下，江水清澈见底。两小时后抵达山门，向上至别传寺。别传寺为康熙元年（1662）澹归禅师所建。澹归俗名金堡，杭州金华人，明亡后削发为僧，别传寺取"不立文字，教外别传，直指人心，见性成佛"之义。

午饭后继续登山，越海山门（后改霞关），山势奇峭壁立，幸有铁索以资攀

1　罗球、冼玉清唱和见《仁化避难记》，同上第658页。冼诗又收入《碧琅玕馆诗钞》，第66—67页。
2　《仁化避难记》，《冼玉清论著汇编》（下）第659页。
3　丹霞代表性的红色砂砾岩层，最早于1928年被地质学家发现，1977年曾昭璇定名丹霞地貌，成为学界共识。

丹霞山别传寺旧景

援。海螺峰与长老峰相对，有海螺岩，岩底为澹归和尚墓。澹归善书画，工诗文，著有《遍行堂集》，珍藏别传寺一木柜内，每换住持均加封条，不准拆开。乾隆三十八年（1773），某官员赴丹霞，见此柜顿生疑窦，令官兵强行拆开，发现《遍行堂集》，集中多毁谤清廷语，因"焚书毁骸"，寺僧死五百余人。冼玉清感慨赋诗："遗编曾校遍行堂，化碧文心字有光。谁料厨书成浩劫，只留孤塔傲斜阳。"

晚宿丹霞精舍，时值农历四月，山下初露暑意，山上月色如银，凉风拂面，真有不知身在兵氛掫扰之慨。丹霞精舍为广东省省长李汉魂重修，中为大堂，两旁各三室，皆新式建筑，明窗净几，环境幽雅。于是赋诗："几窗明净此层楼，万丈峰峦望里收。山月江风清澈骨，丹霞宜住胜宜游。"[1]

21日凌晨登山观日出，因雾阻不得见，仿佛南岳观日。又游别传寺前三藏殿，神像保存完好。丹霞之石不奇不秀，且无泉水，但环望诸峰缭绕，有所谓三关两峡，佳处在远景而不在近山。饭后下山，至锦石岩，岩中石壁五色间错，内有阎王岩及五百罗汉岩，有泥塑之像，五彩夺目，颇为俗气。下山行20里，中午返抵仁城。

29日，云春霖夫人偕孔铸禹来访，以所撰《川中吟草》相示，诗学陆游，服膺性灵之说。孔铸禹，名昭晃，广东琼州人，曾任第一集团军少将参议、广东省政府秘书等职。

孔铸禹次日设宴款待，云春霖等同席。他们劝冼玉清安居仁城，勿作他想。冼玉清说：如此游手好闲身无职业，怎能久居仁城？云春霖马上建议设一讲座，招好学之同事前来听讲。她以箧中无书谢绝，但内心感动不已，患难流离，孑身

1　《丹霞纪游四首》，《碧琅玕馆诗钞》第68页。《仁化避难记》一文亦全收。

在外，能遇如此古道热肠者，正俗语所谓"识斯文者重斯文"也。

战乱期间普通百姓颠沛流离，含辛茹苦，一般公职人员也感生活困顿。仁城每月初三、六、十有集，设摊者不乏公务人员家属，也有大学教授摆卖书籍衣衫等物。冼玉清"不敢腼颜人前"，被人笑谓"不脱闺阁气"，但也曾托摆摊同事卖过物品。

6月22日，某商人欲从曲江偷渡回澳门，冼玉清归心甚切，颇欲随行。云春霖力劝不宜冒险，警备司令林廷华也称曲江以下有土匪、伪军及游击队，又说近来有情报称日军步步撤退，相信三个月内必可归家。

端午过后，儒将官祎寄来七律一首，"真有空谷足音之感"。官祎与冼玉清相识于广州净慧公园美术展览会，故诗中有"别后江山千劫雨，眼前云物一楼山"句，又称"旧游净慧成陈迹，小住丹霞拓杏坛"。

一夕山城报凯歌

1945年7月7日，美国空军飞行员纪鲁磨（Gilmore）在曲江附近跳伞受伤，日军悬赏50万元捉拿。乡民发现后领其回家，又由游击队接至仁城医治。正在仁化的冼玉清见到纪鲁磨，感叹："夫五十万重赂也，乡人乃弃之如遗，可谓知义矣！至情至性，每每出于匹夫匹妇，可敬哉！"[1]是为抗战胜利前一则珍贵逸事。

纪鲁磨时年24岁，1942年来华，言谈之间甚盼盟军早日登陆，和平早日实现。他住在仁化大厦，有两名医官、两名特护、一位总务和一位厨师照应，城口干训团政治科长李景康专门负责。

李景康（1892—1960），号凤坡，广东南海人，"历任香港汉文中学校长，中英文均优，善诗能画梅。香港陷后，日政府从事建设，规复教育会，延名流为委员，置李君名于委员之列，李君闻之大患，即挈眷内迁，备尝艰苦，衣食几于不继"。回粤参与抗日，任军旅机要主任。

7月11日，孔铸禹设宴款待李景康，冼玉清与罗雨山作陪，孔氏酒后赋诗，

1　《仁化避难记》，《冼玉清论著汇编》（下）第664页。下引同，不另注。

有"丹霞留约续余兴，姑待秋风山月明"句。

23日下午，仁城警报骤响，枪声炸弹声四起，庐旁河边船艇被毁数十艘，死伤数十人。原来美军误认仁化为沦陷区，船艇所载为敌人物资。天主堂左邻杨志成家有三女明慧可喜，诚恳好学，冼玉清抽暇教之。轰炸时正在授课，遭此劫后教学中止。

曲江、乐昌、仁化守备司令部改编，林廷华司令赴东江。8月2日孔铸禹亦东行，冼玉清赠诗"无限羁愁初欲散，眼中今见热肠人"，表达感激之情，又称"故人前路如相问，孤抱惟应皓月知"。[1]

8月8日，苏联正式向日本宣战，苏军对长春以东日军发动进攻。8日、9日，美军分别向日本广岛、长崎投放原子弹。

11日，报载日本宣布投降，接受波茨坦四强联合宣言。是日晨有路人燃放炮竹，居留天主堂者皆欢欣雀跃，喜形于色。当晚仁城有庆祝胜利火炬游行。

冼玉清喜不自禁，奋笔疾书《喜闻日本降》一首："八年忍苦意如何，一夕山城报凯歌。看到扶桑残日落，不须东指鲁阳戈。踏破东瀛富士山，九州无恙戢骄顽。检将旧服归欹叹，尚有征尘杂泪斑。"[2]

19日晨，驻乐昌日军全部撤退，中国军队开始接收。报载陈策为广州接收大员，张发奎为香港琼州雷州受降官，余汉谋为曲江潮州受降官。

冼玉清计划搭乘货船南旋，顺连江（湟水）经英德转入北江，然后南下广州。犹记林廷华"三个月内必可归家"之言，果如所料。计留仁城天主堂110日，"仁化为自由区，粤北人士之赴东江者，多经此地，其居留数日者，多居停天主堂。余见中山大学、岭南大学、培联中学、仲元中学过境学生，皆由天主堂招待。抗战期间，恩泽民神父之嘉惠流人，功德不浅，书此以致谢意"。天主堂早已不复存在，这一段历史已成绝唱。

9月6日离开仁化。"曲曲晴江淼淼流，风轻帆饱送扁舟。丹霞禹峡吹笙过，归及莼鲈未晚秋。"激动之情溢于字里行间。南下英德途中心情舒畅，又有诗作："耿耿星河玉露凉，一声欸乃万山苍。倚篷梳洗明朝日，惊起沙禽绕客樯。"船泊连江口赋诗："过尽湍滩回峭峡，日斜风定晚晴初。青鲮白鲩随罾

1　《赠孔铸禹秘书兼送其赴东江》，《碧琅玕馆诗钞》第68—69页。又见《仁化避难记》。
2　《喜闻日本降》，《碧琅玕馆诗钞》第69页。

岭南大学校门，前枕珠江，眺望白云

上，江口停舟唤买鱼。"

归途中梦返琅玕馆，赋为《归舟杂咏五首》及《流离百咏》最后一首："江山重秀鬓初零，历劫浑如噩梦醒，惟有琅玕檐外竹，霜筠不改旧时青。"

回到广州，岭南大学尚未复员，只能暂住城中，9月30日冼玉清致函罗香林称："日间拟移居仁济路真光中学，如烦面谈，请先致电话该校一问。"[1]

抗战时期，岭大先后经历了广州、香港和粤北三个阶段。

曲江沦陷，校长李应林辗转到达梅县，在青年会设立学校通讯处，决定设法复课。4月初，农学院同事全体赴乐昌五山，校本部同事多赴仁化转梅县。8月1日，学校在梅县青年会设立临时办事处，负责办理学生登记、发借读证，设法取得汇款、接济留校师生，准备复课。150多名学生登记，另有20多名学生志愿从军抗敌。

8月10日闻知日寇投降，遂决定取消梅县复课计划，次日即派黎寿彬等回广州接收校产。康乐园此前被日伪当局的省立广东大学占用，黎寿彬在国军协助下于9月5日接收康乐校舍，9日接收博济医院及孙逸仙博士纪念医学院。"在其他

1 冼玉清致罗香林，《罗香林论学书札》第391页，广东人民出版社2009年版。

一些岭南人的帮助下，他在24小时内就把这些占据者赶走了。"[1]

抗战时期岭南大学损失惨重，"宿舍大部分门窗洞然，住宅墙壁倾颓，杂草丛生，家私陈设，百无一存，虽面貌依然而内容已天渊之别矣"。李应林总结，损坏图书30%、仪器50%、房舍40%，"惟动物植物标本幸得保全"（与冼玉清的最后交接有很大关系）。香港、西关、上海、西贡和新加坡分校等尚未调查完竣，估计损失程度不下于广州，曲江仙人庙及坪石校产，全部房屋被拆无存，家具全部散失，图书仪器因事先安排，依然无恙。[2]

太平洋战事发生后，日军于1941年12月8日占领康乐园，任意出入公私各屋，取用物件。次年8月25日，康乐园被伪政府接收，作为伪广东大学之用，"全部校产均被点收，房屋及宿舍任意更改，家私亦多改作别用，细微物件时常不见"。[3]

冼玉清返校后清理家中书籍、藏品，发现损失巨大。"12月8日，日寇窜入广州岭南大学，冼玉清住屋被劫掠，全部器物损失。"[4]1946年3月，她致函陈垣称："敝斋书损失极大，尊著可以检赠者，将来望赐我一份也。"[5]3月8日，她致函陈中凡感叹"我辈何辜而生不逢辰"，并报告情况："铩翼言返，图书彝鼎，几于荡然，昔日借以怡情养性之物不可复见，悒悒可知。"[6]此信也有安慰之意，陈中凡随金陵女子文理学院复员，回到南京，发现房舍被占，诗书荡然无存。

莘莘学子立程门

岭南大学复员，首先面临招生任务。1945年8月，学校分别在梅县、兴宁、连县和澳门招生，同年10月底在广州两次招生。10月30日开学，文、理工、农、

1　郭查理《岭南大学简史》，见李瑞明编《岭南大学》第114页。
2　李应林《复员之回顾与前瞻》，《抗战期间的岭南》第61页。
3　何世光、嘉惠霖《广州留守之经过》，同上第54页。
4　据庄福伍编《冼玉清生平年表》。
5　冼玉清致陈垣，《陈垣来往书信集》（增订本）第694页，三联书店2010年版。
6　冼玉清致陈中凡，《陈中凡年谱》第57页，有删节，徐雁平《冼玉清致陈中凡函札笺释》补全。

医学院及协和神学院在校学生达到791人，其中文学院设中国文学、西洋文学、历史、政治、社会、商学和经济系，共有学生320人。

复员开学第二天，举行广东船王谭礼庭董事献产典礼，共捐出9艘汽轮、1座码头、12间商铺、几间房屋以及100余亩田地。各界捐赠图书众多，图书馆也订购了大量书籍，原本宽敞的马丁堂显得逼仄，李应林校长提出建立宽大新式图书馆，以维持及提高教育水准。

1946年3月，岭大制订"今后发展方针"，提出"重质不重量"的发展原则，极力营造学术氛围。主要措施有：结合已有基础及社会发展需要聘请学科专家，提高学术地位；设置各科研究所，争取成立研究院，以扩充研究工作；限制招生人数，使本科生在校人数保持在800人左右，研究生200人左右；严格学生升级标准，升三年级必须经过严格考试，以确定具有独立研习专门学科的能力；康乐园以发展大学部为主，附属中小学将另外选址。

营造学术氛围具体措施包括：恢复刊行《岭南科学杂志》和《岭南学报》；恢复教职员学术性聚会；设置交换讲座，与国内外各大学进行学术交流；所有讲师以上教员均有休假进修机会。[1]

复员后黄延毓任教务长，庄泽宣任文学院院长，富伦任理学院院长。几乎所有各系主任和多数教师都是中国人。

1946年2月1日，陈垣来函流露出南归意绪，冼玉清3月8日复函，"始知长者蛰居旧京，亦有无限隐痛。然有书可读，有著述可以问世，亦足以自慰矣。"随后表示："大驾欲俟交通方便南归，至为喜慰。敝校欢迎来住，短期固好，长期尤佳。此乃当局之意，而玉清私

晚年陈垣

1 参见《岭南大学今后发展计划》，1946年3月15日。

人更喜得一良师也。"[1]

岭大当局也有延聘陈垣之意。3月15日，校长李应林和文学院长庄泽宣分别致函表达此意。李应林称："顷聆文旆有南来之讯，欣忭逾恒。从此羊石文坛顿增光彩，可为预道。敝校复员以后，积极为发展计，期于南方学府中有所建树。先生声闻久敷，未审能否屈驾来校教学，俾莘莘学子得立程门。如荷不弃，则所奉束修以及一切应有问题，再当函告也。"庄泽宣称从冼玉清处得悉，"先生一俟交通便利，即将南旋，闻之不胜雀跃""岭南规模虽小，幸经此次战事，无大损失，亟盼学术先进如先生者，能来指示今后发展方针""如先生不以敝校生员为不可教，允予学术演讲及主持研究工作，则更幸矣"。

陈垣遗憾未能南旋。容庚却离北平南下，经广西回到广州。

6月27日，容庚与三弟肇祖同往岭南大学，文学院长庄泽宣、教务长黄延毓晤谈之间，立即同意聘其为岭大教授兼中文系主任。他于7月4日接到聘书，尚兼任《岭南学报》编辑委员会主任。

《岭南学报》编辑委员会成立于6月14日，冼玉清为委员之一。

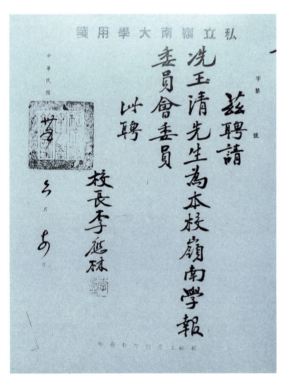

1946年6月冼玉清被聘为《岭南学报》编委

《岭南学报》创刊于1929年，陈受颐、谢扶雅等先后主编，1947年1月在容庚主持下复刊，为第7卷第1期，此后至1952年6月共出版12期。

容庚是古文字、青铜学专家，著有《金文编》《商周彝器通考》等，1926年受聘为燕京大学教授，1927年担任《燕京学报》编辑委员会主任。容庚接手主编

1　冼玉清致陈垣函，《陈垣来往书信集》（增订本）第693、694页。下引同。

《岭南学报》后，仿照《燕京学报》惯例改为半年刊，固定为每年6月、12月出版，学术品位与质量得到明显提高。思想改造运动中，他检讨"封建顽固的《岭南学报》"，称"《岭南学报》就是《燕京学报》的延续"。[1]事实上，他接手以后，《岭南学报》先后登载了陈寅恪、杨树达、朱师辙、张纯明、钟敬文、庄泽宣、陈槃、刘节、王力、梁方仲等名家力作近百篇，学术影响力可媲美《燕京学报》。杨树达为部聘教授、中央研究院第一批院士，1949—1951年应容庚之约先后在《岭南学报》发表《论语四章疏义》《古爵名无定称说》《积微居彝器铭文说》《彝铭中所见之古人》《彝铭中之本字》等7篇文章，自言向岭南"偿债还利"。《岭南学报》学术成果丰厚，在抗战后中国高校学术期刊中独特而耀眼。

曾昭璇参与《岭南学报》编辑工作，与容庚、冼玉清均有接触，他在回忆文章中说："我因《岭南学报》编辑问题常去作客。在容老家中结识许多学者、专家，冼教授即是其中一位，她间亦到容老家中作客。还有的是容老请回来的商承祚教授，外省名家亦曾见过张其昀、钱穆等人。如果容老不在家，我们就在客厅中边谈边等容老回来。"[2]商承祚当时任教于石牌中山大学，此处记忆似有误。

回迁钟荣光墓与移植乙丑进士坊，是岭大确定"今后发展方针"，极力营造学术气氛的两个重要举措。

钟荣光逝世于香港，原葬华人基督教坟场。1947年1月7日，当其逝世5周年纪念日，岭大同人运灵柩回广州，隆重安葬于康乐园内。1月10日，冼玉清撰成《写在钟荣光校长归葬后》一文，详细记述当日情景。

这一天学校下半旗志哀。"沿路树干贴满标语，皆颂厥勋猷，崇其德泽，俾稔其行实者，抚事而增感，素昧生平者，缅怀而向往焉。"灵柩6日已运抵广州，当天下午在博济医院开祭。7日上午11时，格兰堂钟声报哀，全校师生员工聚集岭大码头迎接，"皆襟带白黑纱，逶迤里许，铜棺过处，众首低垂"。怀士堂满挂挽联花圈，肃穆庄严。

下午2时在怀士园召开追悼会。校董金曾澄主持，胡继贤讲述钟先生生平，李应林、香雅各、简又文、莫少宁分别致词。宣读诔文，家属答词及祝福，唱赞美诗。下午4时许，"乃发引至旗杆下梁发墓旁安葬。岭南慈父，遂于校歌声中

1　容庚手稿《批判我的反动封建买办思想》，原件藏中山大学档案馆。
2　曾昭璇《怀念冼玉清教授》，《冼玉清研究论文集》第324页。

梁发墓

归土矣"[1]。

梁发是中国最早的基督教徒之一，1816年在马六甲受洗礼，1823年由马礼逊封立为第一位华人牧师，1855年辞世葬于康乐村附近小山中。1920年夏梁发墓迁入岭南大学，葬于怀士堂前大草坪校中央小丘之巅，镌有楷书"第一宣教士梁发先生墓"碑，有碑文叙其生平。正是在迁葬仪式上，钟荣光见墓旁有一空旷地，希望自己将来安葬此地。"与梁发墓为邻，亦从先生生前之愿也！"[2]

钟荣光归葬不久，乙丑进士牌坊也迁入康乐园。它最早是预备用作新建图书馆大门的。

乙丑进士牌坊原在广州忠贤街（又称四牌楼），为表彰明天启五年（1625，乙丑年）广东进士岑之豹、李觉斯、梁士济、罗亦儒、吴元翰、尹明翼、高魁七人而立。1920年代末广州城市改造，四牌楼及相近街道被拓展贯通为中华路（今解放路），当局决定拆卸乙丑进士等石牌坊，易地安置。李应林等现场考查，见乙丑进士坊有"曲江春宴、岭海文明"联语，且质料较其他各座为佳，便决定认领。

1947年春，乙丑进士坊迁入康乐园。7月6日举行落成仪式。桂坫主礼，李应林致词，王季子教授讲述该坊历史，农学院院长李沛文等演讲。最后，太史桂坫传火，应届毕业生代表陈继文燃点鞭炮，取薪火相传之意。

王季子指出，乙丑进士坊是岭南文化学术"及明初而黎明，逮中叶而较著，迄晚明而大光"的证明。岭大迁牌坊入校内，并于每年毕业典礼前举行励学日，目的在纪念前修，昌明学术。李沛文指出中国传统科举取士向西方现代科学转型的事实："我们不只徒然向往，我们要淬励奋激我们的意志。我们要努力追效他

1　《写在钟荣光校长归葬后》，1947年3月1日刊载于《宇宙风》杂志第147、148期合刊。收入《冼玉清论著汇编》（下），第678页。

2　《钟荣光先生传》第107页。

重建的乙丑进士坊

们的力学，我们不只是求中式了一个新的进士，我们要效法三百年前西欧科学家的创造精神，我们要留下一些值得学人纪念的彪炳事迹。"

乙丑进士坊后于1999年由岭大校友会捐资重修，立于康乐园中区，透过惺亭与图书馆相望。钟荣光墓、梁发墓现已不存。

流离百咏

1946年2月13日，冼玉清与梁培基等人游陈子壮故乡——南海沙贝村（今属广州白云区）。陈子壮（1596—1647），字集生，万历四十七年（1619）探花，授编修，崇祯年间礼部右侍郎，南明弘光礼部尚书，永历东阁大学士兼兵部尚书。清军陷广州后起兵攻城，兵败惨被锯死，永历帝追赠番禺侯，谥文忠，与陈邦彦、张家玉合称"岭南三忠"。

冼玉清此行感慨万千，作《陈子壮故乡游记》刊于《宇宙风》（1946年6月）。《宇宙风》此时已迁广州出版，她另有《黄坑避难记》《琼崖讲学记》《写在钟荣光校长归葬后》《仁化避难记》等文载于该杂志。

她尚拟再撰《香港罹灾记》《故国归途记》《曲江散疏记》《连州三月记》《胜利归舟记》，辑成《抗战八记》，可惜未果。

抗战八年，山河破碎，但中国人没有屈服，从国军到民间抵抗运动悲壮惨烈，可歌可泣。冼玉清兼具诗人情怀与史家眼光，抗战伊始即撰述吟咏不断，《流离百咏》尤为突出，受到高度评价。

《流离百咏》是颠沛流离中忧时愤世之作，也是她内渡北上后的得意之作。复员后即整理编次，曾将部分作品抄录师友求正。如1946年初将"避难黄坑十二首"寄呈陈垣，附言："援庵先生教正：读此可知当日避难之苦也。西樵冼玉清初稿。"[1]

《流离百咏》编成于1946年3月，1949年9月自印成册，作为"琅玕馆丛著"之一刊行。《岭南大学校报》康乐再版号第105期（1949年11月16日）载文介绍，题为"冼玉清教授著《流离百咏》出版"。自序中回顾讲学危城、避地香海经过，称不愿苟安澳门隔岸观火："乃人之以为乐者，我甘避之，人之以为苦者，我甘受之，冒硝烟弹雨之至危，历艰难凄痛之至极，所以随校播迁，辗转而不悔者，岂不以临难之志节当励，育才之天职未完，一己之安危有不遑瞻顾者哉"！内渡后"间关内地，茹苦含辛，哭甚穷途，悉深故国，成流离绝句百首"。"敌氛所及，游踪随之，人事之变，感旧以之，宗邦之乱，孤怀忧之，往往泪与墨流，痛定思痛，是用存其本真，辑而成帙，世有同类当亦鉴其志也"。[2]

《流离百咏》由冒广生作序。据《冒鹤亭先生年谱》，1949年2月，"先生将冼玉清《水仙图卷》《流离百咏》两件托余少飏带去广州转交冼玉清"[3]。

冒序介绍《流离百咏》概况，肯定其历史价值："若此顷，邮致其避难所作流离绝句，乞吾一言，将付剞劂，其中分：《途中杂诗》《曲江诗草》《湘南诗草》《坪石诗草》《连阳诗草》《黄坑诗草》《仁化诗草》《归舟杂咏》凡百

1　冼玉清致陈垣，《陈垣来往书信集（增订本）》第693页。
2　《流离百咏序》，《流离百咏》第1页、琅玕馆丛著，1946年9月印行。又见《碧琅玕馆诗钞》第45页。
3　《冒鹤亭先生年谱》第487、489页。

首，自为之注，于山川道里训释綦详，使人读之，如亲历其境，而觉此中有人呼之欲出焉。至其文字之美，犹其次焉者也。"

序中将冼玉清比作李清照（号易安居士）。冒广生写道："南海冼玉清女士，意慕北宫婴儿子，修洁自爱，望之如藐姑射仙人，其能诗词，能四六，能画，与易安同，其得名或不如易安，而其潜心朴学，且践履宋明诸子笃实之言，又不似易安。好论文，以中人忌，致速重谤。""玉清以倭乱出，多历年所，与易安几不相上下。而乱定犹得归其琅玕馆，平生书画玩好，虽遭焚劫，收拾余烬，犹有存者。以视易安所藏，一灰烬于青州，再委弃于洪州，三盗窃于越州，以学士李格非之女、宰相赵挺之子妇、湖州守赵明诚之妻，而垂老一身，颠连无告，客死异域，游魂不归，其为幸不幸如何？而古今才媛，胥不获安居而享太平之福，则又致悲也已。"[1]

粤中名流黎国廉、廖恩焘、张学华、陈融、罗球、刘韵松、冯平分别题词唱和，给予极高评价。[2]

黎国廉曾为冼玉清《旧京春色》图题跋，再为《流离百咏》题《凄凉犯》，首阕有"江山助得好文章，鸣春一洒鹃血。海桑换眼，关河费泪，鹧鸪啼彻"句。

廖恩焘为题《八声甘州》，下阕："剑气珠光盈帙，想虫沙不劫，柳絮吟毫。祇宣文里闲，讲幔没蓬蒿。自重葺，琅玕旧馆，翠阴成，艳李又秾桃。云峰在，矗青螺髻，仰则弥高。"

张学华题绝句两首，第二首："关河蒿目遍烽烟，慷慨悲歌诗百篇。忧乱伤离无限感，琅玕吟稿定能传。"

陈融题七律一首："不忿江涯觅钓蓑，乱锋丛险几经过。琅玕噩梦初回似，篇简遗文属望多。风雨纵横何意象，莺花狼藉此山河。流离绝句流离读，世恨波平又一波。"陈融（1876—1956），字协之，广东番禺人。曾任广东审判厅厅长、广东公立法政学校校长。工诗，擅书法篆刻。

相识流离途中，罗球读此百咏感触尤深，题咏："细雨山楼记欹门，烛天烽火断人魂。那堪回味辛酸语，重忆烹茶腊口村"，又称赞其"八年流离似

1　《流离百咏》冒序，《流离百咏》第1—2页。《碧琅玕馆诗钞》第41—43页。
2　下引题诗见《流离百咏》题词，《碧琅玕馆诗钞》第43—45页。

易安"。

刘韵松为题绝句三首，第一首："风鹤中宵梦亦惊，传来百咏笔花生。报君一掬忧时泪，多少哀鸿起哭声。"

冯平为题绝句四首。冯平，字秋雪，广东南海人，抗战初任中山大学战地服务团驻香港办事处主任，1942年曾与冼玉清相遇于桂林。第一首有"一诗一字都成泪，仿佛流民郑侠图"句，第二首称"异地相逢记昔时，桂林秋半系人思"，第四首高度评价冼玉清文学成就："年时已撰《更生记》，今又刊传幼妇辞。文字光芒关世运，琅玕留得风寒姿。"

容庚向不作诗词，也为《流离百咏》题句："一代闺门好女子，百篇诗卷怨流离。"[1]

《流离百咏》尚寄赠金蜜公、顾廷龙、陈中凡等。1950年1月23日，冼玉清致函顾廷龙，并赠近著《广东丛帖叙录》《流离百咏》。[2]此后致陈中凡函称："附呈拙著《更生记》《流离百咏》各一册，身世志趣于此见之，乞赐教正。阅后无用，转送贵校图书馆可也。"[3]致金蜜公手札有"附呈拙著《流离百咏》，望指正"语[4]。

八仙渡海

1946年8月，冼玉清应广东省政府琼崖办公处主任兼第九区行政专员蔡劲军邀请，赴海南岛讲学。同行者尚有许崇清、金曾澄、姚宝猷、黄希声、唐惜分、崔载阳、费鸿年。蔡劲军在欢迎会上将他们比作"八仙过海"，冼玉清是其中的"何仙姑"。

蔡劲军（1900—1988），字香泉，海南万宁人。曾任蒋介石侍从室副官、上海市公安局局长兼淞沪警备副司令。1945年8月任广东省政府委员、广东第九区

1　据曾昭璇《怀念冼玉清教授》，《冼玉清研究论文集》第329页。
2　《顾廷龙年谱》第449页，沈津编，上海古籍出版社2004年版。
3　见《陈中凡年谱》第68页。
4　冼玉清寄赠金蜜公《流离百咏》及手札，见于中国嘉德2014年春季拍卖会。

行政督察专员兼保安司令。

蔡劲军急电邀请："琼崖沦陷七载，教育落后，特举办全岛教育人员暑期集训营，准备开学，以资补救。素仰先生为教育界硕彦，誉振海内，兹派孔秘书劝驾，莅临致训。并送上国币壹拾万元，微表敬意。行期尤希示复，俾便迎迓。"[1]

孔秘书为广东省政府秘书孔铸禹，为仁化避难时旧交。冼玉清接电甚为感动，决定赴约，讲学内容为琼崖文献。

8月5日清晨，孔铸禹驱车来接至白云机场，与金曾澄、姚宝猷等同机飞海南。10时20分起飞，"俯视下界，村落远近，田畴交错，如堆绣，如织锦，纤细如玩具模型，苍翠似水彩图画。如此江山，焉得不宝爱也。过珠江三角洲后，南飞渐见丛山。机高飞至云层，下瞰峰巅，如堆云积雪，或荡漾空际似棉絮……"冼玉清详记飞行经过，其后又有诗："不向长空羡飞鸟，天风吹鬓散芳菲。摩霄捧日寻常事，朵朵芝云足下围。"[2]

中午降临海南机场，许崇清、黄希声先行抵达，蔡劲军主任亲自迎接，乘车至陆军招待所下榻。招待所原为日本人所建陆军官舍，浓荫蔽日，环境清幽。有私邸八间，冼玉清独居第七间，楼下有客厅、厨房、浴室、厕所，楼上为卧室和书屋，"净几明窗，衾枕整洁，天气正午较热，早晚习习凉风，不独适于藏修，亦避暑胜地"。因此感赋："冯驩不用弹长铗，出有安居食有鱼。"

下午驱车参观秀英码头，亦为日本人所建。晚蔡劲军在博爱街富南楼设宴款待。宴席堪称豪奢，"珍错杂陈，觥筹交错，除盛宴必备之鱼翅乳猪外，所谓明虾膏蟹蛤蛎鲜鱼均备，山城之人，得此亦大快朵颐矣"。

此后数日，应邀游览观光海口。在海口书局购得苏轼《海外集》二本、拓本数种。

7日傍晚游五公祠。苏轼曾经借寓，海南学子以此为"东坡读书处"。元赵孟頫题"东坡书院"，明万历四十五年（1617）在原址重建，改为苏公祠，奉祀苏轼、苏过父子。有石刻东坡像三，石刻诗词数片。

祠东为两伏波祠，祀西汉伏波将军路博德和东汉伏波将军马援。祠西为五公祠，祀唐李德裕及宋胡铨、李纲、赵鼎、李光，皆以忤权奸而谪海南。又有洞

1　《琼崖讲学记》引，《冼玉清论著汇编》（下）第667页。本节引文除注明外均出于此。
2　《丙戌七夕后二日乘飞机赴琼州讲学》为"海南游草"第一首，《碧琅玕馆诗钞》第72页。

五公祠旧照

酌、粟泉亭和洗心轩，皆有花木之胜。因作《游五公祠》诗："长街浓绿袅蛮烟，味别淄渑认二泉。两戒江山留砥柱，五公风节薄云天。"[1]

又往参观海南医院，为华侨捐建，纯西式建筑，分南北二院，可容纳二百余病人，规模初具。院后临水，有小舟往来，可以游泳，对岸椰林苍蔚，乃法国、英国领事馆所在。

蔡劲军设家宴款待省城文化人，"乔淑英夫人招待至周，席设屋顶天台，时为农历十一，月色如银，海风拂面，远离尘世，益感清欢"。

8日晨，金曾澄出示《海南小住》七律一首："旧地重游廿四年，低徊往事已如烟。戈干暂自归田后，坛坫宏开讲学先。锦绣河山聊自慰，蹁跹裙屐岂无缘。寻幽访古浑忙煞，帘外风凉过午眠。"

冼玉清和曰："地尽南溟气万千，一时冠盖胜云连。风追邹鲁开坛坫，化被㟃黎乐诵弦。吊古祠瞻苏玉局，偷闲茶沦洗心泉。桐墩石室都消歇，应有邱陈一辈贤。"[2]明代琼山邱濬有石室，贡生陈文徽有桐墩精舍，藏书甚富，为提醒蔡劲军主任兴建图书馆。

9日下午，琼崖教育会议在琼山县开幕，冼玉清等人应邀与会，相继发表演

1　诗载《琼崖讲学记》，《冼玉清论著汇编》（下）第672页。未见《碧琅玕馆诗钞》。

2　原韵及唱和均见《琼崖讲学记》，《冼玉清论著汇编》（下）第667页。冼诗见《碧琅玕馆诗钞》第71页。

说。蔡劲军感谢来琼讲学的八位专家教授，称为"八仙渡海"。"一时会场充满轻松之意蕴，余等八人出入常偕，饮食必共，而八仙渡海之佳话，一时传满海南矣。"

"八仙"另外七位：金曾澄，字湘帆，番禺人，曾代理中山大学校长；许崇清，号志澄，番禺人，中山大学校长；姚宝猷，字健生，平远人，广东省教育厅厅长；黄希声，台山人，广东省文理学院院长；唐惜分，教育家，中山大学师范学院院长；崔载阳，增城人，中山大学教授；费鸿年，浙江海宁人，生物学家、水产学家。

9日晚，"八仙"同赴中山大学同学会公宴，席设大同酒店。"闻中大同学，在军政党学办事者逾百人，令人惊羡"，广东通志馆归中大主持，冼玉清被聘为纂修，领中大薪俸两年，"故不无香火之缘"。宴会场面热烈而愉快。许崇清平日矜持，沉默寡言，"今夕则一举十觞，领导学生高呼'中山大学万岁''中华民国万岁''建设新琼崖成功'，其兴奋可知也。"

10日晨，金曾澄又出一诗："一事无成尚有诗，几曾虚负钓游时。相望客邸衡连宇，难得秋期绿满枝。黯淡瓶花饶古色，清凉椰露浥琼卮。人生到处须行乐，半日偷闲午睡迟。"

冼玉清自感赴琼数日匆匆过去，讲稿未写一字，不免对人感叹"一事无成"。金湘帆撷拾每日闲谈成诗，"随手看来，都成妙谛"，因次韵和之："撷拾清谈尽入诗，怜君脉脉构思时。开轩飞入蛮花瓣，渡海栖同越鸟枝。避瘴闲烧香半篆，持螯莫负酒千卮。椰阴夜色凉于水，踏月何妨引步迟。"

所写均眼前情景，无一字不真，二诗传同仁观之，崔载阳笑谓二人"似比武"，金湘帆称："方今偃武修文，我辈唱和耳，胡言比武？"阖座为之一笑。

8月11日，蔡劲军在陆军招待所召集教育建设座谈会，讨论教育经费和师资进修，中午在五公祠设宴招待诸位专家教授，席间出上联"八大仙游五公祠，先后十三太保"，徐赓陶对下联"九成功写廿四史，古今无几完人"。徐君谈吐风雅，举止雍容，曾在大同酒店宴请冼玉清一行。

是晚，海口税务司许崇阶设家宴相邀。其宅在盐灶琼海关官邸，"宅前有大草场，环植椰子树，主人于草场上纳凉，仆人上树取椰子，一一抛下，去皮破之取水，甜沁心脾，湘翁诗所谓'清凉椰露浥琼卮'者是也。园中遍植热带草木，昙花尤美"。月上椰梢，如梦如画，文人雅士，载言载笑。诗歌唱和自然是最热门话题。

徐赓陶称最爱冼玉清"椰阴夜色凉于水，踏月何妨引步迟"句，其和诗有"夜色椰阴凉似水，朝阳天际远无边"句。彭尚洁和诗则称赞"邦媛才藻谁堪并，名士风流老古先"。

不久，报载卓浩然和诗，对冼玉清称赞最盛："谁遗神仙下大千，讲堂忽见瑞云连。九天欬唾生珠玉，满座春风入管弦。人与班香分彩笔，词同漱玉涌清泉。南飞冠盖多名宿，巾帼应推女史贤。"

冼玉清感慨："余与湘翁唱和，不过视为消遣，不意惹起琼海诗坛，所谓笙磬同音，宫商协奏者非耶？"

许宅晚宴也值得感慨，"不意鱼翅烧乳猪、裙鳖、鸡鸭虾蟹等，罗列于前，与午间晚间所食者无异"。主人解释，材料不能变，只变烹调方法。"计是日赴宴三次，食浇乳猪三头、鱼翅三篓，未尝不自叹太过也。"

金曾澄、姚宝猷、黄希声与费鸿年先行返穗，陈序经、岑家梧12日赶到，讲坛又增二健将。傍晚陈序经前来拜会，建议整理研究所搜集岭南文献材料，撰写成论文，以飨来者。

冼玉清闭门谢客数日赶写讲稿，14日上午正式登场上课。参加集训营学员共1086人，其中850人为校长。是日讲中原文化对琼崖之影响，16日上午续讲琼崖文化自身发展，时间所限，只讲明代邱濬（文庄公）、海瑞（忠介公），不能以所知尽告琼人，深为歉仄。

18日，参观邱濬故居、墓及海瑞墓。

邱公宅巷口有解元、会魁二石牌坊，宅仅余前座，中祀文庄神位。邱濬二十世孙邱基全出示邱公像二幅，其一为明代原绘本，朱衣高冕，道貌巍巍。又出示邱公遗物三件：一象笏、一白瓷碗、一结发白玉簪。白玉簪长约五寸，浮雕水仙花一茎，花二朵、蕾四朵，玲珑剔透，下镌"子刚"二字。明代陆子刚为治玉能手，冼玉清摩挲把玩，爱不忍释。

邱公墓环以石栏干，进口有对立石翁仲。正中为石牌坊，上镌"理学名儒"四字。有石刻弘治八年御谥文庄诰命和御祭文。弘治丁巳（1497）三月清明日立。

海瑞墓进口有"粤东正气"牌坊，两旁有石猪、石羊、石马、石狮各四，有石刻万历御祭文二道。墓亦穹隆形，规模较邱墓小，万历十七年（1589）建。

18日晚，蔡劲军设宴饯行。陈序经"举觥痛饮，初不知其酒量如此之豪也"。"回忆来琼二周，贤主招待之殷勤，琼人往来之亲切，负责人办事之勤敏，受训学员之沉着，而海风之温润，物产之富饶，皆与余以良好印象，此去有无限依依也"。

19日中午冼玉清赴机场，广东省政府主席罗卓英抵步送行。下午3时许登机返穗，5时抵达白云机场，7时返回岭南大学校寓。

冼玉清渡海半月，亲历一场诗与酒的盛宴，感受战后琼崖新建设、新面貌。讲学游历之余，留下一批珍贵诗稿，除《游五公祠》外，和金曾澄两首及"海南游草"十首，均收入《碧琅玕馆诗丙集》。又作《琼崖讲学记》长文，载《宇宙风》第144、145期合刊。

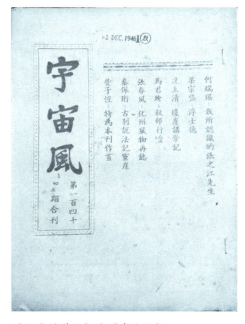

《琼崖讲学记》载《宇宙风》

整理编印广东文献

1945年9月30日，冼玉清致函罗香林，解释前日来访未遇原因："是日适外出调查通志馆之书，盖此乃吾粤精华，故念念不能忘也。"

罗香林（1905—1978），字元一，广东兴宁人。毕业于清华大学史学系和燕京大学研究院。1936年任广州市立中山图书馆馆长兼任中山大学副教授。抗战胜利后任广东省立文理学院院长、教育部清理战时文物损失委员会粤港地区代表。

冼玉清信中称："闻广州失陷志书尽为歹人盗去，一部分由意大利领事购入，谓之Ross Collection；一部分为东亚研究所收得，其后藏于意使馆者归于台湾总督府。东亚研究所结束后，其书搬入两广浸信会，倘有内行人根查，完璧或可归赵。""至于市图书馆之书，已同镇海楼之博物同入番禺学宫，省图书馆之版片一部分移置邻乡，亦有一部分毁为薪火。"她表示，"百粤重光，教育文化均待整理，尤赖有力者为之提倡，马上得天下不得以马上治之也"。[1]

1947年1月，冼玉清致函陈君葆，祝贺其因保护香港大学校产和公私图书获英皇颁授勋章，称"当日之沉着忍耐委曲求全亦不为孤负矣"。陈君葆欲编《文史周刊》，她问何时索稿："玉清拟多写广东文献，亦吾粤人所欲看者，未审尊意以为如何？"[2]

广东文献馆及广东文献委员会得以成立，简又文为关键人物。

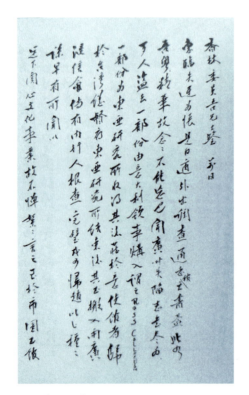

冼玉清致罗香林函之一

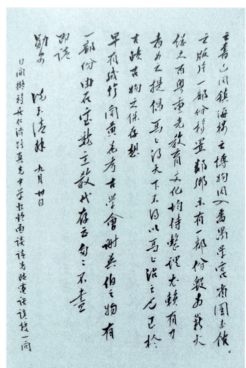

冼玉清致罗香林函之二

1　冼玉清致罗香林，《罗香林论学书札》第391页。

2　冼玉清致陈君葆，《陈君葆书信集》第81页，广东人民出版社2008年版。

香港广东文物展览会之后，遂有编印《广东丛书》倡议，是"研究乡邦文化，发扬民族精神"的延续，得到广泛响应。广东省府主席李汉魂从省财政拨巨款予以支持。中国文化协进会组织《广东丛书》编印委员会，叶恭绰任主任委员，简又文、陆丹林、黄荫普任常务委员，冼玉清与徐绍棨、孙璞、马小进、李棪、陈乐素、李景新、黄华表任委员，均为一时之选。商务印书馆应允承担印刷任务。

李汉魂（1894—1987），字伯豪，广东吴川人。抗战胜利后游历考察欧洲、拉美等二十余国，著有《欧洲散记》，1949年5月印行，冼玉清藏书中即有此册，由李汉魂签名题赠。

《广东丛书》前后编印过两集，历时10年之久。从1940年3月起印行第一集，共收书7种28册，线装大32开，李汉魂、叶恭绰分别作序。包括：《唐丞相曲江张文献公集》（唐张九龄撰）、《武溪集》（宋余靖撰）、《北燕岩集》（明黄公辅撰）、《礼部存稿》（明陈子壮撰）、《莲须阁文钞》（明黎遂球撰）、《喻园集》（明梁朝钟撰）、《翁山文钞》（明屈大均撰）。

第一集尚未印完，香港沦陷，印本多毁于兵燹。日本投降后，叶恭绰到上海，知商务尚有残版，商议重新制版印刷第一集，费时两月完工。接着又议继续编印第二集，罗卓英应允省政府收购重印第一集之半数，以其款为基础再行筹措。其时物价飞涨，所筹款项仅够印行四至六册。编委会首先选定《皇明四朝成仁录》（明屈大均撰），推浙江大学陈乐素负责校订，1947年9月完稿，仍由商务印书馆印行。另印有《蒴鲽馆》一册（明薛始亨撰）。此时国共内战进入白热化阶段，《广东丛书》印行工作遂告中辍。

简又文战时造访贵州文献馆，产生创办广东文献馆的想法。广东省主席罗卓英极力赞成，并请他留广州出任文献馆馆长。1946年9月19日，广东文献馆正式开馆，地址设于广府学宫，下设图书、艺术、研究、编译、工程、总务六部。次年1月，广东文献馆理事会改组为广东文献委员会，叶恭绰任主任委员，广东文献馆为委员会业务机关，简又文兼主任。

罗卓英在成立大会上致辞：广东文献馆属于广东全省民众，政府只站在协助的地位，它由广东文献保管委员会邀请社会有名之士共同负责。[1]除广东文献馆

---

1 《广东文献馆成立典礼侧写》，《中正报》1946年9月20日。

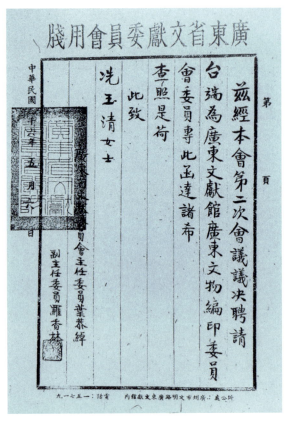

冼玉清广东文献委员会聘书

原有理事外，广东文献委员会增加冼玉清与郑师许、桂坫、饶宗颐等为委员。1947年5月6日，广东省文献委员会第二次会议议决，聘请冼玉清为广东文物编印委员会委员，同时聘其为广东省文献委员会顾问。

广东文献委员会及文献馆征集图书2080多种6200多册，包括广东最早的通志——明嘉靖戴璟撰《广东通志》及徐氏南州书楼珍本400多种。搜罗古物包括石刻拓片、古砖瓦、陶器、瓷器、金属器、端砚等900余件。接管日伪搜劫的文件59箱，多为政府档案、地方表册，另有敌伪古物4000余件。举办17次"艺术观赏会"，展示古代书画、文物及当代书法作品，如广东画家叶因泉《抗战流民图》。举办7次"特殊文物展览会"、5次广东名人纪念会，纪念陈东塾、黄晦闻、屈翁山、陈白沙等。收管广雅书局遗留书版约13万块，内有《广雅丛书》《武英殿聚珍版丛书》《通志堂经解》《皇清经解》《海山仙馆丛书》等。

1948年3月16日，广东省文献委员会再聘冼玉清为委员，由省长宋子文签署。4月27日，冼玉清收到《广东新语》第二期，致函罗香林，希望检寄第一期及罗著《乙堂文存》，称"玉清对于广东掌故材料甚多，兹付上《北田五子考》，一期或分期登出均听尊便"，最后问及广东文献委员具体工作。[1]

1949年，冼玉清《广东文献丛考》作为广东文献丛书，由广东文献馆印行。

1　冼玉清致罗香林，《罗香林论学书札》第434页。

《广东文献丛考》收录《梁廷枏著述录要》《粤东印谱考》《苏轼居儋之友生》《苏轼与海南动物》《招子庸研究》《陈白沙碧玉考》《天文家李明彻与漱珠冈》《何维伯与天山草堂》《杨孚与杨子宅》《唐张萱石桥图考》等论文，显示出广东地方文献研究的功力。

《苏轼居儋之友生》一文1947年4月28日脱稿，7月刊于《岭南学报》第7卷第2期，即复刊后的第二期。此文对苏轼在海南交游情形及逸闻趣事详作考证，应为海南讲学之余绪。

苏轼于宋哲宗绍圣元年（1094）被贬惠州，四年再贬琼州别驾，移昌化军安置，时年62岁，生活甚苦，无友为侣。其后军使张中，琼人黎子云、黎子明、姜唐佐、符林、王肱、王霄，潮人吴复古、王介石，泉人许珏，丹阳葛延之等相与过从，论文讲道。苏轼遂渐觉居儋州之可乐，诗中"我本儋耳人，寄生西蜀州""余生欲老海南村""九死南荒吾不恨"等句，即为明证。冼玉清认为："苏轼性情，本极迈往，自得罪贬谪后，由迈往变为豁达，由豁达变为乐天。故

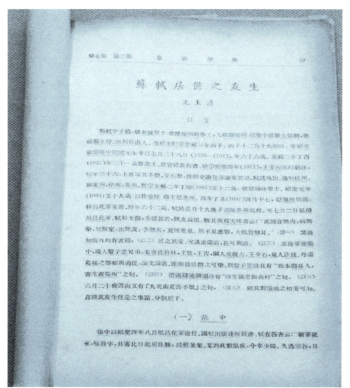

《苏轼居儋之友生》
载《岭南学报》

虽流落瘴海，亦无终日戚戚之容。" [1]

《苏轼与海南动物》刊《岭南学报》第7卷第2期（1948年12月），专为考证苏轼诗文中异于北地之动物，"同类相收，异类相别。复加考释，俾读者索骥，若指诸掌"。[2]

三国时陆玑著有《毛诗草木鸟兽虫鱼疏》，专释动植物名称，详为考证古今异名者，南宋罗愿有《尔雅翼》，吴仁杰有《离骚草木疏》。冼玉清在传统疏证考据学基础上，加入现代科学内容。如苏轼《迁居夕闻邻舍儿读书》诗中有"幽居乱蛙黾"句，她引用《说文》《尔雅义疏》《本草纲目》等著述解释蛙、黾，区别其异同："蛙，属脊椎动物，两栖类，无尾类，蛙科。"

结论曰："以上所举，属昆虫类者凡十二种，属鳞介类者凡三种，属鸟类者凡十二种，属兽类者凡八种，大抵皆人所习见。但苏轼离乡远谪，其所感遂有不同，独白蚁惟浔湿之地有之，非中原所有，轼见之所以感叹不已也。五色雀罗浮每每出现，人称瑞鸟，不图亦见于儋耳也。" [3]

广东丛帖与招子庸研究

广东文献丛书陆续出版，杜定友继叶恭绰、简又文之后主事。他在序言中写道："同人等相约，宁愿枵腹从公，继续出版广东文献及丛译两种双周刊，非至时局万分紧张，勿令中堕。""现时局紧张，省府已备疏迁，文教事业多已停顿，同人等仍于风声鹤唳之中，埋首伏案。" [4]

1949年5月，冼玉清《广东丛帖叙录》作为广东文献丛书由广东文献馆印行。她在引言中说："余于碑帖，素昧渊源，以治目录学故，粤帖辄有过眼，深恐日久年湮，此残存者将随散佚，因叙录其目，以资保存，并便按图索骥。"

1 《苏轼居儋之友生》，《冼玉清论著汇编》（上）第19页。原载《岭南学报》，收入《广东文献丛考》。
2 《苏轼与海南动物》，同上第73页。
3 同上，第95页。
4 杜定友《广东文献馆丛书序》，《广东丛帖叙录》第1页，广东文献委员会1949年6月初版。

她还说"上编只属叙录,下编则为研究",而流传、比较、考异等"颇费用心,发表尚俟异日",表示将继续研究。引言作于1948年双十节,她特别感谢麦华三、罗原觉、黄子静在借书、编排等方面给予的帮助。[1]

麦华三有《读玉清教授广东丛帖叙录奉题》诗三首,其一:"丛帖寻源百粤中,最传鼎盛道咸同。低徊不尽前人意,万简琅玕拜古风。"[2]

嘉庆、道光至同治年间,海内富庶,镌刻丛书丛帖之风盛行,广东亦然,达官贵人、富商巨贾乐此不疲,特别是潘、卢、伍、叶四姓,均以营商致巨富,以为刻书刻帖,可留名后世,以垂无穷。

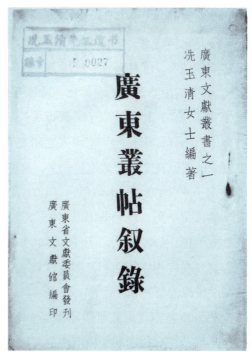

《广东丛帖叙录》

据《广东丛帖叙录》,粤人刻帖始于乾隆四十七年(1782)郑润之《吾心堂帖》,终于光绪八年(1882)丁日昌《百兰山馆藏帖》,以吴荣光《筠清馆法帖》、潘仕成《海山仙馆藏真》、叶梦龙《风满楼集帖》、孔广陶《岳雪楼鉴真法帖》等为代表。冼玉清比较各家优劣:"摹古之刻,粤帖本自逊人。吴氏筠清馆、叶氏风雨楼尚有可观。潘氏海山仙馆、伍氏南雪斋则瞠乎其后。"称赞"筠清馆吴氏精研有素,眼光独高,且不竞美,人已刻者,我不采之,故内容称善"。

《招子庸研究》1947年12月15日脱稿,载《岭南学报》第7卷第3期,收录于《广东文献丛考》。该文是招子庸和粤讴研究史上的重要著作,值得特别介绍。

文章开宗明义,论述招子庸与粤讴的关系:"近日言民俗文学者,多推重粤讴。以推重粤讴,因而推重《粤讴》之作者招子庸。甚者以为诗之后有词,词

1 冼玉清《广东丛帖叙录》第3页。下引同。
2 同上第94页。此诗另见古桂高《冼玉清与麦华三》,《冼玉清研究论文集》第170页。

之后有曲，曲之后有粤讴。毕竟《粤讴》在文学史上能否占此重要地位，余不敢必。然其宛转达意，惆怅切情，荡气回肠，销魂动魂。当筵低唱，欲往仍回，声音之凄恻动人，确有其特别擅场者。"[1]

当时中山大学《民俗》及《北新》《民铎》等杂志都有研究《粤讴》及招子庸文章，"其材料皆取于《粤讴》原书及同治壬申《南海县志》，大都片鳞只爪，语焉不详，未有为周密深入之研究者"。最典型者，是许地山在《民铎》杂志发表《粤讴在文学之地位》一文，称"招子庸生平无从稽考"。

招子庸（1789—1846），字铭山，号明珊居士，广东南海人。出身书香之家，擅诗文书画，精通韵律。嘉庆二十一年（1816）中举，道光十六年（1836）获举人大挑，分发山东，历任知县、知府。受友人案件牵连罢官，病逝于家乡。曾与文友在广州结社唱和，搜集青楼歌伶唱词俚句，以粤语韵律加以变调整理，编写成《粤讴》一卷。

冼玉清在招观海牧师等陪伴下，曾至南海横沙（今广州石井）招子庸故里考察。横沙在广州西北，属南海县草场堡。乡有陈、黄各姓，招姓最大。前临珠海，后拥茂林。"峰峦秀耸，溪流环抱，景物清旷，可钓可游。"石码头宽广整齐，夙以风景幽胜、民俗淳朴著称。"子庸家有橘天园，为其父茂章游息之所，园广约半亩，旧植杂树及桃竹，复有菜圃瓜棚，今已荒圯。"她曾撰《招子庸故乡游记》，载《妇女生活》（1948年5月）。

"粤讴"起源与珠江画舫风月有关。清中叶以后，广州城南珠江一带，"素馨为田，紫檀作屋，香海十里，珠户千家"，才子富人多往江中画舫饮酒作乐，"珠女珠儿，雅善赵瑟，酒酣耳热，遂变秦声"，其情其景可媲美秦淮河畔之六朝烟月。

珠娘善度曲，击节吟唱，将断复续，幽咽含怨，感人至深，此即"粤讴"。李文泰《珠江消夏竹枝词》云："弹断银丝碎玉筝，晓风残月夜冷冷。不知解得谁心事，一样清歌百样听。"岭南原有"摸鱼歌""盲词"，即珠娘喜唱者，但语多鄙俚。番禺冯询、顺德邱梦旗与招子庸等流连珠江画舫，唱月呼风，竞为豪举，改变摸鱼歌的调与词，传与珠娘，于是杯酒未终，新歌又起，或并舫中流，

1　《招子庸研究》，《冼玉清论著汇编》（上）第25页。下引同，不另注。

此歌彼答，余响萦江。有好事者采其缠绵绮丽者集而刻之，此即《粤讴》，而此《粤讴》皆冯询所作。

招子庸《粤讴》四辑一册，凡九十九题，词一百二十首，道光八年西关澄天阁印行，内容多为男女欢场销魂词曲，尤偏于写妓女生活，其中《吊秋喜》一阕情至文生，凄恻动人。秋喜为珠江歌妓，与招子庸友善，因负债累累，鸨母不愿其从良。债主相逼太急，无计可施，又不忍告之子庸，遂投江自尽。子庸闻讯悲愤不已，遂援笔而成《粤讴》一曲。此曲广为传诵，黄遵宪有诗纪其况："珠江月上海初潮，酒侣诗朋次第邀。唱到招郎吊秋喜，桃花间竹最魂销。"

世俗向以招子庸为"风流招郎"，冼玉清剖析其含冤沉埋百年的悲剧人生真相，感叹："'信而见疑，忠而被谤'，自古为然，不独一子庸。而国家之所以偾事者，在于'其所谓忠者不忠，而所谓贤者不贤'。余悲子庸罢黜之冤抑，亦为亘古忠臣义士悲也。"

招子庸能诗会画，"读子庸之诗之画，及观其作宰之政绩，可知子庸为天才，为奇才，亦为富于情感、率真而有侠气之人。且得贤父贤师之教，故宅心光明忠厚，虽不修边幅，跌宕不羁，其小疵耳。"招子庸娶儿媳，作对联曰："为小子迫作家翁，唉！唔通咁就催人老；合大众团埋好会，饮！切勿推辞替我悭。"意为：自己被迫作了公公，想不到岁月催人老；请大家聚会喝酒，千万不要为我省钱。

招子庸《粤讴》传诵者众，写此类文字者亦众，所作也称粤讴，由此成文学体裁，即所谓"诗之后有词，词之后有曲，曲之后有粤讴"。粤讴保留了南音说唱及音乐特色，用词遣句有地方语言特征，形式自由，雅俗共赏，在珠三角地区坊间广为传诵。近代广东内患外忧，风起云涌，粤讴由纯粹描述男欢女爱及青楼女子怨叹词语，扩展为即时吟唱生活况味，时代感及政治意味随之加强。

冼玉清迁回琅玕馆，重登讲席，笔耕不辍。在此前后，她还在《综合评论》发表《陈子壮殉国之哀挽诗》《粤东掌故录》，在《妇女生活》发表《顺德才女刘兰雪考》，在《国民日报》发表《嘉应三诗人遗墨跋》《顺德之北田五子》，在《东方杂志》发表《论别居制度》。

第九章

鼎

革

舍学术研究何足言教授

李应林担任岭南大学校长11年，其中8年是在抗战期间，显示出无畏精神，并作出巨大努力。他原本是奥伯林学院学士，又被该校授予荣誉博士学位。

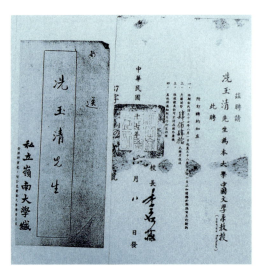

冼玉清1948年教授聘书

岭南大学复校后，"校董会选择陈序经继任校长。他是出色的社会学家，曾在伊里诺大学获博士学位。他过去在南开大学教书10年，同中国最受人尊敬的教育家张伯苓关系密切。张伯苓曾希望陈序经接替他的职位。但是，陈的老家在华南，他更愿意回到他曾经就读过的岭南。1948年8月1日，他作为副校长担负起岭南的行政工作。一年后当李校长正式辞职后，他成了校长。"[1]

李应林于1948年春向校董会请假一年，实际上已经离任。冼玉清是他任期内最后获聘的教职员，职位为中国文学系教授，聘期从1948年8月1日至次年7月1日，月薪440元。

关于继任校长，校董会专门成立提名委员会。教员联谊会也曾开会研究，并致函校董会申述全体教员意见："苟吾人不先立一崇旨鹄的，以为努力目标，不先寻一伯乐，以导前路，则虽有骐骥之才，亦恐难致千里，况其下焉者乎。"而校内学术空气不浓，研究工作不普遍，"盖舍学术与研究而外，夫复何足以言教授？抑更何足以言大学？然环境与风气，人所造成，上有好者，下必有甚"。"未来校长人选对此问题，定必有深刻之认识与注意。且对于教育行政之措施，谅必有卓越之才干与夫领导之伟略，俾同人等得以追随骥尾，勉尽所能。"[2]

西南联大时期，陈序经任法商学院院长，也是最年轻的院长。三校复员，身

1　《岭南大学简史》，李瑞明编《岭南大学》第116—117页。
2　岭南大学教员联谊会致董事会函，岭南大学档案，现存广东省档案馆。

兼南开大学教务长、经济研究所所长及政治经济
学院院长三职，足见校长张伯苓之器重。1948年
5月初，陈序经游历东南亚途经香港及广州，岭
大董事会与同学会同人力劝其就任岭南大学校
长，被他婉拒。张伯苓得知此事，以为陈序经是
南方人，岭大又是他的母校，为其前途计，希望
他考虑回去主持校政。

陈序经校长

　　这样，陈序经于8月1日抵达广州，到岭大履
职。9月2日下午，在香港出席岭大同学会欢迎鸡
尾酒会，应邀发表讲话，出席者有陈秋安、金曾
澄、陈君葆等。此时冼玉清也在香港，9月6日陈
君葆日记："午季明先生于海景楼请冼玉清、侯
宝璋，遇曾润燊等在。"[1]

　　新学年开学伊始，陈序经第一次对全校师生作训词。他说："岭南虽是一个
基督教大学，但对于学术的发展，它并无宗派之分，而注重于自由讨论的精神，
也许是有了这种精神，岭南才愿意去找一位没有受过洗礼的人来主持校务，这又
是中国教会大学的创举，这是兄弟所觉为荣幸的。"[2]

　　陈序经的行政班底高效率而有责任感。不设副校长，仅设教务长、总务长，
分管教学事务和日常庶务，校长有秘书一名，负责文书和联络。各院系负责人均
为专职教授。校长，教务、总务二长，及文学、理学院院长为最高决策人。校长
对董事会负责，掌有人事、财务绝对支配权。

　　教务长冯秉铨，总务长伍锐麟，理学院院长美国人富伦，文学院长王力。

　　创办一流大学，关键在教授。从1927年收归华人自办到1952年，岭南大学历
史上有三位华人校长——钟荣光、李应林和陈序经，他们各擅胜场，在不同时期
分别铸就了岭南历史的辉煌。

　　陈序经是最后一任校长，在任时间最短，却创造了新的奇迹，他为岭南延聘
教授之功，足可传为中国现代教育史佳话。1950年代，他曾对广东省委书记陶铸

1　《陈君葆日记全集》卷二，第550页。
2　陈序经校长训词，载《岭南大学校报》康乐再版号第83期，1948年10月10日。

说："当初岭南大学聘请到十数名一流的教授，每个人都是我亲自去请的。"

陈序经为岭南大学延聘的教授中，最著名最典型者为陈寅恪。

关于任教岭南一事，陈寅恪在"文革"中交代："抗战时期南开、清华、北大迁往云南并为西南联大，所以认识陈序经。遂写信与他，可否南来休养一个时期。1948年夏，他回信聘我来岭大教书。"[1]

1948年底，战火迫近清华园，陈寅恪携家于12月15日在北平南苑机场登机飞往南京，他曾赋诗："北归一梦原知短，如此匆匆更可悲。"[2]

1949年1月16日，陈寅恪一家乘"秋瑾"轮往穗，19日抵达。"岭南大学派校船到广州黄埔江口，大船过小船直接到学校码头。即住进岭大西南区五十二号。"[3]

冼玉清与中文系主任容庚、文学院长王力等前往迎接。《颂斋自订年谱》：

陈寅恪先生

"（1949年）1月19日，与王力往黄埔接陈寅恪夫妇来校，任中文、历史两系教授。"[4]陈序经派秘书卢华焕为代表前往迎接。陈寅恪一家住西南区52号，也在九家村，与冼玉清相邻。

陈寅恪及其家人与冼玉清交往密切。陈夫人唐篔见冼玉清一人过日子很冷清，每有美食佳肴，常请她过来分享或派人送去。冼玉清有好东西也往陈府送，其方式具有岭南特色，喜欢讲"意头"（吉祥），多取双数，每送礼物必将数目、品种等工整地写在礼单上，一目了然。唐篔出身世家，很享受这类交往。"冼玉清显然参与了陈寅恪的许多家事。大到和校方的应对，小到家中女儿在哪里读书、工作，甚

1　1966年陈寅恪被迫作的检查交代，第七次交代底稿。见蒋天枢撰《陈寅恪先生编年事辑》（增订本）第144页，上海古籍出版社1997年版。

2　《戊子阳历十二月十五日于北平中南海勤政殿门前登车至南苑乘飞机途中作并寄亲友》，《陈寅恪诗集·附唐篔诗存》第59页，陈美延、陈流求编，清华大学出版社1993年出版。

3　《陈寅恪先生编年事辑》（增订本），附陈寅恪之女小彭笔记。第144页。

4　容庚《颂斋自订年谱》，《容庚容肇祖学记》，广东人民出版社2004年版。

至陈家女儿的婚恋等等，冼玉清都发表过意见。晚年的陈寅恪虽深居简出，但仍敏于时事，对现实有透彻的了解，这与冼玉清总及时地将外间见闻说与陈寅恪分享有很大的关系。"[1]对此我们后文还有详细交代。

据"岭南大学教职员名册"，当时文学院中文系教员包括：教授容庚、王力、冼玉清、王季子、李镜池；副教授黄如文；讲师钱松生、邝维恒、杨逸绚；助教丘维清、程曦。

岭南大学中文、历史皆为小系，学生甚至没有教授多。梅仲元1951年从香港考入岭南大学，他后来回忆，"全系新生两人，一个已回香港，只剩我一个""中文系只有4名学生，另有两名新生"。[2]

出生于香港的林缦华1949年转学岭大国文系二年级，先后选修过陈寅恪的"白居易诗"和"元稹诗"，王力的"音韵学"，容庚的"文字学"和"钟鼎文"等课程。她回忆，陈寅恪双目失明，学生到他家上课，不管多少人听课，即使是非常熟悉的内容，他仍然每次都认真备课，他讲课时身旁有一块小黑板，讲到有关人名、书名和要引证语句时，让助教写在黑板上。这就是以史证诗，诗史互证，"对所讲诗涉及的时代背景和所讲诗意的个人独特见解都可谓字字句句有据，绝无浮泛之词"。[3]

李炎全描述陈寅恪讲述"元稹诗研究"情形略同："他的助教程曦先生向他招呼两句，他就开始讲课。到需要注解或诠引证据时，就由程曦在黑板上写出。他老人家双目失明，惟凭个人记忆将人物史实滔滔不绝、有条不紊地讲授。……他是根据他一生精研历史所得的一朝一代兴衰的变迁重点，借古喻今。"[4]

林缦华决定以朱彊村词为题写作毕业论文，希望陈寅恪指导。陈寅恪谦称不大懂词，介绍她与龙榆生通信。龙榆生（1902—1966），名沐勋，号寒忍，江西万载人。陈寅恪致函龙榆生，称"屡从冼玉清教授处得承近状""兹有恳者，岭大国文系女学生林缦华近欲作一论文研究朱彊村先生之学，弟于朱先生之学毫无

1　陆键东《陈寅恪的最后二十年》第43—44页，三联书店1995年版。
2　梅仲元《无私无畏一代宗师》，《容庚先生百年诞辰纪念文集》第15页，广东人民出版社1998年版。
3　《回忆恩师吴玉如、容庚、陈寅恪、龙榆生先生》，林缦华口述，鲁晓鹏等整理，《文汇报》2015年8月28日。
4　汤翼海（李炎全）《康乐园》第116页，2002年自印本，据李国庆《陈寅恪佚文两则订正拾遗》，《中山大学学报》（社会科学版）2014年第5期。

所窥见，不敢妄谈以误后生。然当今之世，舍先生外亦无他人能深知者。故不揣冒昧，特为介绍，并附呈其所拟作论文目录一纸，即求教正。"[1]

遗憾的是，林缦华的毕业论文只写了第一章，她便离开岭大赴西北参军。[2]

江门弄钓足千秋

1948年12月15日（戊子年十一月十五），冼玉清作为广东文献委员会委员兼顾问，应邀出席纪念陈白沙诞辰520周年纪念会并发表演讲。

陈献章（1428—1500），字公甫，因居新会白沙乡，世称白沙先生。正统十二年（1447）中举，景泰二年（1451）会试落第，归居白沙里，筑阳春台，读书静坐，十年不出户。成化二年（1466）复游太学入京，至国子监，祭酒邢让惊为真儒复出，成化十九年（1483）授翰林检讨，乞终养归。主张学贵知疑、独立思考，提倡自由开放学风，开创白沙（江门）学派，有《白沙子全集》传世。

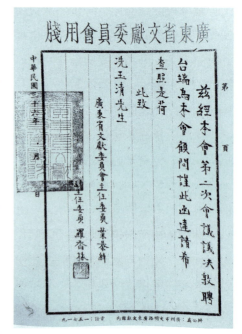

冼玉清顾问聘约

陈献章是明代广东唯一从祀孔庙的硕儒。"民国戊子之冬，简子又文长吾粤文献馆，恒以乡邦文化为己任，特倡先文恭公五百二十年诞辰纪念，继而江门钓台重修竣工，一时海内贤达远投鸿文，阐扬遗教，大言炎炎，声振金玉，洵盛事也。"[3]

1　此函见张晖《新发现的陈寅恪给龙榆生诗函》一文，《南方都市报》2013年1月23日。
2　林缦华口述、鲁晓鹏等整理：《回忆恩师吴玉如、容庚、陈寅恪、龙榆生先生》。
3　陈应耀《白沙先生纪念集》跋，陈氏耕读堂1952年版。

　　成化年间，陈白沙仿效东汉严子陵故事，在蓬江边构筑钓鱼台。钓台为三进结构，清乾隆三年（1738）、光绪十二年（1886）重修。1926年开辟马路，毁前二进，仅余后座。如今江门市仍存白沙钓台旧址。

　　关于陈白沙钓台及复修之意义，王植有精辟论述："古之钓者多有，渭滨之钓非钓功也，而功从之；富阳之钓非钓名也，而名随之；先生之钓非钓道也，而道归之。"[1]

　　冼玉清赋《戊子仲冬望日江门钓台重修既成仰怀白沙先生》五首，其第一首："江门弄钓足千秋，芦渚忘机不著裘。三尺藤蓑烟月里，只今犹忆旧风流。"陈白沙诗有"我只弄我江门钓"之句。

　　第五首："穷经应叹海无涯，一脉寻源溯白沙。剩有高风追慕晚，登楼人邈日空斜。"自注"先师子褒新会人，守白沙之学"。

　　又有《戊子十一月十五日白沙钓台观礼偶成》一首："惟定与德中流柱，偶钓江头韵亦存。片土尚归高士有，滔滔日下一台尊。"[2]

　　其师陈子褒守白沙之学，冼玉清自认为与白沙先生一脉相承，研读白沙著作，搜罗有关文献义不容辞。纪念会当天，她应邀演讲白沙学说，回顾白沙生平、治学经过，介绍白沙学派在明代学术之地位及前因后果。最后谈到碧玉楼："成化六年，先生四十三岁，已有'碧玉楼午睡'之记，而其由彭韶之荐入京应聘，在成化十八年，已五十岁矣。则碧玉非聘玉无疑。

白沙钓台故址

又先生和伍光宇有'碧玉久亡今复见'，疑此玉或先人遗物失而复得者也。"[3]

1　王植《修复钓台记》，《白沙先生纪念集》第59页。
2　《戊子仲冬望日江门钓台重修既成仰怀白沙先生》五首、《戊子十一月十五日白沙钓台观礼偶成》一首，《白沙先生纪念集》第75页。均未编入《碧琅玕馆诗钞》。
3　冼玉清《纪念陈白沙先生五百二十周年诞辰演辞》，《白沙先生纪念集》第59页。

此后她专门撰写《陈白沙碧玉考》一文，载《岭南学报》第9卷第2期（1949年6月），并收入《广东文献丛考》。

钓台重修落成之际，冼玉清登碧玉楼观所谓聘玉。碧玉楼为白沙故居，如今江门陈白沙纪念馆仍有碧玉楼，离钓台约2公里。

明清两代文人及陈氏后人均称此楼为白沙供奉聘玉而建。屈大均《广东新语》记："碧玉长六寸许，宽半之。上锐下丰，旁有两耳，耳有孔，可以组穿约，盖古命圭之属。记曰：命圭自九寸以下。又曰圭博三寸，厚半寸，剡上，左右各寸半是也。白沙以总督朱英之荐，于是宪庙以此圭聘先生，先生建楼藏之，名碧玉楼，又尝自称碧玉老人。"[1]袁枚作五律《谒陈白沙先生祠观宣德皇帝聘玉》，也以此玉为圭。

冼玉清指出，此玉为牙璋而非圭，且明宪宗根本未聘陈白沙。古语征聘相连，但征并非聘，陈白沙《味月亭序》云"余被征过郡"，《瑞鹊卷序》亦云"成化十九年余被荐入京"，皆言征未言聘。《御批通鉴辑览》称彭韶、朱英乞以礼征聘，吏部尚书尹旻谓"献章向听选京师，非隐士比，安用聘。檄召至京师，就吏部"。

陈白沙《记梦》诗作于成化六年（1470），中有"碧玉楼午睡"句，《吴川县城记》作于成化十五年（1479），中有"予与二三友登碧玉楼"句，冼玉清引用上述材料，证明碧玉楼建成早于其应征入京。陈白沙本人并未言及聘玉，同时代人（方献夫、黄佐、何维柏、邝露）也未言及，可证碧玉楼仅为陈白沙住宅名，并非因供奉聘玉而筑。她又考证此玉："陈氏裔孙应燿以拓本贻余。根据《古玉图考》，则此玉应为牙璋，以其有鉏牙之饰于琰侧也。《周礼》'牙璋以起军旅以治兵守'，贾公彦疏云：'牙璋起军旅治兵守，下与典瑞文同。军多用牙璋，故起军旅以牙璋为首。'（《考工记》）此璋既为起军旅之牙璋，断无用以聘贤士者。"[2]

获帝王聘玉筑楼以供之，无限荣光，是典型的励志故事，乡里巷陌广为流传，文人墨客更是锦上添花，碧玉楼典故因此数百年来以讹传讹。冼玉清广征博引，通过大量文献资料证明碧玉楼仅为陈白沙宅名，并非为供奉皇帝聘玉而建，

1　《广东新语》卷十七·宫语，下册第469页，中华书局1985年版。
2　冼玉清《陈白沙碧玉考》，《冼玉清论著汇编》（上）第104—105页。

显示出学者本色。

简又文倡议宣扬岭南文宗，应有成套计划，但钓台修复不久，政局急转直下，简又文、陈应耀等流亡港澳，计划迅速成为镜花水月。

陈应耀持之以恒，搜集昔贤赠陈白沙诗文、阮榕龄遗著孤本《白沙年谱》，以及时贤所撰诗文，得许爱周慨然相助，编辑印行《白沙先生纪念集》。此集收入冼玉清六首诗和一篇演讲辞，未收《陈白沙碧玉考》一文。

他在跋中感叹："际兹学绝道丧，人纪沦亡之日，诸君子或以文倡，或以款助，发潜德之幽光，维圣教之坠绪，风雨如晦，鸡鸣不已，安见吾道之终穷哉？"[1]张君劢序言也称："陈君应耀于其先人文恭公五百二十年诞辰后集当代人士所赠诗文为一册，名曰《白沙先生纪念集》，行将付梓行世，诚学绝道丧之日之盛事也。"[2]

《白沙先生纪念集》由岑光樾题签。作序者尚有吴康、钱穆。集中诗文作者，尚有熊十力、商衍鎏、张学华、邹鲁、桂坫、江孔殷、简又文、唐恩溥、马鉴、李景康、麦华三、詹安泰、梁寒操、刘成禺、胡毅生、吴鼎新、陈融、陈

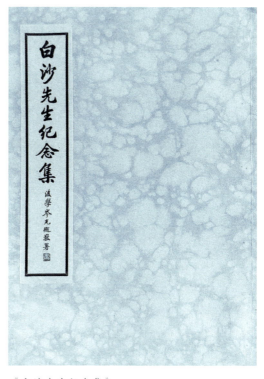

《白沙先生纪念集》

济棠等，皆为一时之选，其中多数与冼玉清有过诗词唱和或学术交往。《白沙先生纪念集》如同《琅玕馆修史图》和《旧京春色》图卷，亦可视作传统文化的集体绝唱。

---

1 《白沙先生纪念集》跋，陈应耀编，陈氏耕读堂1952年版。
2 张君劢《白沙先生纪念集》序，同上第1—2页。

《南国》遇挫

1949年元旦，岭南大学国文学会《南国》杂志问世。

鉴于岭大学生写作太少，容庚教授建议国文系编辑出版一份刊物，以为练习园地。学生李炎全后来回忆，刊物原定半年刊，定名为《南国》，一方面作

《南国》第二期（终刊）

为岭南大学国文系的简称，另一方面取王维"红豆生南国，春来发几枝，愿君多采撷，此物最相思"诗意。"创刊号有56页……洋洋20篇文章，几达10万字。""从来没有一个学系单独出版过任何学术性刊物，因此博得不少同学的赞扬。国文系师生于是决定再接再厉，定于1950年元旦出版《南国》第二期。"[1]由于形势变化，半年刊成了年刊，第二期即终刊。

冼玉清在《南国》创刊号刊发《岭南大学国文系之回顾》一文，此时国文系教师中，她对岭南的历史最为熟悉。据她介绍，从1931至1948年，岭大国文系17年毕

业生总共29人，有11年每年仅1人。[2]此期尚有容庚《颂斋书画小记》（第二期连载）。第二期刊有陈寅恪《以杜诗证唐史所谓杂种胡之义》、黄如文《戏剧的危机说》、程曦《读书琐记》和李炎全译文《一块钱》等。

《南国》的挫折也预示着岭大的命运。容庚后来自我批判："由于对文学立场、态度、对象等问题都没有深刻的认识，自然提倡不出什么进步的写作来。如《南国》所载陈香莲翻译的《一杯茶》，是描写美国生活方式含有黄色毒素的小说。我的《颂斋书画小记》就是脱离现实的一个例子，出了两期即行停刊。"[3]

1 汤翼海（李炎全）《康乐园》第106页，据李国庆《陈寅恪佚文两则订正拾遗》一文。
2 冼玉清《岭南大学国文系之回顾》，载《南国》创刊号第41页，1949年元旦。
3 容庚手稿《批判我的反动封建思想》，原件藏中山大学档案馆。

1949年4月23日，解放军攻占南京，国民政府南迁广州，而广州作为临时政治中心也有山雨欲来之感。5月15日，广州警备区命令所有无关紧要人员包括学生撤离，岭南大学将期末考试时间从原定6月10日提前到5月底。

6月13日，岭南大学向130名毕业生授予学位，"中文系有梅冬华、黄迪和、郑宝琪、陈玉珍、黄绮霞五人，皆女生也"[1]。

这年夏天，54岁的冼玉清荣获教育部"久任教授奖金"（即部聘教授），得银元80枚。从1942年起，国民政府教育部设立久任教员奖金，鼓励专科以上学校教员终身从事教育工作和学术研究，规定凡在学校服务满20年以上的教员，每人每年发给3000元奖金。冼玉清任教已满25年，获得国民政府最后一次久任奖金。

当时名教授多为教育部部聘，比学校聘任高一级。曾昭璇是历史政治系助教，常在怀士堂与钟楼前与冼玉清见面，她"并无教授架子，每一起走一段路，问长问短，邀我们这班助教仔到她家中作客，使我们敬畏心情大减，认为不似是一位部聘教授"[2]。

解放军炮声渐近，广州市面混乱不堪，难民潮与日俱涨。广九、广三线火车，省港、省澳轮船被挤得水泄不通，中国、中央航机停售客票，所有客机均被征作政府迁移之用。

10月14日下午，广州海珠大桥被国民党军队炸成两截，位于石牌的弹药库和位于沙河的军需库也被点火烧毁，爆炸声接连不断一直响到深夜。当天傍晚，解放军攻占沙河，然后分三路开进市区。不久，广州城宣布解放。

11月13日是星期天，岭南大学工会成立，有短剧和秧歌表演，后者由共产党从陕北带来广东。

29日，副市长朱光在广州市各界人民代表会议上作施政报告，提出"恢复整顿学校，开展人民文化事业。并取缔腐败的、倒退的、反动的教育课程，废除不符合新民主主义的教育设施"。

1950年9月，广东省文教厅发出《关于高等学校政治课实施的决定》，指出，"广东地邻港澳，受帝国主义的政治、经济、文化侵略的影响甚深。高等学校政治思想教育首先是肃清封建的、买办的、法西斯主义的思想""实施政治课

1　容庚《颂斋自订年谱》，《容庚容肇祖学记》第229页。
2　曾昭璇《怀念冼玉清教授》，《冼玉清研究论文集》第323页。

的目的，在于改革学生的思想，通过学习，建立马列主义的立场、观点和方法。教学方法应采取自学为主，集体讨论为辅，教师从旁推动辅助的方法，使青年通过自己的思考和讨论，巩固并提高其正确的思想"。[1]

岭南大学根据要求对课程进行修改：每个学生必须上新民主主义和马克思主义政治经济学课；经济学其他课程作相应调整，自然科学和工程科学课程未改；英语仍是必修课，增设俄语作为选修课。

1950年5月18日，冼玉清致函陈中凡称："奉五月八日大教，知文学暂不见重视，贵校亦同此情形。"文学不见重视，文人学者仍须谋求生路，她在信中说："龙榆生学问甚好，不审贵校能备一席否？陈寅恪先生已瞽，不能复明。吴雨生在蜀不得意，亦谋他往。叶遐庵居港，作书写画填词，兴致不减曩昔。"并附呈《更生记》《流离百咏》各一册，"如阅后无用，请转送学校图书馆"。[2]

此前，她复函陈垣表示："我辈但冀新政府实事求是，一洗从前贪庸委靡、醉生梦死之风，人人努力日新，则国家前途有希望也。"[3]

1950年，李炎全回岭大宴请中文系教师，表示敬师重道之意，冼玉清、王季子、容庚、王力等出席。他离开广州赴港暂住，收到中文系教师所送毕业礼物，其中有容庚仿钱谷《水墨山居读书图》，有冼玉清赠送文房四宝——纸、笔、墨和砚。还有一把长柄白纸竹扇，右下由冼得霖行书题款："炎全学友以一九五零年毕业岭大，获文学士，论文题为李义山无题诗考，赠此留念。"半圆形扇面楷书题诗："绝代才华李义山，无题诗笔解人难，一篇笺证珠能得，四载辛勤刷目看。"扇面下段签名有王季子、冼玉清、李镜池等。[4]

旧籍无人过问

　　1948年、1949年春节，冼玉清照例回香港、澳门探亲。

1　见广东省教育厅《广东教育大事记》1950年。
2　冼玉清致陈中凡函，《陈中凡年谱》第67—68页。
3　冼玉清致陈垣函，《陈垣来往书信集》第694页。
4　《康乐园》第148页。据李国庆《陈寅恪佚文两则订正拾遗》一文。

1949年夏天，冼玉清再回澳门，曾陪同英国剑桥大学教授夏伦访书。夏伦（Gustav Haloun，又译何伦、哈伦），德裔英籍汉学家，1949年创办剑桥大学中文系并任主任，到中国访求中文书籍、商聘中文教授，曾到过广州及港澳等地。

夏伦对陈君葆谈及剑桥大学中文部计划，"那里中文书籍已达12万册了"。8月5日，夏伦与罗原觉同到冯平山图书馆，由陈君葆翻译，提出在罗氏寄存图书中选购67种，罗氏提出要整批脱手。议终不成，陈君葆评论："其实夏亦不宜作此企图，以为先以较高价目购得一两部，便可进一步以较便宜的价钱取得其他也。平心而论，原觉抱残守缺所为何来呢？这也是常人的心理，二顷江田也是为子孙的稻粱谋耳。至于绳曾，他也不十分乐意于看到国家瑰宝终于流到国外去。"不久，夏伦由马鉴介绍，购得《清史稿》。9月3日，夏伦辞行，"他为剑桥与牛津所选的几部丛书，副校长的意思主张赠送，这真是大方得多了"。[1]

1950年3月，冼玉清寄赠《流离百咏》一册与夏伦，并附一函，提到"去夏澳门聚首，共访藏书"，及鼎革之际旧籍没落现状："此间自新政府到后，一切趋新，旧籍无人过问，加以四民艰困，衣食已感不足，更无余力买书，书店有门可罗雀之叹。北京、上海亦同此情形矣。"信中表示自己"埋头学业，日夕无闲"。

夏伦于1951年逝世，其藏书大部转存剑桥大学图书馆，包括冼玉清所赠《流离百咏》。2000年夏天，陈子善教授往剑桥访中国作家签名本书籍，看到此书及粘附在诗集扉页的冼玉清手札，十分感动，给予极高评价："当时万象更新，知识分子纷纷洗心革面，弃旧图新，讴歌'革命'惟恐后人。但仍有像冼玉清这样'不识时务'的真正学者，以买不到负载中国文化精华的'旧籍'为苦，以'埋头学业，日夕无闲'为任。信中所述，正可与《流离百咏》中的《缺书》等诗对照。其忠于学术文化，忠于自己的操守良知，半个世纪以后的今天读来，犹使人深感钦敬。"

陈子善认为，夏伦收到诗集和信，并未把书及时送出，而是留在手边翻阅，正是由于他的细心，"使冼玉清此信得以保存下来，让我们后人能够揣摩前辈学人的真实心态，真的要感激夏伦才对"。陈子善认为，这部《流离百咏》价值高

---

1 《陈君葆日记全集》卷二，第636—650页。

于普通签名本。[1]

冼玉清手札最后写道："值韩礼德先生返英之便，送呈瓷器水池一个，送尊夫人织锦银包一个，又送贵校图书馆拙作《流离百咏》一册，统希点收为幸。"[2]

1948年徐信符病故，南州书楼藏书开始星散。1950年，经冼玉清等人努力，岭大图书馆购回一部分，由周连宽选购，购书单经过冼玉清、容庚审定。据中山大学图书馆刘少雄称，该书单现藏中山大学校史文献馆。当年《岭南大学校报》介绍："最近复向南州书楼购到一百零二种二百八十册，其中罕见之本亦为数不少，如明刻《粤大记》一书，海内恐无第二部，清康熙刻香山刘世重撰《东粤诗选》，世所罕觏，明万历刻《白沙子全集》及乾隆《广州府志》，亦为不可多得之佳本。"[3]

明万历版《粤大记》，原书32卷，缺卷1、2、30、31、32卷。周连宽（宽予）说："《粤大记》是一部记载广东地方事迹、人物和典章制度的古书，原为曾钊面城楼旧物，后转入徐信符的南州书楼，徐氏殁后，又转入前岭南大学图

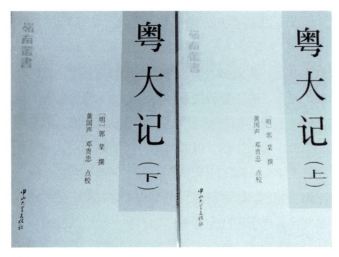

《粤大记》上、下册

1 陈子善《从剑桥到伦敦——中国作家签名本寻踪》，《文汇读书周报》2000年9月2日、11月11日。

2 冼玉清致夏伦函，见陈子善《从剑桥到伦敦——中国作家签名本寻踪》一文。

3 《本校珍藏广东乡贤著述书目表》，《岭南大学校报》第115期（康乐再版号），1950年6月1日。

书馆。"所缺各卷，"据说是徐氏生前寄往香港展览时所遗失，因属孤本，故已无法抄补"。[1]后经查证，此版《粤大记》存世只有两部，另一部在日本内阁文库，也有缺卷。岭大图书馆并入后，中大图书馆设法从日本存本补配，只缺第1卷。中大古文献所黄国声与图书馆邓贵忠共同点校完成《粤大记》（上、下册），作为《岭南丛书》1998年由中山大学出版社出版，所缺第1卷也从有关文献录出补配部分内容。

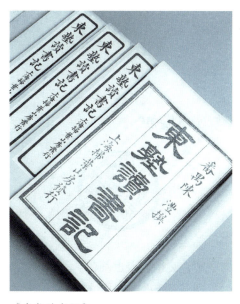

《东塾读书记》

岭南大学购回南州书楼的这批藏书包括部分陈澧旧藏。有趣的是，陈澧另一批藏书后来经冼玉清介绍亦为中山大学所得。1957年《中山大学周报》介绍："冼玉清先生介绍其（陈澧）孙陈公睦（庆龢）先生将其劫余图书凡50余种共705册，连同字画、印章、古琴等捐赠我校图书馆。赠书中最有价值的为陈东塾先生手稿《东塾杂俎》17册。东塾先生逝世时，所著《东塾读书记》刻成15卷，其未刻成之稿10卷，遗命儿子及门人编录，题曰《东塾杂俎》。此书现由公睦先生编录完毕。东塾手稿本已送到我校，编录定本则仍存公睦先生处，一俟重校完毕，将再寄赠我校。"

同一期报纸刊载冼玉清《东塾遗书》一文："这批书最特出的就是这部手抄本《东塾杂俎》。陈澧《东塾读书记》只刻成十二卷，又增郑学、三国、朱子为十五卷。《东塾杂俎》从西汉起以至东汉、晋、南北朝、隋、唐、五代、宋、辽、金、元、明、清。他把读各代书的心得记录，若把稿整理印行，可补《东塾读书记》之不足。其余如《论语义疏》《穀梁传》《杜诗详谈》《韩愈集》《日知录》等，皆略有批校。"[2]藏书中多见"东塾书楼""陈澧""番禺陈氏东塾藏书印"等印章。

1　宽予《粤大记与粤小记》，《艺林丛录》第三编第118页，商务印书馆香港分馆1962年1月版。
2　《图书馆收到两批赠书》《东塾遗书》，1957年3月23日，《中山大学周报》第189期。

1957年5月，冼玉清致函邓之诚，报告陈公睦捐书事。5月12日邓之诚日记：
"冼书言：陈公睦所捐东塾藏书已运至广州，当略致《东塾杂俎》稿酬。"[1]

纯阳观探梅

　　1950年1月，己丑仲冬，冼玉清陪同陈寅恪夫妇游览漱珠冈纯阳观。陈寅恪
有《纯阳观探梅柬冼玉清教授》一诗："我来只及见寒梅，太息今年特早开。花
事已随尘世改，苔根犹是旧时栽。名山讲席无儒士，胜地仙家有劫灰。游览总嫌
天宇窄，更揩病眼上高台。"[2]

　　冼玉清和以《漱珠冈探梅
次韵陈寅恪先生》："骚怀惘
惘对寒梅，劫罅凭谁讯落开。
铁干肯随春气暖，孤根犹倚岭
云栽。苔碑有字留残篆，药灶
无烟剩冷灰。谁信两周花甲
后，有人思古又登台。"[3]

　　陈寅恪几乎双目失明，赴
纯阳观探梅，感时抚事，"更
揩病眼上高台"。第二联"或

纯阳观朝斗台

有兼喻人事趋新之意"，其答吴雨僧诗犹有"白头愁对柳条新"句[4]。冼玉清和诗
寓有深意，"借咏梅之凋谢而感慨于梅外，梅的形象之外，语言之外，二者之感
慨之强烈，性情之真切，动人深至""诗人之笔不在歌颂解放而在于劫情频出。
花开花落凭谁讯息！诗本发幽思，言感慨，不颂而抒，不犯时违"。[5]

1　《邓之诚文史札记（修订本）》（下）第997页。
2　《天文家李明彻与漱珠冈》，《冼玉清论著汇编》（上）第126页。《陈寅恪诗集》第61页，诗
　　题为《纯阳观梅花》，诗中"寒梅"作"残梅"。
3　同上，第127页。《碧琅玕馆诗钞》第76页。
4　胡文辉《陈寅恪诗笺释》（增订本）上册第488页，广东人民出版社2019年4月版。
5　邱世友《试解读陈寅恪教授〈冼玉清教授修史图〉诗》，《冼玉清研究论文集》第220页。

　　1月15日，冼玉清致函陈垣："陈寅恪先生身体日健，常有晤言。前旬因登漱珠冈探梅，往返步行约十里。陈夫人谓渠数年无此豪兴，附唱和诗可知也。"

　　她不久赴港度春节，1月24日拜访陈君葆，出示唱和诗。[1] 5月1日致函陈中凡："陈寅恪先生照常担任唐史，每星期上课四小时，但身体日健，可以告慰，彼此来往邃密，亲同一家，亦互相唱和也。"[2]

　　漱珠冈纯阳观在河南五凤村，在康乐园以南约四里，是文人雅士郊游咏梅之处。建成于道光九年（1829），距冼陈探梅（己丑仲冬）正好120年（《碧琅玕馆诗钞》"两周花甲"注："壁间有碑，立于道光己丑，去今适百二十年。"）两甲子后，纯阳观风光不再，即所谓"胜地仙家有劫灰"。

　　纯阳观是南粤著名道观和文化胜迹，邻近康乐园。1928年4月8日，冼玉清曾与顾颉刚夫妇、庄泽宣夫妇，以及石坦安、周钟岐等人同游漱珠冈，在景园野食、摄影，至纯阳殿看烧香。[3]

　　罗球1949年访纯阳观，作《游漱珠冈并访冼玉清教授琅玕馆》诗："言寻可游处，始至漱珠冈。叱石云生屐，移松风满廊。阮公偶留眼，羽士解焚香。不及琅玕馆，幽人吟夕阳。"冼玉清次韵和之："寂寞琅玕馆，寻玄度翠冈。漱珠惭锦句，归鹤绕松廊。方士圜天说，丹房火枣香。一觞聊忘世，微醉渐斜阳。"

　　游纯阳观探梅，冼玉清归作《天文家李明彻与漱珠冈》一文，载《岭南学报》第10卷第2期（1950年6月）。"休沐之暇，游人学子，络绎不绝。余辄偕学侣散步其间。以此地毗邻大学，又为河南胜处。因为考漱珠冈沿革，并其开山道士天文家李明彻。"[4]

　　李明彻（1751—1832），广东番禺人。少年出家为道士，攻先秦诸子百家学说，能诗文、善图绘，为糊口学写油画，随贡船赴京师，拜访钦天监，又到澳门从传教士习天文，著有《圜天图说》三卷，《续篇》二卷，又有《几何编》一册。

1　《陈君葆日记全集》卷三第7页。
2　冼玉清致陈中凡函，《清晖山馆友声集》第314页，江苏古籍出版社2000年版。徐雁平《冼玉清致陈中凡函笺释》录，《博览群书》2003年第3期。
3　《顾颉刚日记》卷二，第152页，中华书局2011年版。
4　《天文家李明彻与漱珠冈》，《冼玉清论著汇编》（上）第106页。原载1950年6月《岭南学报》第10卷第2期。

嘉庆、道光年间，两广总督阮元修《广东通志》，硕学通儒毕集志局。读李明彻《圜天图说》，叹为后起之秀，令入局主绘事，《圜天图说》也被收入《通志·艺文略》。

清嘉庆二十四年（1819），李明彻因修省志绘图，寻宋代万松山故址，见此地南临珠江，北望白云，西来五凤，东接七星，又有杨孚、崔与之等曾在此设帐讲学，心向往之，因其松石清奇，山环水曲，而名之曰漱珠冈。道光四年（1824），李明彻欲建道观于此，阮元闻讯亲为募捐，募得白银三千余两，十三行众行商也慷慨解囊，加上李明彻历年所得笔墨稿费，共得白银七千六百余两。

纯阳观道光六年开工修建，冼玉清转述《南海百咏续编》所记趣事：掘地动工，发现百年茯苓数担，李明彻服用后年将八十神气不衰。

《漱珠冈志》

据《鼎建纯阳观碑》，纯阳观建成时结构宏伟，气象森严，各类殿堂、廊房、亭达数十座，有朝斗台可观天象。冼玉清文中有"漱珠冈之题咏"一节，分别检索有关题咏，包括阮元、张维屏、易顺鼎、张学华、桂坫、汪兆镛等人。

冼玉清仿《罗浮山志》《鼎湖山志》体例撰写《漱珠冈志》，1960年完成初稿，交汪宗衍及黄任恒审阅。此后，她因忙于其他撰述和文献整理工作，未及对全书进行修订。所幸，时隔三十多年后，陈永正以其手稿为底本校检，加以新式标点，将稿本所引诗文由80首增至128首，订正后的《漱珠冈志》于2009年由广东人民出版社出版。

琅玕映翠微

冒广生在《流离百咏》序言中写道，冼玉清"尝与吾同在广东通志局，同在勤勤大学，同在国史馆。其视吾若严师，吾视之如畏友"。[1]抗战爆发前，冼玉清受聘担任广东通志馆艺文纂修；抗战胜利后，再被聘为国史馆特约协修。

中华民国国史馆初设于1912年，1917年停办，1927年再设，1928年废。1946年底，立法院会议通过再设国史馆，国民政府公布组织大纲，特任张继为馆长，但焘为副馆长。国史馆通函全国，此年1月20日启用印信。1949年2月9日，国史馆迁广州，在文明路文庙内办公，后迁往台湾。国史馆设纂修、协修等职，分任编辑事务。

1947年10月，冼玉清被聘为国史馆特约协修，馆长张继签发聘书。冼玉清十分珍视，李凤公、杨之泉、吴湖帆分别绘制《琅玕馆修史图》。[2]杨之泉所绘修史图，前有商衍鎏题写引首，后有邹庆时等题词。

1950年3月，冼玉清致函冒广生，"欲乞吴湖帆为其画《修史图卷》"，先生促吴湖帆为之，也请其绘《水绘庵填词图》。[3]

是年夏，吴湖帆绘成《琅玕馆修史图》。画面右方大部假山与碧池相间，奇石矗立，古树参天，曲径通幽，风和景明，池中有一空旷草亭，极显境界辽远。左方湖石后，隐约有

冼玉清国史馆协修聘书

1　《流离百咏》冒序，《碧琅玕馆诗钞》第42页。
2　三图现藏广东省文史馆，参见杨权《〈琅玕馆修史图〉笺释》前言。
3　《冒鹤亭先生年谱》第499页。

吴湖帆绘《琅玕馆修史图》及题咏

数座草庐，其近处一座，外间书斋有一盘髻古装女史端坐条案之前，眺望窗外，若有所思。案头陈列诗书墨砚，背面书架插满线装古籍。草庐为碧琅玕馆之写意，题"琅玕馆修史图"，款署："玉清女师史席属写斯图，倚清真《四园竹》题后，庚寅夏，吴湖帆。"[1]

《四园竹》为周邦彦首创词牌。吴湖帆词曰："班门艺略，载世久名垂。枕书漱玉，拈字炼金，羞却须眉。今大家，人尽说，千秋比美，岭南灵秀钟闺。记年时，关山万里重经。情怀百感伤离，慨念衣冠扫地。青镂方狐，绛蜡燃犀，修旧史，谩自适，琅玕映翠微。"

冒广生题跋："湖帆为玉清女弟画《琅玕馆修史图》，设色极工，似唐子畏。自云'三年以来无此得意之作'。画成，题《四园竹》于后，即和其调，用清真韵。"落款"疚斋冒广生病腕记，庚寅七月，时年七十有八"。并题《四园竹》："琅玕翠密，左右护窗扉。茗浮顾渚，香爇博山，深坐纱帏，炎汉还，班妹后，裙钗队里，董狐笔有谁知。夜凄其，烧残红烛成堆，人云汗简无期。尽出花前半臂。砚匣随身，黄绢新辞，题满纸，算慰藉，桓谭老未稀。"[2]

《琅玕馆修史图》以吴湖帆之作最为精美，冼玉清最为其重视，仿《旧京春色》《海天踯躅》故事，广邀时贤题跋唱和，再传佳话。

冼玉清与吴湖帆年龄相仿，志趣相投，两人交往逾20年，多次互相题跋。

1927年，吴湖帆得《隋董美人墓志》拓本，喜不自禁，特辟"宝董室"珍

1　此图现藏广东省文史研究馆，钤"迢迢阁"、"倩庵画记"和"湖帆长寿"印。
2　《琅玕馆修史图题咏笺释》，第15页。

藏，常随身携带，拥之入眠，自称"与美人同梦"。冼玉清为题《虞美人》："流年十九如流水，断送如花美。椒房暮暮复朝朝，记得齐歌乐府董娇娆。凉州刺史高门第，生小多能事。铭幽一片石镌华，远胜隋堤没字玉钩斜。"[1]

1939年中秋，吴湖帆分别为冼玉清《牡丹》图卷和《海棠》图卷题词。同年重阳，冼玉清为刚刚离世的吴湖帆夫人潘静淑《绿遍池塘草图》题《踏莎美人》："画境荒寒，春潮呜咽。红心满地啼鹃血。斗茶赌韵事休论，胜得朝昏遗挂对炉熏。伤逝名篇，铭幽短碣。从残粉墨都凄绝。平生报答已无因，岁岁清明和雨泪难分。"情真意切，感人肺腑。

1948年，吴湖帆作《阿里山云海》图卷，冼玉清题《清平乐》："海山明灭，顷刻呼奇绝。风送白云铺万叠，远近都无分别。平生五岳填胸，写来便夺天工。略似黄山游罢，一襟雾露濛濛。"大气磅礴，与吴湖帆山水呈交相辉映之势。

1950年，吴湖帆绘成《丑簃清閟图》，冼玉清题《丑奴儿》："米家宝晋，千载无复虹光。才数到，倪迂清閟，家富收藏。又换星霜，于今海内四欧堂。中丞祖泽，尚书妻党，都擅无双。一纸丑奴已足，人间翠墨称皇。况镇日、书城南面，左右琳琅。主客商量。画图十福写潇湘。惹旁人说，元章元镇，先后相望。"

冼玉清题跋诸词，收入《琅玕馆词钞》，吴湖帆《四园竹·冼玉清琅玕馆修史图》亦收入《佞宋词痕》，而题《旧京春色》图卷未刊。

为《琅玕馆修史图》题《四园竹》者，尚有龙榆生、吴庠、汪东、沈尹默、潘承弼、张伯驹诸家。

龙榆生题："沈吟载笔，漏静掩荆扉。响铿佩玉，云护雁霜，凉袭芸帷。飘暗萤，还悄入，幽篁径里，仰窥天象难知。动凄其，含毫梦想承平，论量怎惬心期，看坠风前蜡泪。俄顷沧桑，哀钺摘辞。空满纸，志盛业，丹青旷代稀。"[2]

吴庠题："萧萧翠竹，最爱早凉归。悄燃画烛，低放绣帘，莲滴声迟。清课忙，看奋笔，朱黄满纸，有人牙管双持。溯前规，遗编订补兰台，知应抗手班

1　《碧琅玕馆词钞》，见《碧琅玕馆诗钞》附录，第147页。下引冼玉清词同，不另注。
2　龙榆生此词未收入《忍寒诗词歌词集》，《龙榆生先生年谱》亦未提及。

姬。为问工书写史。纱缦传经，试觅当时。群弟子，信创格，丹青分外奇。”1

汪东题：“玲珑翠玉，面面绕庭柯。偶凭妙迹，闲勘胜流，盘礴摩挲。帘暗垂，交四壁，香薰锦裹，此中宜对修蛾。夜如何，灯前细点丹黄，蟠胸自起山河。正伴寒蛩碎砌，如吊兴亡，按节悲歌。情未可。叹凤德，沾襟泪更多。”汪东（1890—1966），字旭初，号寄庵，江苏吴县人。中央大学文学院院长、复旦大学教授。

沈尹默题：“白霜翠玉，秀韵写风扉。几安卷帙，窗送暮朝，消息芸帏。出户庭，先念切，山河表里。井梧秋到能知。燕翩其，良辰过尽春秋，还余旧社心期。未怪铜仙忍泪，追往思来，费却新辞。书满纸，信史笔，于今未应稀。”沈尹默（1883—1971），浙江湖州人。北京大学教授，中央文史馆副馆长。

潘承弼题：“筼筜四面，翠影绕棂扉。静开缃帙，勤勘秘文，芳杜秋帏。萦百吟，诗史在，流离境里。梦华尘土心知。恁凄其，西风旧照荒亭，铜仙蜡泪何期。为数兰台载笔，余韵然脂，锦箧清辞。千万纸，旷古业，名山却已稀。”潘承弼（1907—2004），字良甫，号景郑，江苏吴县人。藏书家、版本目录学家。

张伯驹癸巳中秋后题：“烟疏雨密，野色映窗扉。缥缃四壁，桃李满门，风入书帏。人意清，秋意淡，幽篁影里。只应明月先知。梦凄其，江山几换兴亡，苍茫莫问心期。独有班姬史笔，司马文章，幼妇新辞。难尽纸，魏国后，才华并世稀。”张伯驹（1898—1982），号丛碧，河南项城人。收藏鉴赏家、书画家。

时贤齐赞修史图

商衍鎏为《琅玕馆修史图》题引首：“琅玕馆修史图，玉清教授属题，商衍鎏七十有七。”钤阴文“商衍鎏印”，应作于1951年。

题咏唱和者尚有：瞿宣颖、林志钧、季宣龚、王謇、罗球、陈寅恪、廖恩焘、桂坫、岑学吕、刘景堂、陈融、邓之诚、夏仁虎、陈云诰、邢端、黄君坦、柳诒徵、顾廷龙、叶恭绰等，皆文坛耆宿学界翘楚，极一时之盛，可谓中国传统

1 本节及下节所引《琅玕馆修史图》题咏均见《琅玕馆修史图题咏笺释》，下不另注。

文人交往方式的标本，此后再难寻觅。

瞿宣颖题诗："写韵轩成野史亭，玉烟深拥碧云翎。高州家世夫人伞，伏女师承博士经。心似弹蕉元自直，汗因炙简早时青。擅场复有吴生手，竹里风光在画屏。"瞿宣颖（1894—1973），字兑之，湖南善化人。北洋政府国务院秘书、国史编纂处处长，曾任教南开大学、燕京大学、清华大学。

林志钧题七律一首："高凉望族岭南师，想接清辉幸并时。深仰一生秉诚敬，更看百咏记流离。乡邦考献专业门，闺秀传文举世知。近代史家数才女，云卿以外孰追随。"林志钧（1879—1961），字宰平，福建闽县人。曾任北洋政府司法行政部部长、清华研究院导师，时任国务院参事。

李宣龚题五律一首："手种南山竹，萧然意有余。独操良史笔，岂续长公书。黌鉴图堪数，闺裙道已舒。玉台人物论，臧否欲何如。"李宣龚（1876—1952），字拔可，福建闽县人，曾任商务印书馆经理兼发行所所长、合众图书馆董事。

顾廷龙题七绝两首，"琅玕翠密水云乡，画意诗情拥缥缃。梦影流离添百咏，一编冰雪灿高凉"。"兰台俊逸属邦媛，点勘丹黄掳万言。想见岭南花事盛，年年桃李自盈门"。

柳诒徵题绝句一首："简策蝉嫣百宝书，六经皆史义无殊。辨章汉宋崇周鲁，林下儒风蔚海隅。"柳诒徵（1880—1956），字翼谋，江苏丹徒人。东南大学、清华大学、复旦大学教授。著有《中国文化史》等。

陈寅恪双目失明不能写字，由夫人唐篔代笔题七绝三首，"流辈争推续史功，文章羞与俗雷同。若将女学方禅学，此是曹溪岭外宗。""国魄消沉史亦亡，简编桀犬恣雌黄。著书纵具阳秋笔，那有名山泪万行。""千竿滴翠斗清新，一角园林貌得真。忽展图看长叹息，窗前东海已扬尘。"落款："玉清教授属题，庚寅大寒日，陈寅恪。"

第一首将冼玉清比作女学"六祖"，评价极高。"'女学'指女性的诗文创作（非关妇女之学）及学术研究。冼玉清教授不但诗词有很高的造诣，以清

1　胡文辉《陈寅恪诗笺释》（增订本）上册第514—526页。1993年清华大学版《陈寅恪诗集》未收第二首。

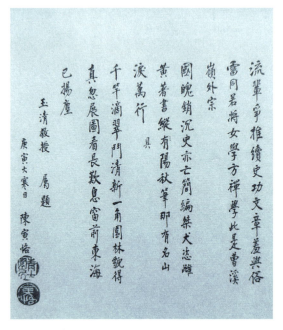

陈寅恪题诗

丽幽怨为主；而学术研究则侧重史学。"[1]陈寅恪痛斥修史"应时"，肯定冼玉清著作自有见地，"羞与俗雷同"。"桀犬恣雌黄"是"桀犬吠尧""信口雌黄"两词连用，即其最擅用的"今典"，对"应时"史作声色俱厉，毫不留情。"东海扬尘"指沧海桑田，喻时事变迁之剧，典出葛洪《神仙传·王远》。此二首恐触及时讳，被邓之诚称作谤诗。

叶恭绰题七绝四首，其二："向水休惊海倒流，要从笔削见阳秋。美人伫有琅嬛赠，漫效张衡咏四愁。"其四："漫比遗山野史亭，应从大地播芳馨。高才直节前修在，会见丹心照汗青。"

罗球题《满庭芳》一阕："云写珠江，星移宫阙，江山几代人豪。西风残照，流水去滔滔，多少英雄淘尽，空传说，野史亭高。龙门笔，谁能继武，东观更抽毫。琅嬛吟倚处，研经余事，炙简平操。想春秋纪述，忠孝荣褒。却向丹青省识，幽篁里，玉轴周遭。千秋业，乡邦国故，藜阁一灯芳。"又题七律一首："帝王世纪一家言，直笔谁能问九原。颇跂饮冰曾有见，独怜胜国迹空存。藏山事业研经阁，小馆春秋修竹园。今日岭南论考订，史官早已属邦媛。"

廖恩焘题《八犯玉交枝》一阕："花下书年，蝶旁编月，正早续残班史。晴日和风轻扫叶，皱得池波鳞起。华妆须洗，护馆千百琅嬛，堪凭坚节完乡志。儒素忍寒宁肯，衫犹罗绮。不知是雨是烟，不应是泪。层层堆上云翠。定还认，弦歌佳地，待重唤，雺龙降尾，影帘隔，言禽近愢。莫教饶舌先朝事，但笑指门前，新阴又觉桃添李。"

1　邱世友《试解读陈寅恪教授〈冼玉清教授修史图〉诗》，《冼玉清研究论文集》第220页。

桂坫题七绝一首："修史三长笔有神，镕金合璧句尤新。高才不愧登东观，沈博班昭有替人。"

岑学吕题七绝一首："奋笔述大典，蛾眉柱史班。伤哉忧国士，风雨此名山。"

刘景堂题《谒金门》一阕："孤馆寂，四壁蠹编尘籍。日暮琅玕吹暗碧，砚寒知露滴。门外马蹄特特，窗下虫吟唧唧。功业文章驹过隙，千秋惟史笔。"刘景堂（1887—1963），名春融，广东番禺人。南社社员，毕生专力为词。

陈融题绝句二首："离乱关心纪世谈，名山幸有著书庵。大家风度千秋后，玉浩珠明岭以南。""解箨新篁云外缘，谁家流派衍湖州。欲知画老驱毫意，别有江山万古愁。"

张伯驹、邢端、黄君坦、陈云诰、夏仁虎、王蹇等题跋均作于1953年秋天。除邢端、王蹇外均曾为《旧京春色》题咏。

邢端题七绝三首，其一曰："海畔重开野史亭，琅玕飞翠照藜青。左芬才思班姬笔，付与天南婺女星。"邢端（1883—1959），字冕之，贵州贵阳人。曾任天津工业学堂监督，北洋政府农商部矿政司司长。时任中央文史研究馆馆员。

黄君坦题七绝两首："婆娑南海一明珠，班氏文章伏氏儒。林下清风谁比得，两行官烛夜修书。""诗情画意小檀栾，绛幔深深翠袖寒。还当仲姬亲试笔，风翎密簇碧琅玕。"

陈云诰题《望海潮》一阕："灵钟闺壶，名高寰宇，南州独数高凉。天赋俊才，人歌圣母，麾戈勘定南疆。勋业著旂常，有万家顶礼，谯国祠堂。大义千秋，岂徒桑梓爇心香。云孙女有班扬，似兰台绩学，藜杖分光。高揭绛帏，宏开玉检，羊城主讲胶庠。椽管备三长，看百城坐拥，南面称王。矜式人间，一门文武蔚相望。"

夏仁虎题《南歌子》一阕："空翠沾瑶席，清风人绛帷。座中佳士愧须眉。时有问奇，载酒款林扉。锦繴承门业，芸编踵汉姬。天南炎暑此间宜。把卷微吟，商意入琴丝。"

王蹇题《水龙吟》长调一首："十年野史亭荒，班昭续汉玄黄际。昊英百粤，拾闻搜逸，祖风高髻。锦繴牙旗，金章铁券，抚循案子。尽乡邦征献，逊朝掌故，女南董，知斯意。为道西樵语业，旧文章，等身编末。困知居业，近思今录，宋儒元气。万竹秋风，摩挲翠袖，传人唯此。问何时瞻仰，西窗藭烛，损蜡任泪。"王謇（1888—1968），字佩诤，江苏吴县人。东吴大学、华东师范大学教授，上海文物保管委员会编纂。藏书家、版本目录家，所藏澹归稿本《丹霞山志》为广东文献珍本。

第十章

自

新

弘法自有其人

冼玉清非佛教徒，亦非基督徒，但献身教育与学术，迹近宗教信仰。

1949年夏，著名高僧虚云老和尚由云门寺南下香港，"晤岑学吕居士，岑请公留港弘法利生，云公报曰"弘法自有其人，至我本人，似另有一种责任，以我个人言，去住本无所容心，惟内地寺院庵堂，现正杌陧不安，我倘留港，则内地数万僧尼，少一人为之联系护持，恐艰苦益甚，于我于心有不安也，我必须回去"。[1]

虚云老和尚留港一月后回云门寺，行前嘱岑学吕编撰《云门山志》。

岑学吕（1882—1963），字伯矩，晚号师尚老人，广东顺德人。冼玉清《广东释道著述考》称其"少年曾参加革命，民国历任东莞、潮安等县县长，及广东省秘书长，1963年卒于香港。著有尺牍一卷、诗抄一卷"[2]。《容奇雨花寺考略》1947年印行，赠冼玉清阅藏。

岑学吕题词

岑学吕1933年在福州鼓山涌泉寺皈依虚云老和尚座下，法名宽贤。1936年任广东省府秘书长（主席黄慕松）。次年离穗赴港，隐居新界荃湾山中，足不出山，种菜自活。香港沦陷后辗转内渡，只身到曲江南华寺谒见虚云老和尚。叶剑英任广东省人民政府主席兼广州市市长时，函邀其回穗任职，以年迈辞谢不就，仍住新界荃湾山上，居静室，禅净兼修。

冼玉清与岑学吕抗战时应薛岳之邀同游湘南，1944年10月26日，有《重九后一日过岑伯矩丈风雨归卧病作》："重阳风雨太无端，故故欺人病体单。不为秋衫难耐冷，岑楼原来是高寒。"[3]岑学吕《再住连县》诗注亦有记与冼玉清等宴游，事见《岑学吕诗略》。

1　岑学吕《虚云和尚年谱》，第132页，湖北新洲报恩寺印行。
2　冼玉清《广东释道著述考》（二）第372页，广西师范大学出版社2016年4月版。
3　《碧琅玕馆诗钞》第63页。

1949年2月2日，冼玉清与陈君葆往崇兰女校，听詹真宁女居士演说"闭关"经验[1]。詹真宁又称詹宁士，美国人，慕虚云和尚禅德，"万里飞航，来华依止"，道经香港，由颜世亮（忍惭）居士伴之赴穗晋谒虚云，又随其赴云门寺。

岑学吕能诗擅画。冼玉清1950年春《题岑伯矩丈双牛图》二绝句："风雨黄岑楼，连州感旧游。披图寻昨梦，老树剩孤牛。""再过山堂日，荒邱未尽荒。桑沧尘外事，一拂一禅床。"[2]次年春，岑学吕为《琅玕馆修史图》题咏。

1950年新春，冼玉清应岑学吕之请，到香港小住，5月4日致函陈垣转告此事，称"渠老态日甚，时患哮喘，不饮酒则不能执笔作字。因受虚云老和尚之托，欲重修南华寺志，以精力不及，谋诸玉清"，"自愧于佛学素未研究，宗派统系亦不了了，何能操觚？因思长者思精体大，为专门名家，必有以教之也"。5月18日函中又称："读尊著《释氏疑年录》引及《曹溪大师别传》，此书尚未见过，不知容易买否？有人拟新修南华寺志及云门寺志，想必有特别之见，望示一二。"[3]

南华寺地处曲江马坝东南曹溪之畔，始建于南朝梁武帝天监元年（502），因六祖惠能住锡，成南宗禅法发源地。云门寺在乳源县东北云门山下，始于唐代文偃和尚，云门宗发祥地。1943年，虚云从曹溪来到云门，见古寺年久失修，残破不堪，文偃祖师肉身犹存，发愿重兴云门宗祖庭。历时数年，先后修建殿堂楼阁三百余间，雕塑佛菩萨圣像一百余尊，使梵宇重光，宗风重振。

1951年3月21日（辛卯夏历二月十四日）发生"云门事变"，冼玉清简述事件经过："突有百余北汉围困寺门，说有军械藏金，遍搜不获，迫令供出。师被毒打四次，肋骨断，其余僧有被打死者。事为北京政府所闻，五月廿二日北京派员至乳源调查慰问，而事变始告一段落。"[4]是年夏，虚云和尚经韶关、武汉而抵北京，在广济寺成立中国佛教协会筹备处。

知识分子思想改造运动接踵而至，冼玉清除给岑学吕以资料及学术支持外，并未参与南华寺、云门寺等志书编撰工作。

云门事变后，证圆法师等编就老和尚口述年谱草稿，又将平时所得法语、

1　《陈君葆日记全集》卷二第589页。
2　同上，第76页。
3　陈垣致冼玉清函，《陈垣来往书信集》（增订本）第695、696页。
4　冼玉清《释家著述考·重编虚云老和尚自述年谱》，《广东释道著述考》（二）第378页。

《云门山志》

诗文、序跋等，一同寄交岑学吕考订、编辑。据冼玉清《广东释道著述考》，岑学吕撰《云门山志》，1951年云门寺常住出版，商务印书馆香港印刷厂排印。《虚云和尚年谱》，1953年香港印行。《重编虚云和尚自述年谱》上下卷，1961年香港排印。后者着重"云门事变"及事变以后之事，故与前谱有所不同。

《广东释道著述考》记观本及其著述："《香光阁集》二十卷（未见）。据《虚云和尚年谱》附《观本法师出家事略》著录。民国香山释明一撰。明一号观本，香山人。俗姓张，名寿波，号玉涛。生于同治七年戊辰（1868），光绪辛卯举人。年六十六出家，赴鼓山依虚云受具。民国三十四年（1945）卒，寿七十八。有《香光阁集》二十卷待刊。"[1]

冼玉清与观本相识于香港沦陷后回澳门轮船中，"船中遇见观本老法师，问姓名后，彼此相喜"。[2]

觉澄《我所知道的虚云和尚》一文谈及观本在福州鼓山整理佛教经籍，及其自撰《香光阁集》事，称张寿波喜欢革命维新，曾留学日本，为横滨大同学校校长多年，又舍家产为澳门功德林。虚云和尚命其整理涌泉寺经版，三年告竣，著有《鼓山经藏目录记》，有一千多部经版仗之保全下来。鼓山晚代祖师传记，中国藏经中少有记载，而日本《大正》《续藏》有记录，观本一一增补起来。

觉澄称为鼓山保存古迹文物为盛事。又称："观本著述丰富，他有《香光阁集》稿本二十卷，存在中山大学冼玉清处未刊。"[3]冼玉清《广东释道著述考》却称未见。事实尚待考证。

向往贤人君子人格

"仙山佳气蔼朝阳，破塱穿畦荞麦香。为爱故园岩壑好，未曾衣锦也还乡。"[1]1950年4月10日，清明后五日，冼玉清回到西樵简村寻宗问祖，诗情澎湃，赋《西樵杂诗》一组，此为第一首。

冼玉清虽自谓家在澳门住了五代，"西樵故乡也无人识，已视澳门为家乡"，但内心却向往祖居地，青年时期即有"怜我年年归计阻，新诗吟罢一潺湲"诗句，自注："屡欲携弟妹返乡，以盗不果。"

返西樵前，她赴南海冼氏同宗广州西园聚会，族弟冼得霖也任职岭南大学，有诗纪之，因和《宗人招宴西园次得霖韵》，中有"不同锦瑟醉宾筵，千里联芳此胜缘""喜看宝树亭亭秀，好结盘根万万年"句。

冼玉清（左三）1950年4月于西樵简村

返西樵祖居地，族弟冼逸农挈新婚妻子同行，进村后冼玉清反抢了新娘风头："二月山花映面朱，青蒲扇子绿罗襦。倾村老幼当门立，不看新娘看阿姑。"（《步归简村》）族兄冼文乡设家宴款待，餐桌上尽是家乡味道："笑语怡怡共举卮，酒浆罗列有佳儿。香秔嫩韭金银鲗，风味家乡最入诗。"（《饭宗兄文乡家》）

次日游西樵山，山上有云端、云路诸村，村名极美，似有天堂神仙之感："山巅朣朦有原田，林里人家袅灶烟。种蕨采茶生事了，云中鸡犬亦神仙。"（《游云端云路诸村》）

云路村口有明代高士抱真子李子长墓。李子长，名孔修，广东顺德人，善画山水、花鸟，有《骑驴吟咏图》等传世。据《抱真子墓志》，李子长少游白沙

1　《庚寅二月廿四返西樵》，《碧琅玕馆诗钞》第77页。本节冼玉清诗均出于此，不另注。

之门，独得真传，然皂帽深衣，人皆以为奇且目以痴汉。有人问陈庸，子长是否废人，庸答："子长诚废，则颜子（回）诚愚。"冼玉清赋诗："槃槃盖世世无论，荒冢谁来吊抱真。颜子如愚君则废，江门嫡派属斯人。"（《谒李子长先生墓》）

西樵西北麓有白云洞，是三十六洞之一。"欲揽西樵胜，先应访白云"，白云洞有三湖书院、奎光楼、白云古寺，三湖书院是康有为读书处，尚有摩崖石刻，为文人墨客流连忘返之所，又有琴壑、云坳等景致。"翠岩珠瀑自春秋，琴壑云坳处处幽。野老相逢开口笑，人间此地即丹邱。"（《白云洞》）

西樵寻宗之后，冼玉清着手全力编辑《陈子褒先生教育遗议》。1952年元旦，该书编定，随后印行，恰值陈子褒逝世30周年。过程费尽周折，一言难尽。

陈子褒1922年逝世，其女翘学将手录遗文30万言转交冼玉清。约于1932年，同学程季沅、梁镜尧、吴蓉芝相聚广州南园，商量编印恩师遗集，遵照崔师贯先生意见，决定先印教育言论，约全稿半数，因其卷帙较简，筹资易而印成速。此事因筹资困难一度搁浅。

抗战军兴，广州沦陷，冼玉清随岭南大学迁徙香港，与子褒学校同学时有

三湖书院

晤面，再度议及编印先师遗集事。1941年6月10日，冼玉清撰《改良教育前驱者——陈子褒先生》，刊于当期《教育杂志》。文章分引言、传略、革新思想、教育方法、结语等数部分，洋洋万言，其引言称："（先师）自戊戌政变，深感向上之无效力，深知政府之不足恃，乃幡然改图，蛰居澳门，从事教育者三十余年，以讲学著书为救国之途径。其思想与著作，在今日或以为未尽适合，然论事不能漠视时间性，就其所处之时代论之，则不可谓非独具卓识矣。"[1]

当年11月，冼玉清与区朗若、陈德芸着手编校《陈子褒先生教育遗议》书稿，与香港商务印书馆磋商，决定于12月印制成书。不料太平洋战事突起，商务印书馆工厂在北角，正当烽火之冲，《陈子褒先生教育遗议》书稿命运未卜。

冼玉清从香港避难澳门，不久北渡归国，一直念念不忘先师书稿。1943年曾致函香港商务印书馆，询问书稿下落。得知印书馆于兵燹中救出《陈子褒先生教育遗议》书稿，颇感安慰。而陈子褒遗稿其他部分则散失于兵燹播迁之间。抗战复员广州，再函商务印书馆，被告知书稿不在香港。她心急如焚，不停函询，至1951年春方知遗稿在上海商务印书馆总馆，但出版无期。

她觉得遗集问世不容再缓，决定取回原稿自印。1951年暑假专程赴香港，向

子褒旅港同学会摄于香港，前排右四为冼玉清

1 冼玉清《改良教育前驱者——陈子褒先生》，《陈子褒先生教育遗议》第260页。

同学筹募印刷资金。7月16日，子褒学校同学在香港六国饭店聚餐，到会者有冯民德、李宝麟、陈元喜、冼秉熹等15人，大家踊跃捐助，得印费之大半，书后所列"同校字"者25人，盖均为捐款者。

早在广州沦陷前，已请杨寿昌为《陈子褒教育遗议》作序，又请崔师贯作《陈子褒先生行略》。1941年底，陈德芸作《〈陈子褒先生教育遗议〉编辑概略》。1952年1月，是集最终出版，冼玉清作"补识"和跋，内容相若，均记遗集印行经过。她最后感慨："惜名列编辑之陈德芸君，已于1947年11月归道山，区朗若君更先德芸一年去世。检校此稿，良用惘然！"[1]

冼玉清《改良教育前驱者——陈子褒先生》一文作为附录，收入《陈子褒教育遗议》，结语总结陈子褒"教人要旨"："一曰不倚赖政府，二曰不倚靠产业，三曰担保忍耐，四曰提倡女权，五曰提倡以善胜恶。"并赞其"虽捐馆已久，而粤人谈国学、讲校风者，犹乐称道其教泽不衰"。[2]

冼玉清此时印行《陈子褒先生教育遗议》，与广邀师友题跋唱和《琅玕馆修史图》，同样不合时宜，不利于其在思想改造中过关。

早在岭大迁港之时，冼玉清即撰写《君子之基本思想》一文，载《岭南大学校报》港刊第100期（1941年5月），她所追慕的君子之道即孟子所谓吾养吾浩然之气，注重临难见节。这显然来自陈子褒的教诲，终其一生不断践行。

1952年，她在"检讨书"中剖白陈子褒教育思想的影响。她入学第二年即蒙免费，老师并写信赞扬她勤勉兼聪敏。她羡慕老师极负责任，与学生同甘共苦数十年而不倦的精神，于是立志终身从事教育，牺牲个人幸福，以为人群谋幸福。后一段自我批评向往"贤人君子"人格，"讲旧道德、旧礼教、旧文学，讲话常引经据典，强调每国都有其民族特点、文化背景与历史遗传，如毁弃自己的文化，其祸害不啻于亡国"[3]。

1　冼玉清"补识"，同上第10页。
2　冼玉清《改良教育前驱者——陈子褒先生》，同上第268页。
3　见冼玉清生平档案，1952年"检讨书"。

岭大——新中大

1950年底，20万中国志愿军跨过鸭绿江"抗美援朝"。国内政治宣传铺天盖地，美国人作为"帝国主义分子"均在被打倒之列。

在岭南大学，人们对美国人的态度发生明显变化：12月1日开始出现针对个别美国人的大字报，逐渐牵涉在校所有美国人。12月14日和15日，全校召开声讨大会，全体美国人不得不停止同中国朋友和同事往来。[1]

声讨控诉大会在怀士堂前大草坪召开，对象是以富伦为首的美籍教授。校长陈序经说："那时候，我还当在岭南的美帝分子是我们的朋友。控诉会前，我对胡景钊说，美国人都准备走，我们要他们走，就叫他们走。控诉会能够免就免罢。"他因此十分消极，第一天上午出席讲话，下午借故与王力到外间闲聊，第二天压根都没有到会。

陈序经一直处于两难之中，他希望外籍教授快离开学校，甚至提议政府把他们集中在外

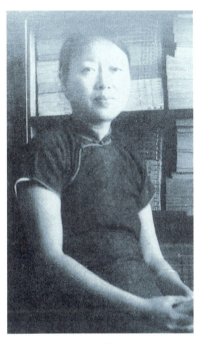

冼玉清1950年摄于书房

间，"因为他们在学校里使我在行政上有了好多不方便。因为他们的日常生活有好多是与学校有关系。而有些地方我们又不能照顾他们。"[2]

陈序经也成穷池之鱼，因此遭到批斗。1958年，冼玉清在思想检查中提到当时一幕："群众说陈序经是美帝分子，斗他时斗到他流眼泪。我认为应实事求是，诬陷人不好。"

岭南大学控诉大会上，学生们高喊"美帝倒下去，岭南站起来"，声明与美

1　富伦记载，见郭查理《岭南大学简史》，李瑞明编《岭南大学》第125页。
2　陈序经1952年思想改造手稿，见夏和顺《全盘西化台前幕后——陈序经传》第203页，广东人民出版社2010年版。

帝国主义脱离关系。1951年2月4日，富伦、嘉理斯、贺辅民等最后一批美国人撤离岭南大学。

1951年1月，教育部召开处理接受外国津贴的高等学校会议，岭南大学校董杨重光、教员岑家梧和学生代表卢永根出席。会议规定两种处理办法：一、立即接收，变私立为公立；二、暂时维持私立，准备条件转为公立。全国接受外国津贴的20所教会大学中，燕京大学、协和医学院、金陵大学等11所改为公办；岭南、沪江、东吴、震旦、圣约翰、之江、齐鲁等9所大学改为中国人自办，仍维持私立，由政府予以补助，但申明"应努力建设为人民自己的大学"。杨重光等返校向全校作传达报告。

同年3月，岭南大学表示拒绝纽约"中国基督教大学联合托事部"津贴，官方新闻说："岭大原为基督教会学校，57年来受美国基金委员会的控制，从1950年12月展开抗美援朝以来，全体师生对此利诱表示拒绝，坚决斩断与美帝的关系。"4月17日，《人民日报》发表社论《彻底割断基督教与美帝国主义的联系》。

9月30日，《南方日报》刊登《岭南大学的变迁》一文，全面否定其国际性传统："岭大过去是美帝国主义对中国进行文化侵略的重要堡垒之一，讲中国话在岭大是非法的，也从来没有升过中国国旗。"肯定其最新转变："1950年下半年抗美援朝运动和新中国各方面建设的成就，师生们的思想开始转变，参加了反美爱国运动并积极参加国防建设和经济建设，从面向美国转为面向北京。"

与此同时，全国高等学校院系调整工作轰轰烈烈地展开。1951年5月，政务院批准教育部部长马叙伦报告，确定适当地、有步骤地充实和调整原有高等学校院系。11月，教育部对全国工学院进行调整，岭南大学工程系科与中大工学院、华南联大工学院以及广东工业专科学校合并，成立华南工学院。

1952年5月，广东省文教厅成立院系调整工作委员会，杜国庠任主任委员，李章达、许崇清、陈序经任副主任委员，拟订师资和设备调查、科系调整、房舍调配和修建方案。

是年11月，广东省、广州地区高等学校院系调整工作基本结束，原中山大学、岭南大学、华南联合大学和广东法商学院文法、理科各系合并组成新的综合性大学，仍叫中山大学，校址定于原岭南大学康乐园。原石牌中大校园成为华南工学院和华南农学院校园，华南农学院由岭大农学院与中大农学院合并组成。岭大文学院教育系并入华南师范学院。岭大医学院与中大医学院合并组成华南医学院。这样，岭南大学实际上被撤销。

11月中旬，各校陆续开学。调整后的学校院系设置取法苏联高校体制，各专业开设包括联共党史、政治经济学等公共政治课。

新中大中文系成立系务工作组，由原中大、岭大中文系主任王起、容庚和原华南联大秘书长兼文学院院长叶启芳三人负责。不久，王起担任中文系主任。

院系调整过程中，一大批被认为混迹于学校，历史复杂，或所教专业不合时代要求的教师被裁汰，冼玉清侥幸躲过一劫，顺延成为新中大中文系教授，仍任文物馆负责人。

1952年第一学期，冼玉清给新中大中文系二年级开设中国古典文学课。班上学生高齐云1951年入学，从石牌中大进入河南今海珠康乐园。他回忆："我首次见到冼玉清教授，是在课堂上，她给我们讲授部分中国古典文学课程。从表面看来，她的身躯矮小，着装朴素，似乎不像位教授。但展开课，她对有关作家和作品的精湛的理解与阐释，就显示出学者的渊博和诗人的悟性。由于我担任学习班长，除了课堂和冼老师接触，还在课外与她联系，个人更有时就学习中国古典文学中遇到的问题向她求教。"[1]

刘节是中山大学历史系教授兼主任，从其日记可见中大文物室与岭大博物馆合并情形。他于11月1日、2日至文物室编古物箱号码，3日向中大住宅区同人辞行，下午到康乐村西南区61号住宅，蒋相泽带历史系同学来搬行李，姜立夫、梁方仲、王了一、容希白、陈寅恪师母先后来访。[2]

5日上午，冼玉清访刘节。6日上午，刘节与梁钊韬、冼玉清同参观博物馆。刘节与容庚等共同研究文物馆方案，梁钊韬与冼玉清共主其事。

院系调整后，中山大学招考教学辅助人员，麦佩芳录取后被分配到文物馆，在冼玉清领导下工作。她原来并无文物管理知识，文物的种类繁多，尤以少数民族文物更难辨别，除生产器物外还有生活用品和工艺品等，我国是一个多民族的国家，单是民族服饰就有五六十种之多，因此，她心里紧张，担心不能胜任。冼

1　高齐云《记冼玉清老师的教导》，《冼玉清研究论文集》第331页。
2　《刘节日记》（上册）第306—307页，大象出版社2009年版。下引同。

玉清安慰她："不要怕，文物管理工作只要有耐心过细地去做，边学边干，知识慢慢增长，工作就能做好。"又要她多读有关文物保管的书籍。"以后在冼姑长期耐心指点教导下，我慢慢懂得文物的分类、编目、入册、制卡等基本知识"，[1]麦佩芳是容庚长媳，视冼玉清为长辈。

邱世友是中大中文系青年教师，知道冼玉清是岭南女诗人、女学者，"虽然望门墙而兴叹而流连徘徊，可也是景慕之至了"。他回忆："1952年冬数系合并组成新的中大中文系，我协助系主任处理一些系中日常事务，自然和冼教授有接触了。由于合并新组成的系系务繁重，我的教学任务也不轻，虽有接触，还不能说是深刻了解的。但是，她的诗人的气质，透过所戴的那副金丝眼镜，从闲谈自然的神情中，可深刻地感触得到她的那种林下风度，更令人肃然起敬。"[2]

历史系与中文系都十分重视文物馆，几乎每周都有工作常会，年底列定次年工作计划。11月15日（星期六），刘节上午开会讨论1953年计划，下午至历史文物馆开会，晚访容希白谈话。[3]16日，下午至历史文物馆开会。28日，上午至古物

中山大学文物馆

1　麦佩芳《牢记冼姑的教导》，《冼玉清研究论文集》第288—289页。
2　邱世友《忆冼玉清教授》，同上第284页。
3　《刘节日记》（上册）第308页，下引刘节日记不另注。

馆访冼玉清。12月至次年1月，又多次召
开文物馆工作常会并点交文物，带领历史
系同学参观文物馆。2月下旬至3月下旬清
点书籍及书画。

　　2月7日，刘节约黄凤漳、冼玉清、
曾纪经吃饭，估计是谈文物馆工作。3月
20日中午，冼玉清约午饭，同席者有容希
白、商锡永、梁钊韬。22日中午，梁钊韬
约吃饭，座客有容希白、商锡永、冼玉
清。23日，刘节中午约容希白、商锡永、
冼玉清、梁钊韬午饭。24日中午，容希白
约吃饭。连续4次饭局，估计都与文物馆
工作有关，由冼玉清发起，随后同仁轮流
做东。可见文物馆工作虽然繁忙，但同事
关系融洽，人情味很浓，并无原先两校之芥蒂。

冼玉清摄于中山大学文物馆

　　刘节3月25日作函复冼玉清，27日向学校辞系主任职，或许是由于行政工作
太过琐细，影响学术研究。此后至4月上旬，他在同学帮助下校核文物馆书画及
书籍清点册，4月11日至文物馆运回日文书籍。

　　4月22日，刘节下课后至文物馆晤麦华三，24日下课后至文物馆开会，晚冼
玉清来访，同访容希白。

　　1953年，麦华三经冼玉清推荐，到中山大学文物馆短期协助整理鉴别古旧碑
帖。1956年1月21日，冼玉清访刘节，送麦华三著《十三行帖考》一册。此时冼
玉清已从中大退休，麦华三估计也已离开中大文物馆。

续岭南遗书

　　冼玉清北上"抄书"，志在整理研究乡邦文献，续编《岭南遗书》。

自第一次北游之后，她与伦明时有书信往来，研讨交流乡邦文献信息。1937年3月18日，伦明为抄写张萱《西园闻见录》致函罗香林："张萱有《西园闻见录》，系未刊本，一百余巨册，每册在百页以上。旧为陈师傅宝琛所藏，其子欲售与燕京大学，已议定三千金矣，而陈氏家属多不尽同意，因是中止。弟识其后人，拟借抄一份。"《西园闻见录》1940年由哈佛燕京学社印行，伦明曾致函冼玉清谈借抄事。[1]

陈庆龢题《西园闻见录》

张萱（1563—1647），字孟奇，广东博罗人，万历十年（1582）举人，授殿阁中书，官户部郎中，著有《秘阁藏书录》《东坡寓惠集》《西园闻见录》等。

伦明1944年10月病逝东莞故里，冼玉清非常关心粤人著述秘籍下落，致函请其北平家属以藏书归公。她得偿所愿，这批珍贵藏书终归北京图书馆。

继伦明《辛亥以来藏书纪事诗》后，王謇《续补藏书纪事诗》也有冼玉清条："班昭续汉玄黄际，语业西樵一大家。况有月蝉飞笔露，经师人表拜灵娲。"其传称冼玉清"多藏理学、美艺书。尝副纂通志，与修国史。能诗文词，善鉴别书画，且雅能考证乡邦掌故"。"教授岭南大学，经师人表，通儒硕学，兼而有之"，冒广生命王謇题吴湖帆绘"修史图"，见首两句"十年野史荒亭，班招续汉玄黄际"，大为击节，称真得稼轩神体。[2]

从一部《西园存稿》可见琅玕馆藏书之一斑。

《西园存稿》原为番禺陈仲良藏，仲良字罗山，嘉庆戊辰举人，历任四川盐亭、成都知县，河南安阳知府。其子陈泰初字在田，道光乙巳翰林，与招子庸有姻谊，招子庸罢官后曾挟琵琶至四川依之。

1　伦明复罗香林函，《罗香林论学书札》第336—337页。
2　王謇《续补藏书纪事诗》第70首及注，《辛亥以来藏书纪事诗（外二种）》第205—206页。

约1930年，冼玉清在广州文德路书摊购得此书一部分，聂子材在双门底冷摊购得一部分，伦明则得另一部分。1935年秋，伦明向冼玉清、聂子材借去十余册补抄。抗战期间，聂子材去世，徐信符又购得一部分，居为奇货，冼玉清怀疑即聂氏旧物。徐信符去世后，得其后人以所藏《西园存稿》零本相赠，又得袁同礼抽出伦明遗书中此书散册相赠，数家所藏悉归琅玕馆。

然而此书缺漏尚多，得知北京图书馆或某处存有残本，冼玉清请陈垣代为补抄，交代此书来历，问陈氏"亦有兴赐撰一跋否"。[1]她收到代补《西园存稿》后，1950年5月4日致函感谢，称"所示校补方法，受益尤多"。信中说："此书缺漏实不止此，初时以琐碎麻烦，不敢重劳长者。及读覆示，有'不满意再发下'之语，具见爱护书籍盛心，此学者所以为学者也。今摘其太甚者再录十纸付上，其卷卅五、卅七及附录后三本原册附呈。附录后四十四页以下似尚有缺页。书中破行甚多，如可随手代补者，则做一次功夫胜于做两次也。得毋责其竭忠尽欢否？抄工若干示知，俾照奉还为幸。"陈垣又代补数纸，冼玉清5月18日函称收到补校《西园存稿》多纸。

直到1957年，冼玉清仍在核校此书。3月7日，陈垣函称："托人带来《西园存稿》第三十七卷，缺了四页，经我出北京藏本一校，也同样缺此四页。"

冼玉清追述伦明续岭南遗书之志："东莞伦哲如教授明喜蓄书，又精目录版本之学，居留北京三十余年，每日课罢，遂巡于小市厂甸之间，所得日富，而采集粤人著述尤多。其毕生宏愿，在续修《四库全书》及编印《续岭南遗书》。"[2]

《岭南遗书》凡6集，收书61种331卷，分装96册，刻成于道光十一年至同治二年（1831—1863），皆粤人著述，起唐至清，以所得先后陆续校刊。谭莹校勘并作跋，大多署名伍崇曜。

当年续修《四库全书》呼声甚高，而编印《续岭南遗书》，只有伦明与弟子李棪（劲庵）热衷其事，除冼玉清与邓之诚外，世人鲜知。1936年前后，李棪返粤，向陈济棠措款，拟印《续岭南遗书》，包括屈大均《翁山文外》《翁山文钞》，孙蕡《西庵集》，博罗张萱《西园闻见录》，南海桂文灿《群经补证》等6种。冼玉清称："就以上六种而言，似非奇秘，其他未入样本者，当不止此

1　冼玉清致陈垣，《陈垣来往书信集》（增订本）第695页。下引同。
2　《谈编印续岭南遗书》，《艺林丛录》第三编第158页，商务印书馆香港分馆1962年版。

数。"[1]

编印事因战争停顿，伦明致函冼玉清，请其访李棪求交代，邓之诚也函嘱转告李君速为处理。"今李君远适异国，秘籍之下落如何？中心耿耿。盖编印续岭南遗书，乃粤人应有之事也。时北平图书馆馆长袁同礼守和久滞香港，先生欲以个人藏书归公，嘱为关说，卒以条件不符而罢。"[2]

李棪离京时，将全部书籍寄存左安门张园，后转存邓之诚家。抗战事起，邓之诚又交燕京大学图书馆保管。1952年燕大与北大合并，冼玉清猜测此书应在北京大学图书馆。[3]

李棪1952年起任教英国伦敦大学和伯明翰大学达15年之久，冼玉清无法联系，只得继续追问邓之诚。1956年1月30日，邓之诚收到来函答以不知。2月17日再得来函，邓之诚日记："（冼）仍疑予勒揞伦哲如之书，此女利口，巾帼中能人也。"

同年7月3日，邓之诚"得冼玉清寄来《离六堂集》，首附《行乐图》三十一图，椠刻颇精，无翁山序，殆已削之矣！《河决》《地震》七古各一章，颇有愤辞，其气风气使然"。《离六堂集》，清初释大汕著，冼玉清藏书，冀邓之诚为之题跋也。

10月6日，邓氏致函冼玉清，请转告中山大学径函陈公穆，问捐书情况。10月7日，再函解释昨书觊觎者，是指某大学。

邓之诚之子邓瑞任中山大学历史系助教，曾得冼玉清帮助。1957年2月11日，邓瑞自广州返京，"携冼玉清所赠南安板鸭，盖催题《离六堂集》也，已搁置半年，终当了之"。日记载冼玉清言："陈公穆所捐东塾书已运至广州，当略致《东塾杂俎》稿酬。"

1958年5月10日，邓之诚复函冼玉清，寄还其稿，斥"此人于学一无所知，乃欲从事著述，异哉"，又称"历指其短，不为之讳饰"。邓氏为人风格如此，冼玉清所寄何稿尚不能确定，其学术研究确遇到障碍，也正力图寻求突破。

冼玉清仍对邓之诚谦逊有加，以师礼待之。1959年9月，她托返京的裴效先

1　《谈编印续岭南遗书》，《艺林丛录》第三编第158—159页，商务印书馆香港分馆1962年版。
2　《记大藏书家伦明》，《艺林丛录》第五编第327—328页，商务印书馆香港分馆1964年版。
3　《谈编印续岭南遗书》，《艺林丛录》第三编第159页。

送去菠萝罐头一只及肉少许。10月，裴效先辞行再往粤地采买旧书，言及广州南州书屋徐氏藏书，"尚贮三楹，集部为多"。邓之诚闻之神往，对其原刻《翁山诗外》《文外》已售去尤感可惜，"我未能遇之，此事信有墨缘"。

11月18日，邓之诚得王钟翰信，谈及陈寅恪，"陈现挂名广州科学分院副院长，去年批判三次"。[1]邓之诚日记终于1960年元旦，他于6天后逝世。

冼玉清说："编印《续岭南遗书》，为吾粤应有之事，亦粤人应办之事。惜哲如先生已归道山，文如教授亦于去年谢世，李君劲庵又远客异国。姑记其事，以俟世之关心乡邦文献者。"[2]李棪于1970年代初回归香港中文大学，而冼玉清也早归道山。

为学术争自由

清华大学一直希望陈寅恪北上。1951年8月31日，陈君葆访岭南大学晤陈寅恪。"寅恪无意于入京，他以为重回清华未必得住如现在岭南那样宽敞的房子，而岭大也的确待他不坏，这在许多人说是陈序经在那里弄手腕。姑无论如何，若强寅恪入京反不如任其在岭大之为愈耳。寅恪的短处也许是他的长处。"他在日记中写道。

陈寅恪陪同陈君葆参观岭大博物馆，并晤冼玉清。随后冼玉清陪他同访王力，谈及有人寄香港大学招聘中文教授广告等事。[3]

陈君葆每从香港过穗，都以造访康乐园为乐事。1950年秋天，他回省参加人民代表会议，抽空往岭南大学探望陈寅恪，谈至下午四时许才返回会场。[4]

1953年底，中国科学院召陈寅恪进京任职被拒，震动学术界，引起深刻社会反响。刚刚北游南返的冼玉清见证了事件全过程。

1953年，中共中央决定成立中国历史问题研究委员会，由陈伯达担任主任，

1　以上均引自《邓之诚文史札记》（修订本）下册第918—1203页。
2　《谈编印续岭南遗书》，《艺林丛录》第三编第159页。
3　《陈君葆日记全集》卷三第124页。
4　同上，45页。

陈君葆日记

郭沫若、范文澜、吴玉章、胡绳、杜国庠等任委员。历史研究委员会决定中国科学院原近代史研究所改称第三所，范文澜任所长；拟另设第一所（上古所）由郭沫若兼所长，和第二所（中古所）由陈寅恪任所长。

中科院历史所欲网罗天下英才。同年10月7日顾颉刚日记："诗铭告予，北京中国科学院将添设古代史研究所与中古史研究所。中古史聘陈寅恪先生主之，古代史将招予。"[1]同年11月杨树达日记，"文玄复书云：《历史研究》事由毛主席发起，郭沫若提名，余名已被提出，峻侄闻之张勃川云。""峻侄书言：中央恐学术传统中断，故邀请历史学者入京，从事研究，事由郭沫若主持。据峻所知，见邀者除余外，尚有陈寅恪、顾颉刚云。"[2]

11月10日邓之诚记聂崇岐言："城中将成立上古史研究所，所长由郭沫若自兼，中古史研究所所长属意陈寅恪。然则陈君何必吟谤诗乎！"[3]所谓谤诗，概指《题冼玉清教授修史图》三绝句等。据说汪篯带回陈寅恪四首诗，由翦伯赞注释后刊载中宣部内部刊物，邓之诚日记中多次提及陈寅恪谤诗。

中国科学院早有请陈寅恪北上之意。1952年5月，中科院副院长陶孟和致函

1　《顾颉刚日记》卷七第453页。
2　杨树达《积微翁回忆录》第268页，北京大学出版社2007年版。
3　《邓之诚文史札记（修订本）》（下）第757页。

梁方仲称："陈寅恪先生近况如何？科学院前年曾拟请其来京主持历史研究，迄无结果。请便中一询（最好直接不要经过旁人），并代述科学院拟借重之意。陈先生离岭南有无问题，也请调查一下为感。"[1] 梁方仲不久回复，称陈寅恪不愿北上，并荐徐中舒以自代。

　　1953年10月18日，陈君葆访问中山大学，探视陈寅恪，发现陈氏夫妇均抱病，三个孩子健康状况也不佳。他们谈了近一个小时，主要是关于中科院征调事，陈寅恪拒绝北上，态度非常坚决。陈君葆日记："关于寅恪自己的事，他把十月十七日郭沫若拍给他的电报，并他的覆电给我看。科学院是要聘他担任历史研究院的中古史一部分的领导，并约他为明年春出版的史学杂志一类刊物的头一期撰文；他覆电坚决地推辞赴任，理由是病，但推陈援庵继。这态度似乎很难说得过去，但我想了一下，又不便对他提出甚么意见，同时也怕一旦辩论起来激起他生气更不方便，再则我也不是为中央作说客，非与他天天见面，便何从谈到劝驾呢？自然，我也很愿意寅恪能到北京去，南方岂是他税驾的地方！"[2]

陈寅恪一家（摄于1950年）

1　据梁承邺《从新发现史料看陈寅恪北上问题》，见《南方周末》2006年3月23日。
2　《陈君葆日记全集》卷三第264页。

是年11月，北京大学副教授汪篯肩负中国科学院重托，带着郭沫若和李四光信函南下，再次动员陈寅恪北上。汪篯是陈寅恪在清华大学的学生兼助手，21日晚见到陈寅恪，转交郭、李二信。22日晨，陈寅恪与汪篯长谈，并作答复，由其夫人手书，提出担任中古所所长的两个条件：一、允许研究所不宗奉马列主义，并不学习政治；二、请毛公或刘公给一允许证明，以作挡箭牌。

知识分子思想改造运动刚刚落幕，旨在建立马列主义在意识形态领域的主导地位，陈寅恪提出如许条件，自然会被视作极大另类。冼玉清现场目睹了这一历史场景。

汪篯在《陈寅恪的简史及学术成就》一文中记述当时详情，称冼玉清与黄萱一齐劝陈寅恪没有必要这样提，陈寅恪倔强地说："我对共产党不必说假话。"黄萱问："如果答应你的条件你又怎么办？"陈寅恪答："那我就去，牺牲也可以。"冼玉清再劝陈不必如此，陈寅恪说："我要为学术争自由。我自从作王国维纪念碑文时，即持学术自由之宗旨，历二十余年而不变。"

身负使命的汪篯以"党员的口吻""教育开导的口吻"与老师谈话，陈寅恪生气地说："你不是我的学生！"[1]

12月1日，汪篯再与陈寅恪作正式对话。谈话中，陈寅恪口述《对科学院的答复》，由汪篯笔录，成为重要历史文献。

陈寅恪回顾了撰写王国维纪念碑文经过及思想内核："我认为研究学术，最主要的是要具有自由的意志和独立的精神。所以我说'士之读书治学，盖将以脱心志于俗谛之桎梏'。……没有自由思想，没有独立精神，即不能发扬真理，即不能研究学术。"学说有无错误可以商量，王国维的学说中有错误，他的学说也有错误，个人之间的争吵不必芥蒂。"但对于独立精神，自由思想，我认为是最重要的，所以我说'唯此独立之精神，自由之思想，历千万祀与天壤而同久，共三光而永光'。"他认为王国维一死，"乃以见其独立之意志，独立精神和自由意志是必须争的，且须以生死力争"。

陈寅恪强调："从我之说即是我的学生，否则即不是。将来我要带徒弟，也是如此。"并再次提出北上主持中古所的两个条件。

他又谈到个人情况，一动不如一静，他在广州很安静，自己身体不好，患高血压，太太又病，心脏扩大，昨天还吐血。

他希望汪篯把他的意见带到科学院，碑文也带去给郭沫若看。如果郭沫若认为碑文不好，就请他自己来做，"那么我就做韩愈，郭沫若就做段文昌，如果有人再做诗，他就做李商隐也很好"。[1]

冼玉清11月28日致函陈垣，当提及汪篯面请陈寅恪北上事。12月18日，陈垣复函称："中古史研究所事情当汪君未南行前，曾到舍间商酌，同人意见以为所长一席，寅恪先生最为合适。今闻寅恪先生不就，大家颇为失望，奈何！"[2]

冼玉清也曾致函邓之诚告知此事。12月21日，邓之诚日记："得冼玉清书，言陈寅恪为国家争独立，为学术争自由，故不应科学院之聘。此说何坎？又言《遍行堂集》索价百万，不能买矣，即作复，问能还价否？"[3]《遍行堂集》或指南州书楼旧藏，为前清禁书，黄荫普有复本，邓之诚甚为关心。所谓"为学术争自由"，他似乎很难理解所以语含讥诮。

---

1 《对科学院的答复》，陈寅恪口述，汪篯笔录，副本现存中山大学档案馆。
2 陈垣致冼玉清函，《陈垣来往书信集》（增订本）第696页。
3 《邓之诚文史札记（修订本）》（下）第770页。

第十一章

参政

退休疑云

1955年10月14日，冼玉清收到中山大学函，称根据高等教育部规定精神，她"已具备条件，可以享受退休待遇"，决定其11月份起退休，"每月发给原工资的百分之六十的退休金，至寿终时止"。[1] 要求10月25日前办理手续，无异于强令退休，她为此郁郁不乐大半年。

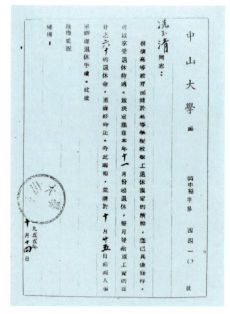

中山大学致冼玉清退休函

经历高校院系调整及思想改造运动，冼玉清均侥幸过关。大概在1953年，梁方仲代作诗二首："秧歌腰舞管中兴，百咏流离笑旧型。自爱琅玕风日暖，天空彤管蕴冬青。""九仞功期一篑成，他山攻错感良朋。异时桴鼓摧坚阵，愿得彭王作骑兵。"[2] 梁承邺称其父戏作，是"解难""义举"，旨在帮冼玉清在思想改造中过关。诗中"百咏流离笑旧型""他山攻错感良朋"句，对冼玉清的确是心理安慰。

梁方仲（1908—1970），广东番禺人，十三行天宝梁氏后裔。历史学家，经济史专家。曾任职中央研究院社会研究所，1949年初南下，应聘为岭南大学经济系教授兼主任，1952年转任中山大学历史系教授。冼玉清与其父梁广照有交往。梁方仲能诗，斋名不容室，1952年，冼玉清题《不容室集》："廿年怀抱凤相期，秀挺天南笔一枝。志事桓谭新著论，呕心昌谷苦攻诗。层楼风雨春成晦，绮岁琼瑶怨特迟。如炬眼光人读史，烂柯同看局中棋。"[3]

1954年11月，中山大学中文系、历史系教授讨论座谈《红楼梦研究》，新

1　编号为（55）中秘字第4410号，原件现存广东省文史馆。
2　《代冼玉清戏作未雨新季思》，转引自梁承邺《无悔是书生——父亲梁方仲实录》第295页，中华书局2016年版。
3　《碧琅玕馆诗钞》第79页。

华社《内部参考》载文称："中山大学的教授们对关于《红楼梦》研究问题的讨论，普遍存在着'准备怎样搞，到底要搞到什么程度'的疑问。这问题引起了该校教授们种种的思想顾虑。有些教授担心考据工作要被否定。"批判《红楼梦研究》之后，又批判"胡风反革命集团""胡适思想""肃清暗藏反革命分子"，全国高等院校对在校教师作重新整编，一些"漏网"者再被处理。

中山大学党委"进行老师政治历史审查工作""分批做出历史结论"[2]，冼玉清大概是较早被做出结论者。据中山大学1955年《教师情况调查材料》，她在课堂上说"文言文优于白话文""还是应讲些礼教、道德和旧文学"，这些话被作为典型材料写入报告。她的"政治鉴定"评语为"对政治不闻不问，连报纸、新文学也从不过问"。[3]

有趣的是，陈君葆对她的评判与上述材料如出一辙。1955年2月3日，冼玉清到访港大冯平山图书馆，寻找《现代广东文钞》材料。谈起简又文欲回中国大陆事，陈君葆评论，"冼子的意思是说：'我有什么法子呢？'然则说冼子可谓完全不关心国家政策这一类的事情，一切只是虚与委蛇了！不过她又不能学容庚那样的老气横秋，一概总不理它地来作消极的不合作。这些在过渡时代自然的是一个难题"[4]。陈君葆关心国内政治，比身处运动风波中的知识分子更甚，冼玉清作为女性学者敏感而脆弱，不可能老气横秋，这是她的痛苦之处。

思想改造运动中，冼玉清作"检讨书"反思自己教育思想渊源，自我批评"向往'贤人君子'的人格""讲旧道德、旧礼教、旧文学，讲话常引经据典"[5]。目的是希望继续从事教育工作。她虽然年届花甲，但自认为正处于学术盛年期，不应该退休；她早年立志献身教育，终身未嫁，视学校为家，视学生为子女，退休后势必感觉无所适从。

高校老师青黄不接，中山大学与冼玉清年龄相仿甚至年长者多未退休。在职教授中，陈寅恪比她大5岁，容庚大2岁、岑仲勉大9岁。

1　新华社《内部参考》1954年第282期，题为《中山大学的部分教授对关于〈红楼梦〉研究问题的讨论抱着抗拒态度》，署名潘国维。

2　《中山大学委员会成立以来的工作总结和今后的工作任务》，《中山大学历次党员代表大会党委工作报告》第5页，中山大学档案馆编。

3　中山大学档案馆1955年《老师情况调查材料》。

4　《陈君葆日记全集》卷三，第381页。

5　见冼玉清生平档案，1952年所写"检讨书"。

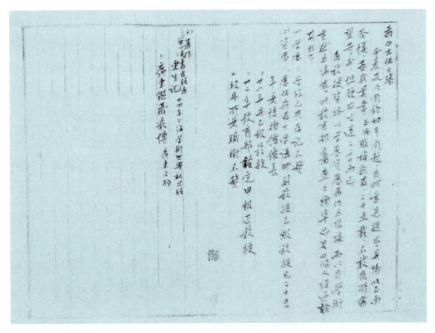

冼玉清致容庚手札（底稿）

　　冼玉清对学校强令退休决定表示不满，当晚动笔向中文系及主任容庚说明情况，表明自己"服务岭南二十五载，不敢有所奢望苛求，但愿得公道二字而已"，"查教授资格，以学历、资历、著作作为根据，而以有学术贡献为归依，此教育部审查之标准也"。其学历为岭南大学毕业，历任岭南大学讲师、副教授、乙级教授25年，兼博物馆馆长，1939年升乙级教授，1933年教育部诠定甲级正教授。著作出版者：《更生记》，1935年上海学术世界社出版；《广东鉴藏家传》……[1]

　　情况说明底稿至此为止，誊清后应该补全著述，但并未起到应有作用。1955年11月，冼玉清正式从中山大学退休。

　　具备条件者众，依然在职者亦众，为何冼玉清要被强行退休呢？根据中山大学档案，1955年肃反运动中，有人检举她时常往香港"送情报"。因为家在澳门，有亲人在香港，她每年寒暑假都要去港澳，"送情报"不知从何谈起。无奈之下，她被迫写下"坦白书"，交代有一笔存款在香港，那是她立志终身不嫁后，父亲怜其孤苦无依，在香港银行为其所存。她定期赴港，是去银行签收利息。

虽然没有"送情报"证据，但有人不能原谅她在香港有一笔存款。于是，借着批判胡适资产阶级唯心论，批判胡风反革命集团及肃反运动，中山大学以思想保守陈旧、封建落后、不肯参加政治学习为由，将她作强行退休处理。

冼玉清被迫退休，离开自己一生追求和热爱的教育事业，同时又面临着放弃学术研究，内心痛苦与挣扎可想而知。退休是《碧琅玕馆诗钞》卷二与卷三之分界线。卷二最后四首诗均与藏书有关，依然保持旧有风貌，除《题梁方仲不容室集》外，尚有《题倪寿川江上云林阁》（辛卯）、《题胡文楷编名媛文苑》（辛卯）和《寿黄子静丈七十》（癸巳）。

倪寿川，江苏镇江人，好藏书，继父辈又得戴培之家藏，斋名江上云林阁，吴湖帆为其绘图，引来众多名家吟诗作赋，冼玉清诗即题此图。胡文楷（1899—1988），字世范，江苏昆山人，藏书颇富，搜罗历代妇女著述文献数千种，编纂为《历代妇女著作考》，选订《历代名媛文苑简编》。黄子静，广州逢源街小画舫斋主人，冼玉清撰《广东丛帖叙录》得其所助。

冼玉清正式退休后，香港的朋友学生邀请其赴港执教，月薪可达3000多元，均被谢绝[1]。澳门家人邀其返澳寓居，亦被谢绝。她继续留住中山大学。

参加政协

冼玉清退休之前，已当选省政协委员，参加1955年1月底在广州召开的政协广东省第一届会议。

1月27日是大年初四，陈君葆专程从香港赴穗出席省政协会议。第二天会议议题很多，包括侨务、侨汇及华侨就业、教育等问题，其日记有较详细记载，包括发言者名单。[2]第三天会议闭幕，陶铸发表讲话，投票选举常委，冼玉

---

1 据庄福伍《冼玉清生平年表》。
2 《陈君葆日记全集》卷三第378页。

清当选。[1]

退休前后，冼玉清情绪低落，诗作中有明显流露。《琅玕馆近诗》钞本作于1954—1962年，"手稿杂乱，似尚未正式编写"，[2]陈永正编定《碧琅玕馆诗钞》三卷：原《碧琅玕馆诗》《琅玕馆诗钞乙集》为卷一；原《碧琅玕馆近丙集》及《流离百咏》为卷二；《琅玕馆近诗》及其他手稿为卷三。可见"衰年变法"痕迹，亦可见诗风变化过程。

1955年10月5日，苏联经济及文化建设成就展览会在广州开幕。为举办展览，广州市在人民北路修筑中苏友好大厦，占地面积11万多平方米，建筑面积1.83万平方米，每天可容3万人次。苏联驻华大使尤金、广东省副省长贺希明等相继致词。冼玉清躬逢其盛，写下《广州苏联展览会开幕歌》长诗，开首数句为："十月五日天无尘，流花桥边言笑真。苏联展馆开幕辰，同赴胜会不后人。大厦何奂轮，屹然南国新。巍巍立铜像，兄弟携手亲。"[3]

广州中苏友好大厦

1　据庄福伍《冼玉清生平年表》。
2　陈永正《碧琅玕馆诗钞》前言，《碧琅玕馆诗钞》第3页。
3　《碧琅玕馆诗钞》第81页。本节引诗均出自《碧琅玕馆诗钞》卷三，不另注。

1955年10月28日，缅甸文化代表团访问广州，冼玉清赋诗描述歌舞的华丽与文化蕴含，寄托对千佛国的向往和美好祝愿："来自庄严千佛国，宝光灿灿耀长星。噫吁嚱！河流同源山脉连，中唐白傅有诗篇。从此埙箎共赓奏，友谊应同金石坚。"

政协的重要职能，是"参与对国家方针、政策、法律、法令执行情况的检查和监督"。1955年11月，冼玉清参观广州河南岛新滘区磨碟沙农业生产合作社，并作长诗，开头写道："风吹稻花满路香，芭蕉叶肥甘蔗长。过桥度阡又越陌，行行已到新农场。"

村民原是疍民船家，拉网打鱼之外也耕作农田。她参观农业社，细致观察，听农民讲故事，"自从人民得解放，地主恶霸都扫荡，闻说有田分，怀疑真抑妄"，后来"农业合作提倡下，单干户多求入社"。诗的结尾说："此是老农娓娓对我言，憧憬美好远景乐陶然。"

1956年春，广东数月不雨，亢旱为灾，省政协派员至各乡视察，以解决水源抢插稻禾及落实贷款诸问题。冼玉清"不敢辞劳"，从佛山转三水，深入芦苞等山乡视察，发现有32乡规划打井，十亩一井，由群众及钻探队共同承担。视察历时半月，返回广州赋成《视察春耕八首》。其中两首颇有情趣，又与其诗人学者身份相谐。《工地扫盲》："识字先从名物始，吾师遗教树风声。水车打井兼车水，陌上工余又扫盲。"《视察员公余生活》："江乡鲫鲤席间陈，我逸人劳愧此珍。饭罢禹门坊下坐，汀沙如雪月如银。"

农村从初级社到高级社再到人民公社，城市从私营到公私合营再到国营，即"社会主义改造"过程。1956年1月29日下午，广州市社会主义改造胜利大会在越秀山人民体育场举行，参加者达6万人之众，包括工人、店员、手工业者、农民、工商业者及其家属，还有学生、机关干部、解放军以及文艺界、科学界、工商界、宗教界、少数民族、水上人民等。他们环场而坐，"欢呼我国南方最大城市进入社会主义社会"。冼玉清兴奋难抑，作《庆祝广州市社会主义改造胜利联欢大会》一诗，序中写道："余忝与斯会，目睹胜况，因为诗纪之，敷陈实事，聊当日记之一页云尔。"

1956年3月1日，捷克斯洛伐克社会主义建设成就展览会在中苏友好大厦开幕，冼玉清出席开幕式后，赋诗赞美："尔欧洲中心之宝石兮，放五色灿烂之光芒。以十三万里面积、一千三百万人口，而跻世界十大工业国之辉煌。"

苏联最高苏维埃主席团主席伏罗希洛夫访华是中苏蜜月期的高潮，也是两国交恶互斗的开端。1957年4月28日，伏罗希洛夫在广州受到中共中央政治局委员彭真和广东省省长陈郁等迎接。冼玉清有诗纪之："飞花璀璨洒嘉宾，好鸟嘤鸣迓远人。正是岭南春似锦，万千佳气一时新。"

广州民俗文化也出现新气象。1956年6月1日，名菜美点展览会在文昌路广州酒家开幕。广州酒家前身为西南酒家，抗战期间被毁，重新开业后改现名。冼玉清欣然赋诗："会开烹饪食为天，幸福提高义更全。引我馋涎香色味，羡他妙手泡腌煎。瓜丁菜甲南庖爽，熊脯羊羹北馔妍。冰室西厨浑遍尝，尽多经验载新编。"

展览会展出有喜筵、寿筵、满汉、全羊宴、海鲜席、北方大全席等，计名菜233种，美点369种，分馆陈列：广东馆内分广州菜、潮州菜、东江菜；外省馆内分回族馆、西餐馆与鸡尾酒会；小食品馆内分粥、粉、面、甜点、包饺等；冻品馆有各种雪糕、雪条及冻饮品；点心馆有中西糕点及四时不同之四季美点等。她一一记录，称"虽不能表现全貌，亦足见广州饮食产品之丰富与制作技术之精巧"。展览会特制食谱，载名菜300余种，美点200余种，蔚为大观，冼玉清称"具有严重之政治意义"。

是年七夕，广州文化公园举办乞巧展览会，展品有番禺县文冲乡农业合作社制作的唐明皇游月殿故事剪纸一套，有新会荷塘乡人李树林用瓜子仁砌成针楼，高二尺，形如塔，又有妇女以南瓜去瓤，雕成盒状可作灯用，另有画家卢镇寰、冯湘碧等人合画巨幅《天河会》。冼玉清赋诗记之："非关仙迹话良宵，艺苑翻新看夺标。月殿虚闻传法曲，画图真欲接星桥。针楼窈窕神工擅，瓜盒玲珑女手雕。余事人间都绝巧，我来观止发清谣。"

政治运动无休无止，知识分子普遍意志消沉。1956年1月，中共中央召开知识分子问题会议，周恩来在报告中称，知识分子经过思想改造，已是工人阶级的一部分，应当改善对知识分子的使用和安排，使其能够发挥对国家有益的专长，应给其必要的工作条件和适当的待遇。

是年10月，冼玉清参加广东省人民委员会及省政协工作组，赴汕头、梅县视察高等知识分子问题，在汕头访问中学5间、教师28人，在梅县访问中学7间、教

冼玉清（二排中）与广州市小学历史老师合影

师80人。归来写成《潮梅视察十二首》，称"因将沿途所见及所得实况，写成小诗。此是反映人民意见，并非讽刺时事，愿读者正视之"。第一首《出发潮梅》有"不教野有遗贤叹，检点弓旌又载途"句，彰显其使命感。

组诗前8首多粤东人文胜迹、自然风光及民间民俗，清新自然，韵味十足。《车过西湖》："词客招魂认塔孤，车窗一瞥见西湖。自从玉局昌文教，应有才人似大苏。"《初抵汕头》："江水名韩里慕韩，前贤姓字不容刊。恨他一纸天津约，却任旁人榻畔鼾。"《潮州风味》："烹调味擅东南美，更见工夫茶与汤。玉琯红牙纷赴节，五音繁会爱潮腔。"

《初抵梅县》即闻琅琅书声："水乡言别到山乡，刻苦民风矫矫强。学舍最多文教盛，满街儿女挟书囊。"黄遵宪故居却显得冷落凋敝，《过人境庐》："四壁萧萧人境庐，空留三字榜门书。手栽梧柳都销歇，庭院纵横有牧猪。"

后4首始步入工作正轨。《党群问题》："党群何事隔高墙，民主原来未发扬。深坐公厅听会报，偏听偏信事堪伤。"批评领导不深入了解情况，偏听偏信，歪曲事实，冤枉好人。《福利问题》："配肉评薪意见纷，可怜此腹负将军。金名福利应思义，惆怅多时旱望云。"披露梅县教师待遇差，月供猪肉仅六两，均感营养不良，有疾病或急需者所申请福利金因不能及时发放而失效。《学习问题》："政治勤攻遗业务，试场催老白头人。长篇报告言无物，半日光阴付欠伸。"老教师反映因应付政治学习而致疏忽业务，政治学习长篇报告动辄三四小时且言之无物。最后一首《领导问题》："玉石谁能辨假真，如山资料亦陈陈。高悬幌子名徒尔，指导何曾到众人。"自注："人事科只系收集材料而不给人知，故是非曲直无由解释亦无法改善。"或许联想到自己在中山大学所受不公遭遇。

1957年6月13日，冼玉清随政协委员会视察访问合浦、湛江专署。所至之地，有江门、水东、茂名、湛江、合浦、北海、防城、钦州、南宁、梧州各地，"酷暑遄征，十分辛苦，七月半乃返抵校斋，如返清凉世界矣"。[1]

端居云表看沧海

1956年12月，冼玉清被任命为广东省文史研究馆副馆长。省文史馆成立于1953年8月，首任馆长侯过，副馆长胡希明、廖嗣兰。她此前为退休之事烦恼，文史馆虽为闲职，对她也是心理安慰。往汕头、梅县视察高等知识分子问题后写成《潮梅视察十二首》，"时得到张治中、陶铸、杜国庠的赞赏"[2]。她担任文史馆副馆长，杜国庠应该起了关键作用。杜国庠，广东澄海人，广东省文教厅长、中国科学院广州分院副院长。1961年因患胃病去世，冼玉清作挽诗将其比作韩愈："得补心如乱箭攒，文星乍黯夜霜寒。声声奖勉犹畴昨，事事撑持见胆肝。百粤有金应铸范，万流何处更瞻韩。刀圭失效怜剜胃，寂寂遗容忍泪看。"[3]

冼玉清退休前后，由九家村搬至康乐园东北区10号。陈寅恪一家已于1953年夏天搬至东南区1号（现"陈寅恪故居"）二楼，周寿恺、黄萱夫妇住一楼。琅玕馆与陈宅举目相望。刘节住东北区29号二楼。经历多次政治运动，冼玉清与陈寅恪交往更为密切。教授学者之间的交往，或许是自我认同的一种方式。

1　冼玉清致陈乃乾，见2015年6月27日嘉德拍卖会"共读楼存札"专场。
2　庄福伍《冼玉清生平年表》。
3　《碧琅玕馆诗钞》第134页。

1957年春节，冼玉清贴出陈寅恪撰赠、唐篔手书春联："春风桃李红争放，仙馆琅玕碧换新。"联想陈三立"碧琅玕馆"题匾，兴奋地赋诗《丁酉岁朝》："桃李红争放，琅玕碧换新。窗前生意足，宇内艳阳匀。童叟嬉花市，工农乐比邻。丰年知有象，歌唱太平春。"其序称"星移物换，又值佳辰""陈寅恪大师见赠春联""因感其意，成诗一首"。[1]陈寅恪自撰新联："万竹竞鸣除旧岁，百花齐放听新莺"，经中大校刊报道后广为传诵，更增添了康乐园的春意。

所谓"春风桃李红争放""百花齐放听新莺"，寓意政治环境宽松。毛泽东提出"艺术问题上百花齐放，学术问题上百家争鸣"，即"双百方针"，受到知识分子广泛欢迎，艺术创作和学术研究均呈现繁荣景象，冼玉清的心情也显得特别好。

1957年7月底，冼玉清参加中山大学教工会庐山旅行团，休养一个多月，旋即赴黄山、杭州旅游观光。在庐山作诗13首，黄山作诗33首，汇成

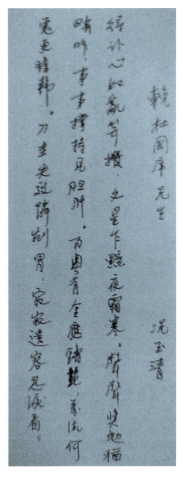

冼玉清挽杜国庠诗手稿

"庐山游草""黄山游草"，收入《琅玕馆近诗》，借相关典籍和前人诗文详为考证眼前景物。前者注释所引文献包括《黄山志》《黄山图经》《歙县志》《黄山领要录》，甚至还有《中国树木分类学》，诗注长达万言，几乎是一部黄山简志。

中大中文系青年教师郑文姬后来回忆："1957年夏，我跟冼子随中大教工上庐山。到了山上她兴致盎然，边行边朗诵古人描写庐山的诗词，到处漫游，不知疲倦，我虽比她小三十多岁却已劳累不堪。"[2]

---

1 同上第99—100页。
2 郑文姬《忆冼子》，《冼玉清研究论文集》第337页。

庐山历史悠久，风景秀丽，20世纪以降更成为政治名山。"登山公路全长35公里，经过劳动人民八阅月之建设，已于1954年（应为1953年）8月1日正式通车。"（《登山公路》注）《大林寺》诗："地深山远怅春迟，旧序元和世岂知。尘网撄人游事少，偶同禅寂话仙棋。"大林寺为晋代僧人昙诜建，杂植花木蔚然成林，故名，屡毁于火。唐元和十二年（817），白居易来游，"于时孟夏，山桃始花。屋壁见萧存、李渤等名姓，二十年后，无继来者。"（《游大林寺序》）1922年有居士建西式大林莲社，1923年世界佛教联合大会在此举行，1932年全国佛教协会一度迁此。

大林西半里有石刻"花径"，李凤高（拙翁）认为白居易咏桃花处，遍植桃花数百株，并建景白亭，诗人陈三立有记。冼玉清游花径如对故人："万树桃花花径路，几番清咏忆诗人。"

陈寅恪1929年在庐山买别墅一栋，接老父上山居住。别墅旁巨石有陈三立手迹"虎守松门"，别墅已改为江西省文艺工作者休养所，"苔篆蜗缘刻字痕，散原留得旧山园。欷歔不尽阶前立，仿佛诗人謦欬存。"（《访松门别墅》）

庐山仙人洞岩上镌刻"天泉洞"三字，悬崖绝壁中有一滴泉，泉右刻"洞天玉液"四字。"桃源有路叩仙扃，字榜天泉认碧棂。烦暑不蒸蝉响歇，幽泉闲挹玉晶莹。"（《仙人洞》）

明万历年间，僧人彻空在黄龙潭建黄龙寺，四周高山耸立，万森蓊郁，寺旁一株银杏、两株柳杉称三宝树，相传为晋代高僧昙诜手植。"空山独立阅沧桑，直节环枝傲雪霜，神物自应超浩劫，高僧留得姓名香。"（《黄龙寺娑罗树》）

含鄱岭有豁口向鄱阳湖，势峻若可吞湖。"远水长天尽入望，俨如鲸口吸湖光。忽然云气瀰瀰合，不见鄱阳与汉阳。"（《含鄱口》）

大汉阳峰为庐山最高峰，传说登峰能望见汉阳。"匡庐瀑布鄱阳烟，曾作神游二十年。今日一筇拨云雾，浩歌来踏汉阳巅。"（《登大汉阳峰》）庐山又称匡庐，传说殷周时匡续曾隐居于此。

庐山有疗养院所数十间，江西等地疗养者甚众，暑假期间游览者逾2万人，冼玉清有《参观工人休养所》诗，赞叹"不接仙家接众生"。

栖贤寺亦庐山胜迹，为唐代李渤读书处，宋苏轼《游栖贤寺记》记其险峻，

1　《碧琅玕馆诗钞》第100页。本节所引冼玉清诗、注均出于此，不另注。

冼玉清感叹"水冲岌嶪似奔雷，潋滟瞿塘浪作堆"。（《栖贤寺三峡涧》）

　　栖贤桥下有水出石龙之首，泻下三峡汇为潭，陆羽尝评为"天下第六泉"。冼玉清诗赞："玉乳初尝第六泉，肝肠凭汝涤烦煎。雨花虎跑输幽洁，一勺长泓味更鲜。"（《第六泉》）又从海会寺望五老峰："柏茂松坚五老人，笑容可掬四时春。端居云表看沧海，应喜乾坤日日新。"

　　庐山休养，乐而忘返。"一月庐山事事宜，邻家童稚也亲依。莫嫌岭外无人识，到处相逢唤老师。"（《庐山小住》）

　　黄山较庐山地势更为险峻，风光更为旖旎。黄山原名黟山，唐玄宗天宝六载（747）敕为黄山。"黄山诗草"开篇："摩天劈地嶂千重，费尽天公斧凿工。三岛十洲非世外，我来疑入画图中。"（《黄山》）杨补《游记》："他山以形胜，观可穷；黄山以变胜，云霞有无，一瞬万态，观不可穷。"

　　冼玉清下榻汤泉黄山宾馆，美景如画，"桃花峰对灵泉院，游罢匡庐到此来。晚浴汤泉朝饮露，此身那得有尘埃"。（《止黄山宾馆》）据《黄山志》，桃花峰下有桃花溪，桃花三月方盛开，谢时满溪水红，流入汤泉。

　　黄山松生长在海拔1000米高山，松针短硬以应对寒冷气候，多旗形树冠。"不借青泥与托根，针须铁干傲秋云。只因断绝攀缘路，幸免人间斧与斤。"（《黄山松》）又咏文殊院迎送松："草木也有情，迎客复送客。却笑世间人，何事相挥斥。"

冼玉清端居云表看沧海

　　慈光寺在硃砂峰下，旧为硃砂庵，明神宗万历三十四年（1606）普门和尚惟安自五台山来，当地道士以庵让之，初名法海禅院，后神宗敕慈光寺额，皇太后赐藏经一部及佛塔四座、金佛十二座，黄山有刹自此始。"金像珠幢赉禁垣，木莲花发灶烟温。如今寺毁残僧散，孤负当年老普门。"（《慈光寺》）

始信峰后有小路通石笋矼，台前多奇松怪石，游人至此始信黄山景物离奇绝妙。"直到峰巅始信奇，孤松接引曳虬枝。幽情颇怪寒江子，独坐仍存故国思。"（《始信峰》）明僧一乘曾在峰顶建定空室，仅一席之地。明末抗清英雄江天一隐居黄山时在此独坐抚琴。

天都峰西对莲花峰，东接钵盂峰，海拔1810米，《黄山志》记其"高九百仞，健骨竦桀，卓立天表，峰拔云上，愈见其高"。"御风而上此天都，似有仙人足下扶。云海四围天尺五，众山齐应入云呼。"（《登天都峰》）光明顶也是黄山主峰之一，《黄山领要录》记："后海抗天都、莲花而称尊者，光明顶也。""高标天半独称尊，诸海峰峦尽赴奔。吴越山川来眼底，光明直欲接天阊。"（《光明顶》）

民国期间汤泉建有温泉招待所，1956年建温泉游泳池，又在祥符寺旧址建筑大礼堂。普门和尚曾在玉屏峰建文殊院，风景绝胜，文殊院后毁于火灾，1955年在其旧址建玉屏楼。

黄山凿石人将巨石凿成整齐划一块片，作石级及墙壁之用，工作艰辛，收入微薄。冼玉清感叹"名山险处奇逾好，怜尔胼胝凿石人"，又叹采石耳人"只与富人供一馔，山民生计也堪哀"。其注："采石耳者，偶一失足，便坠崖碎骨。噫，口腹之珍，皆小民捐躯命冒危险所致，仁者见之，欲投匕起矣。"

"奇石自太古，名山以此名。应怜斤斧下，天骨失峥嵘。"（《哭黄山石》）过度开发旅游资源不利于保护自然环境，她想到昔年林云陔在云浮黄龙潭建别墅，爆断黄龙潭石骨，人皆愤恨，希望今后广东风景区建设以此为鉴。

冼玉清游历黄山期间与僧尼、厨师都成好友。厨师邓耀南曾在美国、加拿大都市工作，见她食量不多，自制佳馔以享之，称"良庖如良医，良医必因人年龄体质进药，良庖进食亦然"。持善法师赠其一石，生于人迹不至之地，彼因入山采药，翻山越岭，于山中某沟采回观赏。赋诗纪之："儿辈抱书来问字，山僧赠石共谈禅。庖丁也解尊师道，自比良医语亦妍。"（《黄山生活》）

衣裳还带海云归

1957年，冼玉清在庐山、黄山偷得一夏清凉，也躲过了反右派斗争。故依依不舍别黄山："晚霞朝旭尽诗村，怪石奇松取次偎。一月黄山游不尽，衣裳还带海云归。"[1]

省文史馆批评她前往庐山、黄山和杭州等地，是为了逃避反右派斗争，她本人辩称："可怜返穗之后，文史馆说我逃避'反右'，大起风波，而不知实为著书也。"[2]

她后来在"交心"稿中写道："到庐山后，有信回文史馆。在山上遇见很多武汉、南京、上海各大专学校的老师在山上休养。住了一个多月，有人去黄山，我也因利乘便去，到后亦有信回文史馆。在黄山返穗，必要路过杭州。到杭州后我参观浙江图书馆，见这里善本书甚多，我把广东人的著作日日做提要，不知不觉又住了一个多月。"[3]

她在杭州住大华饭店，10月1日，参加杭州西湖国庆观礼及游行。夏承焘"遇冼玉清于观礼堂，新自庐山、黄山来杭"。2日，"晨过大华饭店访玉清诸老，陪其游九溪、云栖，不到云栖几二十年矣。途中谈理安故事，午后三时方返"。[4]九溪在西湖鸡冠垅下，云栖在西湖西南五云山麓。她在杭州逗留期间，曾拜访朱师辙。12月11日，朱师辙致函容庚称："李稚甫、冼玉清来，藉知校中一切。"[5]

"校中一切"主要指反右派斗争。

反右派斗争前奏为整风运动。1957年4月底，中山大学停课5天，集中学习毛泽东《关于正确处理人民内部矛盾的问题》，开展"大鸣大放"，揭批官僚主义、宗派主义和主观主义。

5月19日，广东省委书记陶铸亲临中山大学大礼堂，召开第一次座谈会，

1　《碧琅玕馆诗钞》第122页。
2　见《冼玉清生平档案》"自述"，文中指从杭州返穗。
3　冼玉清"交心"稿，见冼玉清档案。
4　《天风阁学词日记》（三），《夏承焘集》第七册第639页。
5　朱师辙致容庚，原函藏广东省立中山图书馆，未刊。

激励全校教职员工积极投身运动。到会者约250人，座谈会为时一天。此后20天内，他4次到中山大学动员"大鸣大放"，最后一次是6月8日。在北京，中央统战部组织多次党外人士座谈会，最有代表性的意见后来被归纳为"三大右派理论"：章伯钧的"政治设计院"、罗隆基的"平反委员会"和储安平的"党天下"。

毛泽东发现"事情正在起变化"，认为"在民主党派中和高等学校中，右派表现得最坚决最猖狂"，指示"我们还要让他们猖狂一个时期，让他们走到顶点"。6月8日，中共中央下达《关于组织力量准备反击右派分子的猖狂进攻的指示》，具体部署为：让高等学校组织教授座谈，向党提意见，尽量使右派吐出一切毒素来，登在报上；最好让反动的教授、讲师、助教及学生大吐毒素，畅所欲言；巧妙地推动左、中分子发言，反击右派。同日，《人民日报》发表社论《这是为什么？》，指出："少数右派分子正在向共产党和工人阶级的领导权挑战。"

从6月底开始，广州市机关及学校开始大规模反右派斗争。王起、詹安泰等赴青岛参加编写高等教育部汉语言文学教材，经杭州时夏承焘等人在杭州饭店设宴款待，席间"闻中山大学指董每戡为右派"。[1]自认为不会成为右派的詹安泰8月初回到中大，发现批判自己的大字报铺天盖地。这一切都发生在冼玉清游览庐山、黄山和杭州期间。

1958年3月18日，中山大学反右派斗争尘埃落定，校报发表《深入进行反右派斗争争取全胜》一文，宣布打出三个"右派反党小集团"，包括中文系董每戡、叶启芳、詹安泰、吴重翰、卢叔度集团。人们对"右派分子"避之唯恐不及，冼玉清仍保持与董每戡、叶启芳等交往，彰显她所追求的贤人君子人格。

叶启芳被划为"右派"不久，冼玉清夜间登门拜访，拍了拍他肩膀，说了声"保重"就离开。叶启芳对此感到很大安慰。

1960年8月30日，陈君葆在香港与冼玉清晤谈，问及叶启芳近况，她说："'右'过之后，帽子虽然揭了，但大家仍少与往来，只见面时招呼略谈几句而已。"又问叶启芳当时究竟是怎样"右"起来的，"原来是因为指摘过'旧中大'排挤'新中大'，即'旧岭大'人物，把他们压低，这样起的"。冼玉清举

---

1   《天风阁学词日记》（三），《夏承焘集》第七册第623页。

董每戡（化名海湛）复冼玉清函

了许多实例，"而这些例子都是事实，是大家都知道的，陈序经也知道更详细。叶大概是所谓好打不平罢，抑或是太好放言高论呢？"[1]

她与董每戡的交往亦同。董每戡被划为"右派"后，举家迁居湖南长沙，几近流放，著述无法发表，生活十分困顿。1965年春，冼玉清在病榻上致函问候。董每戡大为感动，复函表明仍笔耕不辍，并称："中大诸公消息不明，前在报端知陈序经先生调往天津，仅此而已，而我和爱人常怀念詹、吴、容诸先生，尤其念念于陈寅老及夫人，希您出院后晤面时代各致拳拳为幸！"

1958年3月3日，中共中央颁布《关于开展反浪费、反保守运动的指示》，指出"双反运动"是"一个社会主义的生产大跃进和文化大跃进的运动"。这是"大跃进"的最早提法。5月3日，中共八届二次会议确立"鼓足干劲、力争上游、多快好省地建设社会主义"的总路线，正式吹响"大跃进"号角。

是年7月初，冼玉清致函邓之诚，称已编入文史馆，"待遇同于干部，须日

---

1 《陈君葆日记全集》卷四第438页。

日到馆作运动，且须跃进"。邓氏自问："此间及上海文史诸公可免学习，但听报告而已，不知粤中何以独异？想外省各自为政之事必多，我辈居首善之地，为幸多矣！"他后来得知叶恭绰改为文史馆员，"两月前学习时当场晕倒，顷尚在医院中，彼自己要求学习也"。[1]

冼玉清与陈垣通信也谈及文史馆工作。1959年5月5日陈垣复函："闻广州文史馆诸君积极参加生产劳动，获得各方好评，这与馆长的领导分不开的，至为欣慕。"[2]

冼玉清任副馆长有职无权。张次溪曾想入广东省文史馆，容庚为此找过杜国庠，并在信中谈到冼玉清："冼姊是文史馆副馆长（她在馆无甚力量，亦受压迫），你的事情她是知道，不会破坏你，她托你的事，容易的就答复她，困难的可推说不知道。"[3]

大抵全国一致

1960年1月15—25日，冼玉清与广东省政协同人赴韶关参观视察。韶关矿产森林资源丰富，第一个五年计划时期新建大小厂矿企业63家，迁并、扩建和改造旧企业100多家，"二五计划"制订时被国务院确定为华南重工业基地，工业企业迅速增加和扩大，仅1958年11月，吸引了全国各地2万多工人和工程技术人员。

冼玉清咏成《韶关参观杂诗》一组，有纪实，有观感，也有回忆，诗序中说，"昔之所谓山州草县水冷山荒者，今则公社星罗，工厂林立，公路纵横，生产发展，文化亦随之提高矣"。[4]

冼玉清一行经过曲江、马坝、樟市、坪石、星子、连县、阳山诸地，参观了韶关机电厂、机械厂、钢铁厂、耐火材料厂以及南华寺、曲江煤矿、樟市公社、

1　《邓之诚文史札记》（增订本）下册第1100、1114页。
2　《陈垣来往书信集》（增订本）第699页。
3　容庚致张次溪函，原件现藏广东省立中山图书馆，未刊。
4　《碧琅玕馆诗钞》第125页。本节引诗均出于此，不另注。

星子公社、寒冈公社、连州中学等，她感叹："旧时闭塞工农拙，地广人稀百业艰。今日资源称最富，多山多宝此韶关。"（《韶关今昔》）又有《开发煤矿》《开发森林》等诗。

南华古寺僧尼们以生产自食其力，"一句弥陀古寺中，十方供养果何功？如今劳动成模范，夺得红旗一面红。"（《南华寺劳模悟玉尼》）连州燕喜中学已改名连州中学，重游旧地，想起当年避难受到杨芝泉校长热情接待，感叹："玄亭雅意未能忘，燕喜重来桂更香。多士日增乔木长，春风长在读书堂。"（《重过连州中学》）

1月25日结束此行，恰逢大雪，又增诗兴："铺平道路浩无垠，一望皑皑白似银。天意客情都可念，载途风雪送归人。"（《雨雪离连阳》）

是年底，广东省政协参观团又有湛江之行。1945年国民政府将法租界广州湾收回，改名湛江。回想当年内渡情景，《湛江参观杂诗》序中称湛江"烟馆多、妓馆多、赌馆多""雷州半岛土壤干燥，风大沙多，人民终岁勤劳不得一饱。洪旱为灾，则卖儿鬻女狼狈逃荒者，比比皆是"。注释又称："湛江专区一向灾旱。《府志》载，从1640年至1884年，244年之中，灾害凡223次，人民卖儿鬻女。自解放后大兴水利，年年丰收，此是人力战胜自然之实例，1958年后成为余粮地区，且向国家供给大批粮食。"其实，经过三年"大跃进""浮夸风"折腾，雷州半岛也如全国各地一样，人民面有菜色。

湛江两星期考察，曾至阳江、电白、茂名等地，参观江河水库、水东共青河、湛江新港、堵海工程、青年运河、茂名油岩露天矿等厂矿工地。当时茂名属湛江专区。跟韶关一样，湛江之行也是走马观

冼玉清《韶关湛江专区参观杂诗》

花，但她在诗序中强调："一切建设皆表现党领导与群众力量之伟大，三面红旗之成绩，亦一一实现矣。"

雷州青年运河是视察重点。运河1958年6月开始挖筑，1960年建成，"从廉江城北九洲江畔鹤地岭开始，向南伸展"，"缩短湛江到北海绕道琼州海峡400多里之航程，给湛江专区航运事业带来极其有利条件"。运河修筑者多为青年，故名。"运河三百里多长，灌溉农田更利航。廿万大军齐跃进，雷州从此不灾荒。"（《青年运河》）

当年下半年，李士非、黄树森与郭东野被广东省作协派往雷州，准备组织编写青年运河史。李士非后来回忆："我们下去当然也跟着食粥，那种饥饿感是可想而知的。回指挥部集中时，才有干饭吃，而由于缺少油水，那一大碗干饭吃下去也填不饱肚子。开始菜里还有点肉，后来肉不见了，只有一条手指大的咸鱼，而这条咸鱼也舍不得吃要留到晚上，实在饿极了的时候，下糖波酒充饥。糖波酒是当地利用煮糖的泡沫酿的酒，性极烈，一入口便上头。上头就上头吧，昏昏然睡倒也便不饿了。蔗糖之乡，糖也吃不上了，吃的是糠团，简直不能下咽。"[1]

政协视察团此行结束于高要。江门专署刚刚改名肇庆专署，肇庆镇升格为市，与高要分治。他们参观了七星岩、七星湖、鼎湖九坑水库。专署同人招饮星湖桂花轩，冼玉清即席赋诗："星岩砚渚古端州，信美江山把臂游。馆榭楼台新点缀，四围禾稻润于油。望中刘谷复收蔬，宾主临湖举盏初。文庆鲤鱼甘透齿，滑香何必四腮鲈。"注："文庆萌鲤鱼鳞亦有脂，最甘滑，为高要物产。"邓拓当年《江南吟草》也有"百里千家足稻粱""建设乐园万古传"等句，与民生凋敝情景及不协调，几乎有"朱门酒肉臭"的味道，冼玉清此诗亦同。

高调的歌颂和溢美似有难言之隐，她私下对友人的抱怨更为真实。在考察途中，她曾致函黄荫普、陈君葆："关于粮食问题，我在港被人质问到口哑哑，你们回来开会，不妨对此事提一下意见，亦见得关心内地的同胞。"又回忆赴港探亲归来情景："我单身回来，无人接船，自己又无力拿东西，除了一些衣服、一袋书籍之外，并无带食物，只带二盒饼干，到后人人都骂我蠢，何以不带些腊味加饿，而不知我无力拿食物也。香港样样都多，与此间成一反比例。此次参观，

1　李士非《难忘的教诲——萧殷同志十年祭》，《百年萧殷纪念文集》，黄树森主编，花城出版社2018年版。

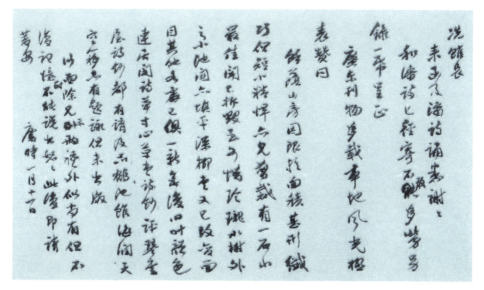

邬庆时致冼玉清函

沿路想买些东西，亦绝无出现，大抵全国一致矣。"

陈君葆见此信，得知"大概情况也的确严重"。他认为冼玉清并非真是"无力拿物"："平情而论，这也难怪，冼子究竟是个书呆子，第一点可能带进去裹腹的东西给戚友们又何妨呢？书可以寄包裹呀！"[1]

在广州开会提关于粮食紧张提案陈君葆也有所顾虑。冼玉清12月7日函中说："所谓副食品意见问题，如足下不欲提，置之可也，我则万不能提，免至犯罪。五八年我去海南，路途有土产出卖，今年经过阳江及罗定，欲买几分钱豆豉亦绝市；广州则煮餸用的生姜蒜头，亦绝市年余。莫雄同志大声疾呼，谓欲食一条油炸桧，一碗猪红粥，亦不可得，无可如何也。最近数天，省府已宣布恢复自由市场，但鸡蛋卖至每只五毛（等于港币1元）亦不易买到。田鸡、生鱼，则每两八毛。"陈君葆评论："似此情形，何可终夕！真闷人欲死了！"[2]

1 《陈君葆日记全集》卷四，第485页。
2 同上，第494页。

第十二章

交游

第二次北游

1950年1月15日，冼玉清致函陈垣，请其代谋教席，以期在京城逗留一段时间："前示谓冀玉清能于暑假北来，此事固所希望，但来则欲住一两年，不愿仆仆往返。惟居住甚成问题，故欲得数小时教席，或其它工作，乃能安定耳。"[1]进入新社会，大学已不同于往昔，教授不可以自由流动，所谓"数小时教席"更不复存在，陈垣也爱莫能助。

1953年夏秋之际，冼玉清仍作第二次北游，她在《自传》中称："我曾去北京，本来想去看看新建设，岂知参观北京图书馆后，看见它的好书，就日日去抄，早去暮归，连饭也

1953年冼玉清在北京留影

1953年冼玉清在北京留影

1　陈垣致冼玉清函，《陈垣来往书信集》（增订本）第696页。

在馆员处食。想入京一个月，竟然为看书而住到两个多月。"并称"馆主任说什么僻书都让我看光了"。[1]回想1929年那次万里孤征，转眼已是二十多年。

"看看新建设"为名，留恋北京文物古籍及学术氛围为实。陈垣12月18日复函："足下北游，未能多晤，至以为憾。久未接信，正盼望间，得十一月十三日及廿八日信同时递到。"未及来函内容。次年4月23日，陈垣来函再提冼玉清北游事："足下北游数月，所采材料不少，想已整理完竣，健羡，健羡。"[2]

冼玉清第一次北游，时有吟咏，可助考证其行踪；第二次北游未见有诗作，仅可从相关书信、日记和诗词文集觅得痕迹。

她抵京不久即函告邓之诚，欲登门拜访，以求题咏。邓之诚复函，告以来此途径。为增加保险系数，她特邀孙正刚先为说项。孙正刚毕业于燕京大学国文系，他于8月23日见邓之诚，代求题图，"彼亦求书扇，近于趁火打劫也，一笑允之"。24日，邓之诚为冼玉清题图，为孙书扇。[3]

邓之诚所题图即吴湖帆绘《琅玕馆修史图》。请京中名流题跋，是冼玉清此行另一重要任务。邓之诚题咏："桃花洞里久忘年，汉魏纷纷有变迁。何事罗浮风景丽，只修青史不修仙。""百丈清泉九曲池，池边处处竹参差。人生此愿须教续，好待花时慰凤饥。"[4]

27日晨，冼玉清往访邓之诚，

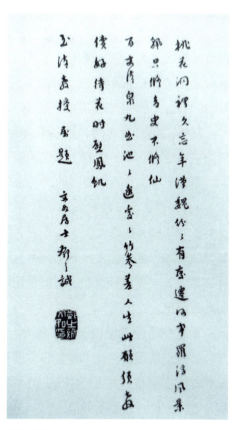

邓之诚题咏

1　冼玉清生平档案"自述"。

2　《陈垣往来书信集》（增订本）第696、697页。

3　《邓之诚文史札记（修订本）》（下）第737、738页。

4　诗及题签见《琅玕馆修史图题咏笺释》第104页，诗另见《邓之诚文史札记》第738页。以下日记内容均出自《邓之诚文史札记》，不另注。

"馈食物"，邓氏为题《旧京春色》图卷，觉其"画甚工"，颇具耐心，吟诗三首："此花方合号花王，记得宣南白纸坊。魏紫姚黄都已尽，世间何事不沧桑。""海滨花下承平梦，朝士贞元泪独多。说与当时人不信，老僧挥手过长江。""繁华未料是酸辛，一卷花犹设色新。二十四年容易过，只将皓首换青春。"

28日，冼玉清、孙正刚访邓之诚，取昨日卷子。邓欲留饭，"冼坚辞，旋又再来，久之始去，赠以程庭鹭刻竹笔筒"，并称："朱师辙退休得七折薪；陈寅恪未退休，得薪一千公分，为最高薪。"又谈及李棪事。

冼玉清离京前，于9月24日再访邓之诚，称以3万元在通学斋买康熙刻本苏楫汝《梅冈集》，仅一薄本。邓氏以为书较贵，"又馈蘑菇，留饭而去"。苏楫汝，字用济，广东新会人。顺治辛丑进士，官内阁中书。3万元相当于人民币改革后的3元。通学斋书店在北京琉璃厂，当年由伦明开办，孙殿起经营。

冼玉清第二次北游，抄书之外也逛琉璃厂购书，仍以广东文献为目标。她又携来自绘《水仙》图卷。邓之诚题诗："冉冉透初春，亭亭对玉人。窗明邀月共，室暖泛香匀。妙笔能添韵，飞仙恐出尘。未须怜桂树，娟洁总非伦。"

9月27日，冼玉清托人取手卷去，并告诉邓之诚："伦哲如卖与北京图书馆之书，有李骥《虬峰文集》二十卷，谢三宾《一笑堂集》四卷，沈寿民《姑山遗集》三十卷，杜登春《尺五楼诗》九卷，周在浚《黎庄集》二卷。"邓氏"皆亟欲一见者，当谋借钞之"。可能是伦明本人告知这批珍贵图籍的归宿，她此次抄书亲眼所见。

谢三宾《一笑堂集》刻于康熙年间，《四库全书》及《中国丛书综录》均未收。冼玉清后来将此书存处告知陈寅恪，陈因作《柳如是别传》，转托时任中国科学院副院长的竺可桢谋借。竺可桢日记："谢三宾《一笑堂诗集》，陈寅恪要，要抄一份，北京图书馆。"[1]

冼玉清离京后，于10月中下旬抵沪，滞留逾月，访冒广生、顾颉刚、顾廷龙、徐森玉、潘景郑诸师友。

冒广生治具设宴，招邀江翊云、张秉三、钱瘦铁、唐云、江寒汀等作陪。冼玉清将南归，冒广生嘱唐云、孔小瑜合画冼玉清小像一帧，又嘱请叶浦荪、王佩

1　《竺可桢日记》第11卷（1961年1月30日），《竺可桢全集》第16卷第17页。

诤等人题《修史图》，"亦作对后辈人才之奖掖"。[1]

顾颉刚、顾廷龙10月20日访冼玉清。顾廷龙夫妇次日宴请，顾颉刚与徐森玉、潘景郑作陪。22日，顾颉刚夫妇宴请，徐森玉、顾廷龙夫妇作陪。冼玉清赠送《更生记》，[2]顾廷龙、潘景郑等为《琅玕馆修史图》题咏。

此次沪上之行，她还会晤了龙榆生。龙榆生依梦窗韵为《水仙》图卷作《花犯》一词，其下阕："相伴久，芳根共，漱泉清韵。湘娥怨，素弦自写，还凝想，月波来浸鬓。待记取，琅玕高馆，飘飘仙袂引。"又题《鹧鸪天》一阕："曾是凌波缥缈身。宫黄点额总宜春。最难绛帐传经手，貌得湘流绝代人。宗没骨，是知津。直追天水更谁论。东园秀共彝斋洁，合与陈王赋洛神。"

龙榆生"与冼玉清相知近廿年，顷自岭表北游，归途过沪，把晤甚欢"，因赠画作，并题七绝一首："乡邦文献远来探，蠹简摩挲喜共参。旷览山川助华藻，新词合唱忆江南。"

冼玉清离沪，已是癸巳晚秋，龙榆生作《木兰花慢》一阕送行，回顾"十年前事，甚白云，不绊薜萝衣，入眼琅玕高馆，光摇翠葆参差"，寄望"岭表春回特早，料应先寄梅枝"。[3]

谈笑皆鸿儒

1956年11月30日，刘节与梁方仲共同宴请商衍鎏，冼玉清等作陪。刘节日记："中午与梁方仲同宴商藻庭老先生于利口福，座客有岑仲勉、邬庆时、容希白、冼玉清、商锡永、谢健弘、陈锡祺、杨荣国、金应熙。"[4]

商衍鎏（1875—1963），字藻亭，晚号康乐老人。光绪甲辰（1904）科殿试一甲第三名（末科探花），曾任侍讲衔撰文、国史馆编修。1949年后曾任江苏省

1 《冒鹤亭先生年谱》第558、561页。
2 《顾颉刚日记》卷七，第457、458、461、470页。
3 龙榆生《葵倾集》，《忍寒诗词歌词集》第138—141页，复旦大学出版社2012年版。《木兰花慢》系于1954年。
4 《刘节日记》（上册）第409页，大象出版社2009年版。

文史馆副馆长，1956年冬次子商承祚接回广州定居直至逝世。[1]

商衍鎏曾为《琅玕馆修史图》作引首、为《旧京春色》图卷题跋，南归后居康乐园东北区9号，冼玉清时相过从，问安请益。1961年6月2日，冼玉清宴请商衍鎏，陈序经、梁方仲、金应熙、周连宽作陪。[2]

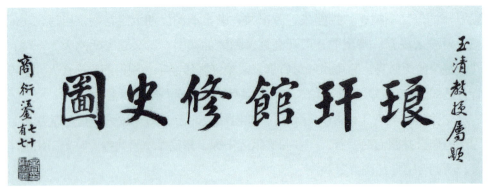

商衍鎏题《琅玕馆修史图》引首

1957年1月7日，夏承焘抵达中山大学访问。"午后与季思访黄海章，公度先生之犹子。访陈寂园（寂），问陈述叔遗事。"[3]刘节当天"返寓知夏瞿禅来访，即走访瞿禅于寓所，晚王季思约瞿禅、张仲浦、容庚等共饭"。[4]

9日，夏承焘一早拜访陈寅恪，下午参加中文系科学讨论会，报告陶潜抒情诗论文，"晚于食堂遇冼玉清，谓去年过杭访予两次，不遇，约明早同游。夕祝南来，示论李煜一长文。晤商承祚（锡永）。夕季思招饮，散后容希白邀过其家久谈，至十一时"。

11日，王季思导游越秀山、中山纪念堂、镇海楼及广州博物馆，吃盐焗鸡，买石湾陶器。"陈寂园送赠诗来不遇。冼玉清来不遇"，刘节日记有"上午冼玉清来访"记录。

12日，"八时在中文系讲《词的特征》一小时半，听者五六十人。午后一

1　商承祚《我父商衍鎏先生传略》，《清代科举考试述录及有关著作》第6页，百花文艺出版社2004年版。
2　据梁方仲日记，见梁承邺《无悔是书生——父亲梁方仲实录》第295页。
3　《天风阁学词日记》（三），《夏承焘集》第七册第581页。下引夏承焘日记不另注。
4　《刘节日记》（上册）第415页。下引刘节日记不另注。

时每戢、祝南邀同仲甫（浦）及武昌杨潜斋乘船至海珠桥，乘车至西街（关）陶陶楼（居）茶聚。三时游华林寺西来初地，五百罗汉中有马可勃罗。游六榕寺，有东坡写额，有塔可登"。"夕在中山大学看电影。中大中文系助教学生集季思家，邀余谈诗词，深夜方散。"

13日，夏承焘访冼玉清，"见其所藏石湾陶器。承以叶遐庵所画竹枝扇面为赠。九时过子植家茶聚，听锡永谈陶陶居故事，玉清以六朝砖拓本四纸示客"。

16日，夏承焘离穗返杭，有《别中山大学诸公》诗："并世几兰（陈澧）芷（宋湘），吾来后汝期。百家皆跃冶，数老自昌诗。适野有孤兴，当花无四时。此州堪送老，恋恋属临歧。"

夏承焘归途吟《水调歌头》寄陈寅恪诸公，起首为"何处唤黄鹤，昨梦驾西风"。2月9日，冼玉清作《水调歌头》和之兼寄张仲浦："何必曾相识，谈笑小楼中。携来海上风雨，江渐最浑雄。独许苏辛格调，一洗花间脂粉，高唱大江东。开拓词场眼，回首马群空。菊坡祠，南雪宅，怅游踪。待留后约，未应滞雨怨天公。相对焚香读画，袖去苍松翠竹，归路慑蛟龙。莫惜匆匆别，云外有飞鸿。"[1]袖去苍松翠竹，即指叶恭绰扇面，待留后约，则指约夏承焘游漱珠冈阻雨不果。

是年初夏，谢稚柳、陈佩秋伉俪来粤访罗浮山，弟子吴灏在广州西关林园酒家设宴款待，冼玉清与李天马、商承祚等作陪[2]。

1961年暑假，冼玉清随文史馆同仁侯过、张友仁等漫游西北及四川成都等地，登临西岳华山，"侯老终未达到顶峰，而冼子能之，此真出色的地方"。张友仁"高攀玉女洗头盘，儿女英雄一例看"诗句即指此事。[3]

是年8月30日，吴宓抵达广州访问中山大学。9月1日晚，中山大学以陈寅恪夫妇名义宴请，陈寅恪亲自拟定陪同者名单：冼玉清、刘节夫妇、梁方仲夫妇、梁宗岱夫妇等。将冼玉清列于首位，说明对其重视及两人关系密切。

吴宓（1894—1978），字雨僧，陕西泾阳人。1925年任清华大学国学研究院主任，长期与陈寅恪同事，过从甚密。1950年以后任教于西南师范学院。

1　《水调歌头·和夏瞿禅兼简张仲浦》，《碧琅玕馆诗钞》第148页。
2　《吴灏自订年谱》，《青灯论画·诗词》第35页，岭南美术出版社2008年版。
3　《陈君葆日记全集》卷五，第459页。

吴宓当天日记，"中山大学在本招待所（黑石屋）楼下餐厅设宴（八大菜：鸡鸭鱼猪兔肉俱全；樟脑味之白酒及葡萄酒）款待宓，以寅恪兄及箴嫂为主人（箴嫂以病未到，由小彭代），小彭挽扶目盲之寅恪兄至，如昔之Antigone。客为宓及淑；陪客，到者冼玉清、刘节（子植）及其夫人'钱三姐'（稻孙之三女）、梁宗岱夫人甘少苏，未到者梁宗岱、梁方仲及其夫人（在席宾主共八人）。节颇劝酒，宓并饮二种酒，不多"[1]。淑指吴宓长女吴学淑。吴宓将陈寅恪父女比作俄狄浦斯父女，陈述目盲的事实，同时表达对其不屈精神的赞许。

冼玉清与吴宓神交已久，但并无实际交往。早在1950年，冼玉清收到金蜜公来函，复函并寄赠《流离百咏》一册，函中称休假拟稍理旧稿，"余时买舟为汗漫之游，希冀黄鹤楼头得亲教益"，又称"去函雨僧，乞代致意"。[2]金蜜公来函可能是由吴宓介绍，也可能与陈寅恪有关。金明志号蜜公，湖北汉口人，善画、好诗，著有《诗三百》。

2日上午吴宓由刘节陪同访冼玉清不遇，留柬于琅玕室，请其下午到招待所详叙。下午冼玉清回访，谈极洽。"冼君带女仆，携筐及袱，诸物具备。请宓进茶点（上等面包；及由香港来之英国牛油，冼君亲手奉宓，食面包二片有半），又欲请宓饭于其家，宓谢却之。于是命女仆携具归去。冼君留谈至久，谈诗，宓述《送兰芳土改诗》及'反百'诗等事。"冼玉清为人细腻，态度诚挚，吴宓记录事无巨细，形象跃然纸上，令人过目难忘。

当晚大雨不止，吴宓读毕冼玉清所赠著作：一、《琅玕馆近诗》，作于1955—1958年，印象不佳，称为"颂圣诗"；二、剪报一册，1960—1961年在香港《大公报》《艺林》副刊及广州《羊城晚报》《岭南风采》所发杂文，述及广东历代文人与文献（应为《广东文献丛谈》初稿），另有逸事及讲话稿。当天下午，他已阅冼玉清著作全稿若干册，包括目录及体例，阅后由女仆携回宿舍。

3日上午，陈序经请吴宓于家中早餐，"陪客为刘节，早餐为西式，咖啡、白糖、牛乳、精软之微焙面饼三枚、加糖"。谈及南开大学、张伯苓、姜立夫及陈寅恪诸人。他于食物记录尤细，明显带有时代特色。冼玉清上午9时到招待所

1　《吴宓日记续编》第五册，第163—164页，三联书店2006年版。下引同，不另注。
2　此函及《流离百咏》见2014年嘉德春季拍卖会，同时拍出陈寅恪签名赠金蜜公《元白诗笺证稿》一册。

访吴宓不遇，留柬。吴宓回访亦不遇。

4日凌晨，吴宓依依不舍离开中山大学。1962年7月21日，吴宓日记仍有重读冼玉清《更生记》《流离百咏》之记载。

1962年初，陈乐素访问中山大学。陈乐素为陈垣长子，时任人民教育出版社编审。1月9日梁方仲日记："上午陈乐素来，午餐于太平馆，冼玉清陪。"[1]

1962年初，顾颉刚随全国政协代表团访问广东，在广州逗留数月。2月2日访问中山大学，中午于容庚家午餐，于招待所见陈序经、冼玉清、容希白、商锡永、刘子植、梁方仲、梁钊韬、李锦全等。[2]

3月15日，顾颉刚再访中山大学，晤冼玉清等，"予在希白家饭，方仲偕。商锡永、梁方仲、梁钊韬、董家遵来，谈《尚书译证》事"。晚冼玉清在家中宴请顾颉刚，容希白、梁方仲、刘子植作陪。此行，顾颉刚请容庚斟酌《尚书译证》中所用商周彝器名及其内容，"得希白指点，凡异名同物者悉为注出。又各家用作史料，颇有以意出入之处，予引用第二手材料，亦多矛盾，得希白指点，删去其未合者若干"。

仅剩琅玕馆一线

陈垣主持辅仁大学合并于北京师范大学，继而担任北师大校长。"南北二陈"音问不断。因为"南陈"目盲，二陈间的联络主要通过冼玉清。

1953年4月，陈垣致函冼玉清问："闻寅恪先生《元白诗笺证》已出版，能代购一部否？"又请代寄张学华《暗斋稿》。是年底，他们又为陈寅恪北上事通信交流。

1954年4月23日，陈垣来函问及陈寅恪近况："谷雨既过，花事正浓，有与寅恪先生唱和否？录示一二为盼。"又说："港中友人来信说闻我脑溢血，当是传闻之误，我血压并不高，尚未有此等现象。"次年4月7日函中一口气提到陈寅

---

1 据梁承邺《无悔是书生——父亲梁方仲实录》第305页。
2 《顾颉刚日记》卷九，第406页。下引同。

陈寅恪致陈垣手札

恪、莫天一、陈融、廖恩焘、岑仲勉、岑学吕等岭南人物："寅恪先生起居佳否？闻其女公子调粤工作，可以照顾，善甚。天一先生今年七十八，未识近有新印的著述否？协之先生今年八十，《读岭南人诗绝句》已出版未？廖凤书所著已刊者有若干种，何名？售处何所？汪六书摊，仍旧开设否？仲勉先生有晤面否？学吕先生酒量如何？以上种种，均欲得知一二，能便中示之，至以为幸。"

原来陈垣这一段时间抱病在身，自感闭塞，十分挂念粤中老友。而此时冼玉清也因退休感到焦虑不安。

是年5月1日，因未得冼玉清回复，陈垣再致一函："久病，粤中消息隔绝，仅剩琅玕馆一线，欲知一二，遂有四月七日之函，不期久未得复，肠几欲断，未审近日起居何似，玉体安否，情绪佳否，至为惦念。古谚'不才明主弃，多病故人疏'，又不知是否大家弃我疏我，更为惶恐，特再肃一缄，希有以告我。"

1960年1月15日，陈垣挂号邮寄《弘觉语录》一部八册，附函讨论佛教著作，最后提到陈寅恪："寅恪先生晤及乞道及。"[1]

1960年8月31日，冼玉清访港，与黄荫普、陈君葆等谈及叶启芳及中山大学反右派斗争，陈君葆也借此了解到陈寅恪近况，"陈寅恪据说颇好，好多年没有去看他了"。[2]

龙榆生与陈寅恪间的联系，也主要通过冼玉清。1950年秋，陈寅恪致函龙榆生，介绍学生林缦华从其研究朱彊村词，第一句便是"屡从冼玉清教授处得承近状，慰甚念甚"。1954年，龙榆生作《江南春晚追忆岭表旧游，兼怀陈寅恪教授广州》，又作《晚春寄冼玉清岭南》："佛桑花映木棉红，残霸消沈向此中。只

1   上引陈垣致冼玉清函，《陈垣来往书信集》（增订本）第696、697、698、699页。
2   《陈君葆日记全集》卷四，第438页。

有琅玕青自直，从渠相伴舞东风。"[1]大约1955年，龙榆生再作《临江仙·久不得冼玉清来问，风雨中赋此代简》："过却清明风更雨，高楼谁共论文。木棉花发草初熏。雅歌宜自赏，短翼怅离群。独抱陈编消永昼，新篁看即干云。琅玕翠馆茗香馥。几时同把盏，清话到黄昏。"

1962年7月上旬，陈寅恪在家中浴盆滑倒，中山医学院第二附属医院诊断为右腿股骨颈折断，从此住院长达7个月之久。次年11月28日，陈寅恪致函龙榆生（应为助手黄萱代笔）称："弟自去秋折足以来，迄今未愈。内子则患高血压及眼疾，小女亦患眼疾。故屡奉手教，未能裁复。愧甚愧甚。玉清教授尚在从化休养，并以附闻。"[2]

龙榆生此前已从冼玉清函中得知陈寅恪折足消息，故咏《卜算子》一阕："荡荡孰能名，国士珍盲左。击壤声中挽小车，拍手欣相和。天际起乌云，默数听风过。日月光华心尚孩，六合欢同我。"其题"得冼玉清教授书云：陈寅恪教授自去岁折足，政府特派护士三人更番照顾，近又为制小车，由护士推挽于走廊，藉吸新鲜空气，感赋此阕"。又有《七绝二首·癸卯冬得冼玉清教授从化温泉疗养院来书》："名山入眼倦追摹，修竹泠泠伴读书。好是身心无罣碍，女中元自有真儒。""温汤医疗百般宜，姑射神人冰雪姿。长放梦魂飞越处，岭梅开遍最繁枝。"

1964年，龙榆生作《鹧鸪天·得冼玉清教授广州肿瘤医院来书却寄，兼讯陈寅恪先生》："黄蘖归来老大家，百城坐拥足清娱。情同骨肉珍吟卷，迹略形骸味道腴。秋兴好，故人疏。藏山事业定何如。凭谁问讯陈居士，可更安心强著书。"其注："寅老双目失明已久，前岁复折足，不能行动自如，音问遂疏。偶得玉清为传消息，今玉清亦病倒矣。"因冼玉清寄示陈寅恪诗，感赋一绝："羸疾谁当问死生，高楼百尺颇关情。岭南气暖春先到，丈室闲吟乐成声。"

端午前一日，龙榆生收到冼玉清病榻来函问候，"报以三绝句，兼简寅恪翁""病来庭户冷于僧，万念成灰却未曾。传到岭南消息好，琅玕韵挟气飞腾。""艾虎何曾解辟邪，自欣肝胆尚槎枒。醉吟兼爱陈居士，饮啖佳来兴未涯。""喜惧忘怀大化中，狂鲸跋浪待弯弓。君家世富英雄气，共保修龄看大

1　龙榆生《葵倾室吟稿》，《忍寒诗词歌词集》第153页。下引龙榆生诗词除另注外同出于此。
2　见张晖《新发现的陈寅恪给龙榆生诗函》一文，《南方都市报》2013年1月23日。

同。"自注："君家星海曾从予受文学于国立音乐专科学校，不知其母尚存否。"君家星海指冼星海。

1965年陈寅恪作《乙巳七夕》："人间三伏愁炎暑，天上双星感合离。银汉已成清浅水，金闺方斗死生棋。献瓜贡果终何益，拈线穿针更自欺。百尺高楼休乞巧，偶因枨触戏题诗。"[1]冼玉清唱和寄呈龙榆生，龙榆生依原韵奉酬兼呈寅老："一年一度怆佳期，凝想神光乍合离。乞巧无心惭皱向，驻颜有术乐观棋。悲欢何与人间事，寥寂宁容上界欺。岭表黄花恒早发，攀枝嚼蕊目昌诗。"[2]

慷慨与"孤寒"

冼玉清出身富裕家庭，一生节俭，常人谓之"吝啬""孤寒"。

古桂高1962年考入中山大学哲学系，因喜爱书法与麦华三相熟，又因麦华三结识冼玉清，常去琅玕馆帮助打扫卫生，亲聆为人治学教诲。他曾获冼玉清转赠麦华三书札一通，文笔简洁，书法秀逸，如获至宝。冼玉清称赞麦华三治学心无旁骛，一生精研二王书法，形成自我面目。古桂高家庭困难，生活捉襟见肘，冼玉清经常惠济他10元、20元，可谓如遇甘霖。还经常留他吃饭，也是粗茶淡饭，一小碟青菜，一小盘肉食。古桂高常替她寄信，信封大都是翻新再用。他说，人所谓冼玉清"孤寒"，其实是节俭。[3]

麦华三院系重组后失业，家庭生活无着，常得冼玉清资助。邓禹多次帮她送款至河南海珠桥脚右侧麦华三家中，直到他1961年任广州美术学院副教授为止。据邓禹回忆，冼玉清还资助过黄君璧、李稚甫等，又经常周济朱师辙，朱师辙填《长相思》答谢："岭南游，燕北游，执教中山历五秋，育才渐未酬。忆良俦，念清修，惠我鸡膏佐素馐，深情感涕流。"[4]

1　《陈寅恪诗集》第144页。
2　此札及和诗见西泠印社2014年秋季拍卖会，未收入《忍寒诗词歌词集》。
3　古桂高《冼玉清与麦华三》，《冼玉清研究论文集》第173页。
4　见黄任潮《冼玉清的生平及其著作》，《冼玉清研究论文集》第366页。又见邓禹《高风亮节——冼子》一文。

1955年秋天，在读中文系三年级的黄天骥骑车路过马岗顶，邂逅冼玉清。冼玉清认出他后，热情地邀请他去家中作客。黄天骥随她走进客厅，"客厅其实是由宽宽的走廊，用书架间隔而成。里面没有多少陈设，但整洁清雅"。他们寒暄一阵，冼玉清忽然说要请他吃莲子。她走到书架旁，从一只宽口玻璃瓶里小心地倒出一颗莲子放在碟子上，笑眯眯地请他品尝，"莲子是好东西，补中益气"，她说，"吃不饱的，不影响吃晚饭！"黄天骥不好推辞，用手指拈起糖莲子端详，"发现这孤零的宝贝，有点发黄，黄中有灰，分明有点发霉了"。冼玉清站在书架边看着，目光充满慈爱与期待之情，他一发狠，"把糖莲子放入嘴中，吞进喉咙，觉得舌尖有点儿甜，也有点儿涩"。回到宿舍，他向同学们一说，大家都笑弯了腰。

那时候黄天骥自然认为冼玉清是"孤寒"的。数十年后，老校长黄焕秋给他讲起一则冼玉清捐款故事。"抗美援朝"战争时，冼玉清有一天走进财务处，托梁科长办理认捐手续，她要把准备买房子的钱统统捐给国家。因为这笔钱数目很大，梁科长不敢接手，校领导得知后，首先感谢她的爱国热情，也请她从实际出发再三斟酌。但她态度坚决，开出的条件只要求替她保守秘密。

黄焕秋说，她把积蓄献给国家，自己只住在学校分配的老房子里。"人们都说冼姑'孤寒'，而她对国家又是多么的慷慨！人的性格，是多面的，切忌只看表面。"黄天骥开始反省对冼玉清的认识，觉得那一粒莲子代表"一颗纯洁的心，真可谓冰清玉洁"！[1]

冼玉清此次捐款，几乎是她晚年捐献巨款与国家的预演。

1961年冬，袁钟仁做客碧琅玕馆，交谈中，冼玉清以长者口吻说生活应该勤俭朴素，她称自己身上的棉袍是抗战期间在粤北缝制的，已经穿了20年。袁钟仁听之一怔，发现那件棉袍赫然有几个补丁，十分显眼，心想：虽然正值经济困难时期，但以她的财力每年添置一件新貂皮长袍还有余。

1962年秋，女佣请假回乡，冼玉清不想动手煮饭，诚恳地请来访的袁钟仁同去附近教授饭堂用餐，称每人一餐只用5角钱。袁钟仁答应了，她又带去家里的几个榄角和几块变味的腊鸭。她在饭堂要了三份小菜，不足1元，连声称赞饭

1　黄天骥《一粒莲子一片冰心——怀念冼玉清教授》，《中大往事》第202—203页，南方日报出版社2004年版。此文又见《冼玉清研究论文集》第270—272页。

堂菜肴价廉物美。袁钟仁怀着好奇心吃了一块变味腊鸭，味道又苦又涩，实难下咽，而冼玉清甘之如饴，他只能暗中称奇，感叹："没想到这位金枝玉叶、贵人名士，竟也如此清苦度日，只有发自内心的由衷敬佩。"[1]

冼玉清自奉甚俭，待人往往十分慷慨大方。冼星海赴法国勤工俭学，她曾资助500元，在当时是一笔巨款，她与冼星海虽然同姓，但仅是师生关系。

杨寿昌曾由衷赞誉她"自奉俭薄，布衣蔬食，悠然自得；而周贫济急，扶植人才，挥金如土"。[2]

冼玉清"好古好游兼两类"，出门旅游和搜购典籍均需大量花费，而广邀名流雅士唱和题跋，出手更是阔绰。《冒鹤亭先生年谱》对此有所记载，从中可窥一斑。

冼玉清（左）摄于岭南大学

冒广生为《流离百咏》作序，称与冼玉清"别十三年，遇岭南人北来者，必询吾起居，馈吾饴饧或他果物，其久敬而能不忘也"。[3]进入1950年代后，冼玉清多次汇款给冒广生，一方面感激他邀约时贤作画题咏，另一方面也出于对老师和前辈的关怀。1951年秋，冒广生不慎跌倒，骨未断而伤甚重，冼玉清闻讯先后两次各寄去50万元，"言为先生跌伤后调养用云云，先生'受之不安，只好来生债矣'"。100万元相当于1955年货币改革后的100元，当时仍所值不菲。

冒广生已80高龄，生活窘迫，日记中有"旧历腊八，无粥，以囊空也"记载。他对冼玉清的馈赠十分重视，视

1　袁钟仁《毕生献身学术的"琅玕馆主"》，《冼玉清研究论文集》第153页。
2　杨寿昌《更生记》序文，《更生记》第2页。
3　《流离百咏》冒序，《流离百咏》第1—2页。《碧琅玕馆诗钞》第42页。

为"来生债",1952年1月致函冼玉清,"谢其寄钱,并寄还其《教育遗议序文》"。"先生从冼玉清所寄馈岁中以十万元寄沈瘦东,俾其度岁。沈居僻青浦,家贫,惟有才气"。而冼玉清"再寄六十万元,为先生度岁用"。

1953年1月,冒广生下楼跌伤,左股骨折,"冼玉清从粤汇寄十万元作调养费"。是年秋,冼玉清北游返粤,专程过沪探视先生,赠以茯苓饼等物。

1954年10月,冒广生"作《旧京春色》图词一阕,寄还冼玉清"。11月"嘱请谢稚柳为冼玉清绘制《授经图》,又请王福厂书引首"。此图数年后乃成,1957年冬,"先生作《冼玉清属题〈授经图〉》,图为谢稚柳所画者"。[1]龙榆生为《授经图》作《木兰花》词:"琅玕风动弦歌答,过眼沧桑真一霎。休将旧恨感秦灰,好抱遗编开汉业。南为多士传心法,坐看珠光终出匣。河清高歌转眼明,暮诵朝弦共欢洽。"[2]

1 以上引文出自《冒鹤亭先生年谱》第520—600页。
2 龙榆生《忍寒诗词歌词集》第216—217页。

第十三章

文物

广雅书版

1957年4月13日，陈乃乾抵达广州，受中华书局委派了解有关广雅书版情况，下午"往文化局，文物科长杜若派人同往看书板"。广雅书版作为广东重要文献文物，抗战后由广东省文献委员会收管，也是冼玉清长期关注的对象。冼玉清结束流离，甫返广州，即忙于调查广东通志馆藏书状况，兼及广雅书版。她于1945年9月30日致函罗香林称："至于市图书馆之书，已同镇海楼之博物同入番禺学宫，省图书馆之版片一部分移置邻乡，亦有一部分毁为薪火。"

4月15日，陈乃乾"下午至中山大学，晤商锡永（承祚）、冼玉清、董每戡、潘孝瑞（金瑛陪往）"。[1]

陈乃乾（1896—1971），名乾，浙江海宁人，文献学家，编辑出版家。1956年调任古籍出版社编辑，次年春古籍出版社与中华书局合并，任中华书局编审委员会委员。

《遐庵诗乙稿》

陈乃乾广州之行与叶恭绰有直接关系。1957年1月1日，叶致电陈乃乾，"长谈广州书板事"。12日上午亲自送来广州介绍信六函，可能包括冼玉清。

叶恭绰赋诗赞誉黄荫普向广东省立图书馆捐赠典籍，有"南园蠹简犹充栋，岭海鸿文待付锓"句，自注："学海堂及广雅书局书板十余万片，抗战时散在四乡，胜利后余设法集中省垣，但艰于整补，今犹堆积如山。"另一首专写书版历经劫难事："连樯梨枣越崔莋，复壁藏山计或迁。文武不须伤道尽，荆榛中或有通途。"其题曰："抗日时，广州广雅书局及学海堂书板凡十五万余片分运各乡，胜利后余设法集资为复运省垣，时盗贼满地，勒收行旅买路钱（粤称行水），然有数处知之为书板则不收，则护至下站焉。"[1]

阮元、张之洞督粤，提倡朴学，南粤刻书风气一时大开。嘉庆廿五年（1820）阮元在越秀山创立学海堂，延陈澧为学长，主持刻书事宜，先后刊刻《皇清经解》《学海堂丛刻》等丛书。光绪年间张之洞开设广雅书院，又设广雅书局，专司雕版，所刻诸书后合编为《广雅书局丛书》。学海堂停办后，其书版也移储至广雅书局。宣统《番禺县续志》载："于局内濠北前校书堂之东建楼五楹，储藏板片。学海堂、菊坡精舍、应元书院奉文停罢后，旧栗书版，一并移贮其中。随时印刷流布，嘉惠士林。"

学海堂及广雅书局书版曾由徐信符保管。广州沦陷前，徐信符与黄希声、廖伯鲁等设法将书版分散到广州附近乡间存放，以避兵燹。抗战胜利后，广东文献委员会成立，叶恭绰为主任委员，设法将分散在四乡的书版集中运回广州。当时乡间盗匪横行，粤语称为"大天二"，商旅每经，均须付买路钱，粤语称为"行水"。书版回省途中，非止一次遇到拦路，强索"行水"。运送人婉转相告，所运重载全系书版，为受保护文物。各"大天二"闻之慨然放行，即"荆榛中或有通途"也。盗亦有道，绿林中人如此侠义，令众多文人儒士感动不已。

书版运回后，暂存番禺学宫。1953年，学宫辟为广州农民运动讲习所旧址纪念馆，书版遭催迁，有关部门另购民房两间存放。叶恭绰建议清点修补妥善保管，以备日后印书之用，即"南园蠹简犹充栋，岭海鸿文待付锓"。他认为，此15万块书版是近150年来广东刻书之大成，其中多关学术历史，"若能选择较完善而重要者加印刷以广流传，不必另行排版，即于经济方面亦属有益之举"。

他又称学海堂、广雅书局所刊书陆续刊布，不易集中，近年欲求一全部印本已不易得（全国图书馆尚共有十余部），"零星访觅，亦不多见"。在此背景下，陈乃乾有了广东之行。

4月17日上午，陈乃乾等雇小舟渡江，至中山大学，与潘孝瑞、冼玉清长谈，"冼玉清以《流离百咏》见赠"。19日晨，冒雨至中山大学，访冼玉清，稍坐，同过容希白处午饭。20日10时至文史馆，与副馆长胡希明长谈。与冼玉清同出，华侨郑氏夫妇约愉园午餐，餐毕同游荔子湾，雇小舟至海角红楼。

---

1 叶恭绰《遐庵诗乙稿》，1957年印行。

　　24日，冼玉清接到广东省文管会座谈会邀请，因时间仓促未至。陈乃乾日记："上午省文管会召集座谈会，讨论书板事。仅到候过、商承祚、吴传诗、黄文宽、杜若五人，杜国庠、罗翼群、萧隽英均以它会不及来。冼玉清、容庚以接柬迟，亦未来。"看来，除省文物保管委员会外，广东省文史馆也参与广雅书版事。

　　25日下午，陈乃乾至中山大学，与冼玉清、潘孝瑞同晚餐，复至冼玉清家小坐。26日中午至政协，与冼玉清同出午餐，午后游六榕寺，至文史馆小坐，"偕玉清同往书板储藏处察看"。可惜日记未提及书版保管情况。

　　30日中午，陈乃乾至中山大学，与商锡永、冼玉清谈。5月10日中午至华侨大厦，晤冼玉清、罗翼群。13日上午至中山大学晤潘孝瑞，偕冼玉清至中大图书馆，同出至海珠桥离去。

　　陈乃乾回京后，于6月21日来函并赠送《室名别号索隐》。冼玉清复信称"此书比陈德芸所编者更为精简，每人注其生县，尤为合用"。又指出，民国后卒者作清人，民国人姓字前不加朝代，似应在例言处声明。"信手将尊书一翻，觉其中有应订正者另表附后，聊副论文雅意，幸勿责其越俎。"复信指出陈伯陶、林伯桐、颜韵伯、邱炜菱、黎民表等岭南人物名、号、籍贯等正误，并提及冒广生："冒鹤老近状如何？另附件乞代转去，至感至感！"

　　冼玉清一直惦记着广雅书版事。1958年3月21日，她再致函陈乃乾："广雅书板，不久谅须整理，其方法方式如何？望专家有以见示。此乃国家文化事，知必热心提掣也。敬候佳音，曷胜翘企。"又谈到孙殿起："闻孙耀卿君抱半身不遂之病，至为可惜，渠对琉璃厂掌故最熟，倘非患病，尚有相当述作可以贡献，故望足下亦善自珍摄也。"

　　此时，中华书局已启动《二十四史》整理工作，陈乃乾参与制定整理计划，并承担《三国志》点校工作。而对书版最为热心的叶恭绰被划为右派，广雅书版清点付锓之事因此搁浅。李吉奎《叶恭绰与广东文献整理》一文有较详细记载。

　　1961年保存书版房屋垮塌，而书版遭白蚁蛀食情况严重，经征求专家意见，广东省政府有关方面决定，每部雕刻书籍选书版20块存于博物馆，或分送省政府有关文物、历史研究机关，作为文物长期妥善保管，其余折价分给有关机关作其

1　冼玉清致陈乃乾函，见2015年6月27日嘉德拍卖会"共读楼存札"专场。下引同。

他木料使用。[1]

参与讨论处理书版的专家有冼玉清、商承祚等。"国家文化事"已无人问津，冼玉清的失望可想而知。广东省博物馆所藏书版，偶或公开展示，各书卷端卷末各留一版。据闻，当时之所以急于处理这批版片，与香港商人欲出资收购有关。而所谓"用作其他木料使用"，实际上是被机关食堂当作燃料烧掉。15万块书版便是15万页精美的图籍，就此化作灰烬，令人不胜唏嘘。

望风兴起

广东省立中山图书馆原为清末广雅书局藏书楼，1912年改为广东省图书馆，是中国成立最早的公共图书馆之一，馆藏广东地方文献十分丰富。1955年以后，冼玉清常到中山图书馆特藏部查阅资料，读书写作。因仍住中大康乐园，她往文德路中山图书馆，需在中大北门码头乘渡轮过珠江往江北天字码头，然后转乘公共汽车或经长距离步行。

她在特藏部阅览室几乎有固定座位，每天开列书单交工作人员入库寻找，当天看不完的书"下次再看"，工作人员会夹上"冼玉清教授留"字条另放，直到她查阅完毕始归架。特藏部老读者对她十分敬重，经常请教查找文献方法。

1956年初，黄荫普将存放广州的部分书籍捐献中山图书馆，包括中文书（多为古籍线装）1200多种4000余册，外文书和杂志近千册。冼玉清为此举助推者，黄荫普经其介绍访陈君葆谈捐赠中山图书馆事。[2]

广东省文化厅和中山图书馆决定举办赠书展览会，3月28日，冼玉清致函图书馆何琦馆长，称黄荫普将于30日返穗，"最好当黄先生来到之前及到后，你馆派专人到解放北路141号郑医生处略为接洽：第一表示我们欢迎黄先生回来；第二表示感谢他捐书之高谊；第三表示我们可以借人力物力帮助他编目及整理书

1　据广东省文化局《关于书版处理经过的报告》档案记载。
2　《陈君葆日记全集》卷三，第389页。

籍"[1]。4月2日要开广东省政协会，冼玉清表示不能全力帮助，希望图书馆详细考虑一切。

中山图书馆安排展览室，派出分编人员整理文献，又派专人到郑医生处联系。冼玉清开完省政协会议立即撰文介绍黄荫普。

黄荫普（1900—1986），字雨亭，番禺人，毕业于清华学校，官费留学英美。1927年回国，历任中山大学教授及商务印书馆经理、协理及发行所所长。曾主持中山大学经济调查处，编辑若干与广东有关之经济书刊，因而对广东文献发生浓厚兴趣，刻意搜集，徐信符、佘散木等以物聚所好，时将珍本让出。积二十余年心力收集精品逾500种，数种影印入《广东丛书》，另有数种经涵芬楼洽商借由商务印书馆印行。

《黄荫普先生捐赠"广东文献"书目》

抗战期间，黄荫普将书籍运寄澳门。有人先后愿以8万港币及3万美金收购，他不肯割爱。近年海外书贾亦欲以重价谋之，仍不为利诱。"今见祖国建设突飞猛进，异常兴奋，慨然将全部藏书赠送省图书馆，其爱国热诚真不可及者，希望各地藏书家，亦能继黄君后尘，望风兴起也。"[2]

中山图书馆举办黄氏赠书展览会后，编印《黄荫普先生捐赠"广东文献"书目》。1980年，黄荫普再向中山图书馆捐献藏书385种918册，该馆再编印《黄荫谱先生赠书目录续编》。

叶恭绰闻此作诗赞美："离明佳气未消沉，阐发幽潜伫嗣音。喜见遗珠归合浦，遂教清话满书林。南园蠹简犹充栋，岭海鸿文待付镌。津逮倘关吾辈事，衰年期望转从今。"

北京图书馆得冼玉清协助，从澳门购回一批珍贵古籍。1960年代初，北京

1　广东省立中山图书馆业务档案，转引自高炳礼《岭南才女——冼玉清教授与中山图书馆》。
2　冼玉清此文收入黄荫普《忆江南馆回忆》，香港广宇出版社1989年版。

图书馆获知莫天一藏书中最珍贵部分（3000多册）辗转到澳门，且有可能流入美国，托柯平、马万祺和何贤了解此事。马万祺等向莫天一之子莫培樾晓以国家民族大义，劝他不要使祖国文化遗产流出外国，卒以30万港币之价购得这批典籍。

"此事进行得非常秘密，当时只有柯平、何贤、吴鸣几位知悉，北京派来三人：一位是北京图书馆馆长，一位是历史教授，另一位就是冼玉清教授。他们住在南光招待所。莫医生脾气亦很怪，只允拿几十本一看，然后由吴鸣一人代表买方先送上现钞30万元，才给一批一批拿回竹室。此事进行得也很顺利，书籍送到竹室后，三位专家看到非常高兴。3000本书中，其中有些已是孤本。据说几本书就超过30万价值。宋版有几百，大部分是明版，少数是清版，认为此精品的确珍贵。"[1]

莫伯骥（1877—1958），字天一，广东东莞人，室名五十万卷楼。黄荫普称，莫伯骥习西医开设仁寿药房致富。访书遍及大江南北，为近代粤人藏书翘楚。抗战时期，叶恭绰力劝其将藏书分移各地。广州沦陷，藏书绝大部分遭劫，随后曾托人收回一部分，转运澳门储藏，"解放后由冼玉清教授托人往澳门鉴定所藏并与莫氏后人商洽以重金购归公库"。[2]北京图书馆从莫培樾手中所购藏书，包括清末四大藏书楼之一的聊城海源阁旧藏宋本《孙可之文集》。[3]

姚氏蒲坂楼藏书及罗原觉藏书未能如愿回归，令冼玉清惋惜不已。

1957年，广东省委港澳工作委员会将《蒲坂书楼藏书撮要》转交广州市市长朱光，附函称如需要这批藏书，可转告香港绅士何贤设法代购。此函后转省文化局，因广州市图书馆已并入，广东省中山图书馆遂起草报告送有关部门，请求了解该批古籍总价及书款支付情况。遗憾此事因反反右派斗争阻隔未果。

广东藏书家姚钧石因商致富，其广州藏书毁于火灾，后在澳门努力经营蒲坂楼近十年。1959年2月，实业家宽纳（Walter Koerner）筹资议购，请何炳棣磋商议定购得姚氏藏书，归藏加拿大不列颠哥伦比亚大学，该校于1960年成立亚洲系。这批藏书共4.5万册14万余卷，其中珍贵的元、明、清刻本及稿本约万卷。[4]

姚氏当年所购藏书多来自徐信符南州书楼，其中有谭莹校订《粤雅堂丛书》

1 马万祺《缅怀冼玉清教授》，《冼玉清研究论文集》第276—277页。
2 黄荫普《忆江南馆回忆》，香港广宇出版社1989年版。
3 刘波《海源阁旧藏珍本入藏国家图书馆述略》，《文史知识》2009年第7期。
4 参见来新夏《UBC的亚洲图书馆》一文。1997年5月，来新夏曾参观UBC亚洲图书馆。

刊本及东塾书楼陈澧旧藏。徐信符于广州沦陷时将善本书分批运往香港，寄存于港大冯平山图书馆及香港寓所。香港沦陷前夕，再将珍贵藏书通过水路转运至澳门，其中一艘运送轮船遭美军飞机炸沉，而另由机帆船运送者为土匪劫掠。

1964年8月，冼玉清告知中山图书馆，罗原觉有一批古籍待售。中山图书馆有意收购，但希望降低书价，并以人民币支付。冼玉清托《文汇报》社长李子诵询问书价及付款情况。10月25日，罗原觉致函冼玉清答复，称"所藏书得承导致国内采存，不致外佚，至付企望"，附上书目二册，"常本有减而善本转益"，希望依前订港币14万元，在港现款交易。[1]当时外汇紧张，中山图书馆难以接受书价及港币交易方式。此议终究未成，冼玉清的努力付诸东流。

罗原觉1965年在港病逝。1984年3月，罗夫人黄宝权向中山图书馆要求出售这批古籍，报价60万港币外加13万元人民币，又因价高未果。1993年，中山图书馆向罗夫人购进其广州最后一批普通藏书，售价9000元。而罗氏所藏精品古籍早已在香港售出。

斑园藏品与革命文物

1960年夏秋，冼玉清赴澳门香港探亲，也肩负统战简又文，回购其所藏文物任务。正值困难时期，此行颇为不易。

简又文是太平天国史专家、政治活动家，也是著名收藏家。以斑文名其斋，因妻、女名中均有玉字。有关部门一直希望回购斑园藏品，特别是有关太平天国的文献和实物，希望冼玉清居间做说服工作。

冼玉清在澳门助北京图书馆鉴别收购五十万卷楼部分珍藏后抵港。8月30日中午，黄荫普邀其在康多尔午餐，陈君葆在座，交谈数小时，当涉及斑园文物。[2]

9月1日，冼玉清见到简又文，代表当局提出条件，"他只答应把所藏苏仁山、高剑父作品三百余幅和其他一些广东方面文物割让给国家……至于'太平天

1 广东省立中山图书馆业务档案，转引自高炳礼《岭南才女——冼玉清教授与中山图书馆》。
2 《陈君葆日记全集》卷四，第438页。下引陈君葆日记不另注。

国'的材料，则不打算出让云"。陈君葆在日记里写道："冼子要我速写信到里边去问。我想简既无意脱售'太平天国'文物，则不必写信去问北京了，因此便写了一封信给曾公，托他一探朱光的意见。"曾公指曾靖侯，朱光时任广州市市长。

可见简又文藏品中，他们最看中的还是有关太平天国文物。

简又文1920年就读芝加哥大学时，拟《太平天国基督教》为题作博士论文，不久因父病回国中断学业，但仍四处收购有关太平天国书籍文献，并调查遗迹。1923年夏胡适在杭州烟霞洞避暑偶遇简又文，交谈得知"他这几年来正在收集关于太平天国的史料，想作一部太平天国小史"。他来杭州随身所带参考书目中有许多欧洲人的著作，胡适感叹："旧同学中竟有此人还在做一种学问上的研究，使我心里欢喜。"[1]

简又文曾在广州举办过太平天国文物展览会，展品均系个人收藏，达数百件之多，内容包括：遗物——钱币、印玺、兵器，著述——官私著述、中西史料，图表——石刻拓本、图象、影片。

陈君葆得到上头答复，收购可从书画入手。9月12日，他得曾公函，转达市长朱光意见，希先寄目录，"俟阅过后，当分别请将该件运上来，如何当限期奉覆"。他电话告知冼玉清，请继续与简又文洽商。

14日，简又文复函冼玉清，附藏品四大部分略表，"详细条件及手续到时另议，双方各可提出会商之。此表系临时略列，不能作实，将来清点，件数总有过千"。

16日，冼玉清在凤城酒家将略表呈递陈君葆，并附字条，"斑园目录分四大批：明人、清人、近代、百剑楼及高氏与折衷派。定价前三者取港币10万元，四亦10万元。据谓高剑父之妻所收藏仅40幅，卖出价5万元，远不及斑园所藏之精，且斑园附带高氏兄弟及其弟子辈之画，故较为齐全云。"

斑园藏明人作品，包括海瑞、陈白沙、黎民表、陈子壮、屈大均、林良、张穆、湛若水、邝露等书画作品，皆岭南剧迹；清人及近代藏品更多，包括孙中山、康有为、梁鼎芬、梁启超、伍廷芳、黄君璧、黄节等；居廉作品约200幅，

---

1 《胡适日记全编》第4册第112页。

包括立轴、扇面、册页、人物、静物、花鸟、草虫、禽兽、山水各体。

简又文略表第四部分注明"特别"二字，解释为"百剑楼供奉高剑父大师百品"。百剑楼为简又文广州龙津西路斋名，专为珍藏高剑父及粤中名家作品。要价10万因深知其价值，他是高剑父挚友，也是主要赞助人。高剑父"由十余岁起初入居廉门学画作双钩便面稿起，历年所作山水、花鸟、人物、草虫等，各式各体特别题材共百件（或有多），多为剑师亲选之精品代表之作，此批数目最多，其家人无此多"。

17日，陈君葆致函曾靖侯，附上简又文《斑园书画目录》17页，嘱即转朱光。21日，收到曾靖侯复函，称简又文书画尚未到"寄运上去"程度。24日，又收到曾靖侯函，称朱光要调北京任职，简氏藏品未便遽问。朱光调京担任对外文化联络委员会副主任。

冼玉清已经等不及了，急于知道结果，陈君葆等人也无可奈何。

购画事迟迟未作决定，主要因为中国经济遇到巨大困难，外汇紧缺，20万港币数额巨大，朱光也无法决定。广东省工商联副主委李朗如表示，"买画一事如开会讨论他会反对，因为花十多万元买画还不如买机器"。陈君葆感慨："这见地未可厚非，我私心实颇同情，艺术精品要么就捐献国家，可惜简又文谅不足以语此！"

冼玉清无法说服简又文无偿捐献凝聚一生心血的文物精品。她急欲回穗，简又文打过两次电话来问，似急于要脱手。黄荫普认为：仅两苏和两居作品便有200多幅，这是很不容易的。两苏指苏六朋、苏仁山，两居指居巢、居廉，均是岭南大家。陈君葆再致曾靖侯函，附备忘录一纸，托转朱光或其他负责人。

曾靖侯复函劝他"不必替人焦急"，"文化界中人多知斑园最近之事，均说要价太高，实值不得，而杨秘书和我谈时，早经说过平均每件一千元之高，颇难得人买的"。陈君葆不知道上头"是否已无甚意思云云"。

冼玉清对陈君葆转述斑园三点意见：一是希望把事做好，能始终其事；二是如果成交，双方要请律师见证，交钱交货，以免日后有话说；三是此批成交后，还有一批革命文物，一批太平天国文物，但此二批要留以后再谈。

陈君葆将此意见转告曾靖侯，他也知道资金困难，计划已无法完成，统战简又文实际上告一段落。

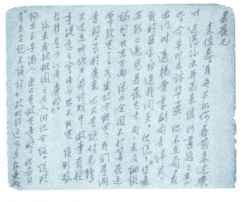

冼玉清致陈君葆函之一　　　　　　　　冼玉清致陈君葆函之二

冼玉清10月底返穗。陈君葆11月12日复函，建议她与商承祚接头，如果广州市不要，省局或许会购买，甚至目录还可寄文化部夏衍。

陈君葆认为斑园第三、第四两批文物实较重要，因为书画部分卖给外国人，教他们多认识中国文化，实是一件好事，并无弊害。如果后两批材料落入外国人手中，给他人妄作历史，信口雌黄，断章取义任意处理，则贻害不小。

冼玉清与新任广州市市长魏今非接触后，认为他对文物颇为重视，但未提对简又文藏品意见。她致函陈君葆告知此事，又称"容庚亦谓斑园藏件开价太贵"。

12月13日，陈君葆致函广州市文化局，简述斑园有意出售所藏一批文物，而恰遇市长朱光调职，"闻目录现保存于贵局，因此请以考虑经过情况见示，若终无成议，则以该目录掷下，以便交还斑园主人"。

冼玉清与商承祚面谈，试探省文化局购藏可能。商承祚说："我们是专找广东文物的，因何无意？"

16日，陈君葆收到黄荫普转寄冼玉清及简又文手札。"斑园似亦欲急于脱售，而又苦于目前情况已稍异于往昔，主顾方面已不复能如往时的豪爽，所以函中措词'态度尚好'也。"

冼玉清闻知省里预备花港币数十万元印广东画册，所以不能说无钱，于公于私都希望斑园藏品回归大陆。1961年4月3日，她致函陈君葆转达广州市文化局副局长杨奎章意见："广东也不是绝对无钱，不过在此增产节约期间，要有轻重缓急之分，目前恐不能买，俟形势好转，是可以考虑的。"陈君葆认为"在省市一体，不分彼此"原则下，"这事是一开始就注定要告吹的"。冼玉清强调："杨（奎章）似更注意这批中的革命文物。"后来她又转达魏今非意见，称可以想办法。陈君葆倒是气馁了："到头来都是空的，或者延缓人家等得不耐烦。"

9月底，简又文致函冼玉清："关于拙藏文物，以年复一年，马齿已增，深恐将来至有散佚或损失……故急于生前脱手，楚弓楚得。"态度十分诚恳，广东当局依然模棱两可，冼玉清致函魏今非亦不见答，陈君葆认为："这样看来也有些不妙了。冼子恐徒劳一片苦心耳。"

陈君葆希望有财阀出面先把整批文物买下来，然后等待适当时间转让给国家。他也明白，目前的困难是牵涉到外汇问题。11月底，他赴广州出席省人代会，"与杜埃谈过斑园藏书画一事，他说问题在缺少外汇。侯甸现主省文化局"。

刘猛进碑拓片

12月底，简又文致函冼玉清，建议向"富商之与大陆有关系者，如高卓雄、何贤等，请其筹捐此款，就地交易"。陈君葆由此判断"斑园尚不至于亟亟售与美国佬"。关山月曾致函冼玉清，说"领导十分重视此事，只因外汇关系及价格过高，不易一下决定"。

收购简又文斑园藏品终于未果。1962年10月13日，陈君葆"闻又文的斑园藏画已归香港大会堂图书馆去，然则隋碑能否终留，亦至无凭据也"。隋碑指简又文藏刘猛进碑，"简又文或不至于使流到外国手中去罢。不过此事应与冼子一谋，我无能为力也"。"其果能献与国家否，未敢必也。"此前，陈君葆从费彝民处得知，徐智竦碑经已由何贤以1万元购得。

广东自古碑刻稀少，清代出土过隋

代四碑：徐智竦、宁翔威、王夫人和刘猛进碑，传颂一时。刘猛进碑保存最好，也是广东书法最早的记录。该碑1906年出土于广州西北郊王圣堂，先后被叶谦、王秉恩等收藏，《番禺续志》（1918）有碑文著录。简又文得此碑，以"猛晋书屋"名其斋，作文详加辨证，确认碑刻于隋大业五年（609）。碑石高0.81米、阔0.46米。碑文介于行书与楷书之间，分刻两面，共979字，记录刘猛进祖、父及本人任职等情况，并涉及陈、隋间广东历史地理资料。

统战简又文，促其藏品回归是一场接力赛。冼玉清等人的努力没有白费。刘猛进碑最终由广东省博物馆回购珍藏。据说台湾当局也十分重视此碑，简又文因有国民党背景，不好直接拒绝，但内心希望该碑留在家乡。他于1972年致函其女简华玉，嘱其捐献广东省文物部门。罗孚在《大华烈士与隋碑》一文中说："梁羽生与我去过他的九龙塘寓所，'统战'过他。那一次梁羽生取得他的慷慨捐献，把藏在广东的有名文物，隋朝的刘猛进碑，送给广东省博物馆。"

广东文献丛谈

1965年5月，《广东文献丛谈》由香港中华书局出版，是冼玉清生前出版的最后一部著作，侧重可读性和通俗化。而1949年出版的《广东文献丛考》是专业性、学术性的。

她在序言中写道："余夙治广东文献，又好为考据之学。读书偶得，辄反复考其源委。所以求知，亦使问题有所解决也。""去岁课余，略为整理，抽录五十篇，粗成第一集。"序作于1964年春，"香港中华书局当局偶见此稿，愿任发行，以供同好"。该书出版也是

《广东文献丛谈》（1965）

她最后一次旅港探亲治病的收获。

《广东文献丛谈》中许多文章都曾在香港《大公报》《艺林》副刊发表，《大公报》又结集《艺林丛录》发行。

1958年底，周恩来指示中共港澳工委秘书长祁烽，办报除坚持党的方针外也要灵活。次年5月，《大公报》新辟《艺林》副刊，为"艺文性质"，"专载有关图书、金石、文物、诗词等方面之材料"，征稿"最好在二千字左右，如内容过多，希望分题写述"。

《艺林》由陈凡创办及编辑，逢周日出版。陈凡笔名百剑堂主，与金庸、梁羽生合写专栏"三剑楼随笔"，写武侠小说，亦写旧体诗。

《艺林》组稿，广州为近水楼台。《大公报》广州办事处主任黄克夫陪陈凡往中山大学拜访陈序经，再由陈序经陪同逐家拜访容庚、商承祚、梁宗岱、詹安泰、冼玉清等。

1960年秋冼玉清访港。9月16日，陈凡在凤城酒家请午点，陈君葆等作陪。19日，陈文统夫妇请晚餐，阵势较大，陈凡、李侠文、黄般若、饶宗颐、叶灵凤、陈君葆等作陪，黄荫普因故缺席。

陈文统毕业于岭南大学经济系，酷爱古典诗词和文史，1954年在所任职《大公报》旗下《新晚报》推出连载小说《龙虎斗京华》，署名梁羽生，开创新派武侠小说。陈文统在校时与冼玉清有过交往，1950年后，接触甚为频繁。

冼玉清应邀给《新晚报》寄稿，申明"稿不合用则退，如此老老实实最好"，并不觉得退稿伤了面子，又附上《佛山秋色之起源》一篇，称"在医院太闲而写"，"如不合亦退可也"。又称"你赋性忠厚而坦挚，近世罕见。必须养好身体，才能尽其所长"，劝其"万不可任其拖延下去"。冼玉清就其病症询问过医生，据称是消化系统病，必要寻出原因，乃有办法治疗。她列举消化系统四种常见病因，怀疑梁羽生所患为第四种——"过于疲劳则抵抗力不足，而百病丛生矣"，希望他小心葆爱，若来穗，可找医生检查清楚，找出原因，对症下药。[1]

她为《大公报》《艺林》周刊写了大量稿件，结集后便是《广东文献丛谈》。仅1961年，见诸《艺林》的即有《广东平倭纪功碑》《广东第一部海外风物志——黄衷的海语》《广东人写的第一部小说》《王瑶湘女史》等20篇，全部

---

[1]　冼玉清致陈文统，见费勇、钟晓毅《梁羽生传奇》，广东人民出版社2001年版。

编入《艺林丛录》第三编，1962年由商务印书馆香港分馆出版。

此后，她又在《艺林》发表《王隼与漇庐》《梁廷枏孝女祠记》《粤人所撰论画书籍提要》《记大藏书家伦哲如》等文，先后收入《艺林丛录》第四、第五编。

除《艺林》外，她还在《羊城晚报·晚会》发表了大量有关乡邦文献及掌故的短文。1960年有《辞郎洲与陈璧娘》《连山书院》《丘熺和他的〈引痘略〉》《韶州与广东文化》《广东得名的由来》等近10篇。1961年有《爱国英雄邓世昌》《邹伯奇发明摄影机》《王瑶湘女史》《广东最早的画报〈时事画报〉》《我国第一个制造飞艇的人》《沙面的过去》《缀瓦艺术家陈孟长》《广东最长的龙舟歌》《刀剪名家"廖广东"》《再谈王瑶湘》《招子庸的画》等20多篇。1962年有《居廉故居及其他》《借书苦读的邱琼山》《冼星海中学时二三事》《冼星海练字的故事》等。

上述等篇什经过"整理""抽录"，编辑成《广东文献丛谈》，分为书籍、人物、文化、文物、文艺和杂考六辑。因篇幅有限，她较为重视的关于黎简、王瑶湘、刘华东等的文字并未选入。

冼玉清写作广东历史文献掌故往往联系实际，如《辞郎洲与陈璧娘》与潮剧《辞郎洲》演出有关，该剧曾参加国庆10周年献礼，后又在香港上演。

撰述编辑《广东文献丛谈》，是她为学术大众化所作的努力，其序为文言文，文章内容则是相对成熟的白话语体文，这与报纸的大众传播功能有关，也与她在大时代背景下的自我转变有关。据传容庚曾半开玩笑地说，以冼姑之才，不必为此，应写大部头。

1962年，《羊城晚报》副刊部发起评选"羊城新八景"，白云松涛、罗岗香雪、越秀远眺、珠海丹心、红陵旭日、双桥烟雨、鹅潭夜月、东湖春晓入选。该报同时征集诗、文、摄影、篆刻作品，冼玉清积极响应为八景赋诗，其中两首入选《羊城新八景》一书："丹心惟一片，独立捍南疆。桥畔花和草，终年向艳阳。"（《珠海丹心》）"尽涤百年耻，鹅潭月更新。繁灯天不夜，笑语泛舟人。"（《鹅潭夜月》）[1]

---

1 《碧琅玕馆诗钞》第140、139页，《羊城新八景》第40、43页，羊城晚报社1963年版。

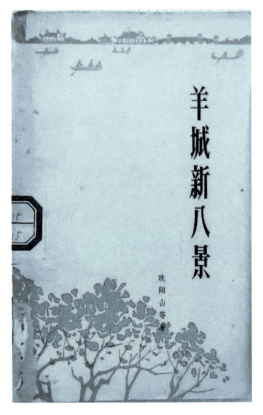

《羊城新八景》

赞美广州美景，发自冼玉清内心。这一组诗收入《琅玕馆近诗》，编入《碧琅玕馆诗钞》卷三之末，成为她的诗歌绝唱。

释道著述及其他

冼玉清晚年勤奋治学，孜孜矻矻，整理广东文献成系统者，除结集出版《广东文献丛谈》、自费油印《广东印谱考》外，生前未刊者尚有《漱珠冈志》《广东中医药书籍提要》和《广东释道著述考》。她晚年曾说："欲人民之爱国，必须使其知本国历史地理之可爱，而对于本乡本土尤甚。所以言史学者，对于乡邦文献，特为重视也。"[1]

1　见中山大学1955年《教师情况调查材料》，中山大学档案馆藏。

1959年3月3日，冼玉清致函陈君葆，托其向罗原觉再借有关"南海陈昭遇《太平圣惠方》一百卷事的复写纸"，为编写《广东中医药书籍提要》。罗先前寄付"复写纸一篇"，"此纸被人借去不还，希往罗处再取一张寄来"。罗原觉次日复函抄录有关内容。[1]《太平圣惠方》是宋代官修大型方书，陈昭遇等奉宋太宗赵光义之命修纂，成书于淳化三年（992）。陈昭遇，字归明，广东南海人。

1960年9月15日，陈君葆在香港康多尔餐室请客，介绍冯公夏、颜世亮与冼玉清相识，因二位对藏经较内行，以便她找寻有关广东人释道著作材料，修订《广东释道著述考》。

1962年某天下午，袁钟仁前往拜访冼玉清，被女佣告知"在附近图书馆的书库"。在图书馆，管理员对他说："这老太婆进入书库，一蹲就是半天，下午闭馆时还不知道出来。如果不高声呼唤，她就要在书库过夜。"他进入书库才找到聚精会神查阅资料的冼玉清。1963年秋，冼玉清入住中山医学院第一附属医院，医护人员告诉探视的袁忠仁，冼教授把病房当书房，日夜写作不停，称这样不利于治疗。袁钟仁劝其注意休息，她毫不在意，临别还写了张便条，托他去仁济路某医生家中借书。袁钟仁依嘱前往，取回十多本书，扛在肩上进入病房，冼玉清见了十分高兴，连声道谢。随后又拿着厚厚一叠手稿，托他交给光孝路广东人民出版社编辑邝某。原来她正在编写《广东中医药书籍提要》。[2]

冼玉清尚有编写《广东医学人名志》计划。1963年11月3日，她曾致函成都中医学院孔健民教授，希望检出批评《中国医学人名志》文章，"俾玉清编《广东医学人名志》时，不致再蹈覆辙"。[3]

1963年夏，冼玉清自费油印出版《广东印谱考》。此稿由《粤东印谱考》演绎扩充而成，成书过程可见其治学持之以恒。

《粤东印谱考》1936年刊于《岭南学报》第5卷第1期，此后她虽转移学术兴趣，但对印谱仍未忘怀，随见随录，历时二十余载，修订成《广东印谱考》，分集古印谱（20种）、摹古印谱（9种）、篆刻集印谱（16种）、自镌印谱（34种）和篆刻论著字书（11种）五类，上自明万历至崇祯年间南海人朱光夜《朱未央印谱》，下至时人麦华三等辑拓《二樵山人篆刻佚存》，共收录印谱90种，较

1 见《陈君葆日记全集》卷四第246、247页。下引同。
2 袁钟仁《毕生献身学术的"琅玕馆主"》，《冼玉清研究论文集》第149—150页。
3 冼玉清致孔健民函，《朴庐藏珍》第167页，赵胥编，中华书局2013年版。

冼玉清致孔健民函　　　　　　　　《广东印谱考》

之《粤东印谱考》内容倍增。《广东印谱考》介绍每种印谱著录编纂者、集拓过程及其格式、钤印数量，尽可能收录原谱序跋。后记称此书增订得到罗原觉、黄子静、黄文宽以及岭南大学图书馆和广东省立中山图书馆借阅印谱，始克成此。

《广东印谱考》资料翔实、考证精谨，是一部珍贵而全面的岭南印史，体例多为后学者延用参考。《广东印谱考》经陈莉、谢光辉校注整理，2010年由文物出版社重新出版。

冼玉清治学之余以丹青自娱，好友惠赠印章甚多，曾裒为《琅玕馆印谱》一卷，辑录齐白石、邓尔雅、李茗柯（桑尹）、陈颙庵、李凤公、冯康侯等所刻印章凡36方。

《广东释道著述考》是冼玉清晚年力作，完稿于1962年或1963年，填补了广东佛教、道教史料研究的空白。分上、下两编，上编录释家著述，下编录道家著述，近200家500部（篇），上起唐朝，下迄现代，绵延1300年，考释著者生平及著述主旨，适当加以按语。此书秉承传统的学术著录考释方法，体例精当，源流清晰，搜罗详尽。收入1994年中山大学出版社出版的《冼玉清文集》，2016年广西师范大学出版社分两卷出版。

《广东释道著述考》明显受到陈垣《明季滇黔佛教考》影响。后者撰写于北平沦陷时，1941年印行，冼玉清列入《广东释道著述考》"释家著述考"附"释家言"近代一八陈垣首条，称其资料多采自僧家语录，"以语录入史，尚是作者初次尝试，为前此所未有"。¹陈寅恪为陈垣此书作序，称"自来史实所昭示，宗教与政治，终不能无所关涉"，此著"虽曰宗教史，未尝不可作政治史读也"。

在"凡例"中，冼玉清称《广东释道著述考》"序、跋与原书有密切之关系，尤其是作序或跋之时候及地方，著录者往往不甚注意。今择其切实者详录之，若仅作空谈者不录"。²全书辑录释道著述，近三分之一录有序跋，借此展现千年间佛道两界众多历史人物形态各异的面目，特别是明末清初两广地区不甘降清的学人相率逃禅，以全志节，更令人感佩，此亦岭南释家空前繁盛时期。

函罡字天然，俗名曾莘，番禺人，住雷峰时，平南王尚可喜慕其宗风，以礼延之，师一见即还山，人服其高峻。函可字祖心，博罗韩氏子，因作《再变记》凭吊亡国之痛罹祸，发落沈阳慈恩寺11年。一机字圆机，俗姓李，番禺人。会国变出家，住鼎湖，营一室额曰"刍庐"。成就字迹删，番禺方氏子，以任侠自许，博学多艺，住持大通寺，修《鼎湖山志》。今释字澹归，俗名金堡，浙江仁和人，寓东莞篁庵、仁化别传寺，著《遍行堂集》。上述诸僧均涉甲申之变后广东地区护明抗清历史。《广东释道著述考》著录其撰著50余部，引录序跋50余篇，并贯以按语、著者生平简介及著述考，可视为独特的历史叙述方式。

冼玉清曾对人说，有某高僧感其智慧劝其归佛，她以智语了之，尔后撰述《广东释道著作考》也算接近佛教，但晚年完成此稿几乎无人知晓。李稚甫1965年应聘为其整理著述，对此巨帙也毫不知情。1964年底，汪宗衍致函陈垣提及冼玉清正编撰《广东释道著述考》，陈垣复函询问："冼姑撰《广东僧道著述考》，甚盛，但搜采殊不易，未知已成书否？"冼玉清生前将书稿托付汪宗衍审校，陈垣函告汪宗衍："《广东释道著述考》，如果释氏部分已完，可先出版。

1 《广东释道著述考》，《冼玉清文集》第705页。下引陈寅恪语亦出此，第703页。
2 《广东释道著述考》"凡例"第十二条，《冼玉清文集》第387页。

此等工作本是图书馆员工作，亦是为人民服务，不必求全责备。且曾经我公审订，可信其无憾，冼姑不托他人，而独托公，知公之必不负所托也。"[1]

据黄任潮回忆，《广东释道著述考》"原稿曾经汪宗衍校订，1966年后才从香港寄回省文史馆，冼玉清已不及见了"。[2]另有广东省文史馆同仁回忆，此稿实于1970年代中期始寄回。

《广东释道著述考》出版后，影响了更多学者。姜伯勤撰《石濂大汕与澳门禅史》，自称"也是多年来学习冼玉清先生《广东释道著述考》等学术遗产的结果"。[3]

1　陈垣致汪宗衍函，《陈垣来往书信集》第550、553页（集中后一通时间误作1964年）。
2　黄任潮《冼玉清的生平及其著作》，《冼玉清研究论文集》第309页。
3　姜伯勤《学习冼子，崇敬冼姑》，同上，第105页。

第十四章

晚

节

托付名山事业

冼玉清《一九〇五年反美爱国运动与"粤讴"——纪念广东人民反美拒约运动六十周年》发表于《中山大学学报》（哲学社会科学版）1965年第3期[1]，这是她生前发表的最后一篇论文。然而此期学报迟至11月出版，编者按："本校中文系退休教授冼玉清先生，因病久治无效，不幸于1965年10月2日在广州逝世。这篇稿子，是冼先生在医院留医期间写的，现予发表，并表示我们的悼念。"《粤讴与晚清政治》（导言、第一章）刊于1966年《中山大学学报》，也在其身后。

院系调整、《岭南学报》被迫停刊后，冼玉清长时间没有在正式学术刊物发表论文，直到1963年9月，才在《中山大学学报》发表《清代六省戏班在广东》。此文开宗明义："清初，广东戏剧有两派，一是外江班，一是本地班。外江班这个名称，表面看来似乎很简单，其实里面却很复杂。根据广州魁巷'外江梨园会馆'的碑记，外江班大致是指苏皖赣三省的戏班。后来又加入湘班，合前三省而言，可以叫做四省梨园会馆。"而所谓六省，则又加上豫、桂。[2]

此二文作为《广东通志·艺文志》的延续，史料翔实生动，但较之其以前论著语言风格有明显变化，已由浅显文言体变成流行白话文，在两种语体间挣扎徘徊。

学术语言从文言文到流畅规范的白话文经历了漫长过程。新文化运动提倡白话文，创制伊始难免粗糙。1917年陈独秀致函胡适，称中国文学当以白话文学为正宗，"必不容反对者有讨论之余地，必以吾辈所主张者为绝对之是"，口气非常强硬，但仍是浅近文言体。1949年5月11日，陈垣以辅仁大学校长身份在《人民日报》发表《给胡适之的一封公开信》，称"在三十年前你是青年的导师"，"你为什么不再回到新青年的行列中来呢"？胡适从文体判断非陈垣所写："这信的文字是很漂亮的白话文，陈垣从来不写白话文，也决写不出这样漂亮的白话文。"后来证实，此信为刘乃和执笔，经陈垣改定，最后由范文澜修改而成。

冼玉清自幼入读学塾，受严格传统训练，熟练地掌握了文言语体。其后写作

1　此文收入《冼玉清文集》及《冼玉清论著汇编》（下）。
2　《清代六省戏班在广东》，《冼玉清论著汇编》（下）第483页。

用语受时代熏染演化成半文半白的文言体，又称浅近文言体。

经过历次政治运动特别是思想改造运动后，浅近文言体逐渐被摒弃，白话文与文言文在某种意义上成为"新与旧""进步与落后"的分界线，能否用白话文进行学术表达，也成为判断知识分子是否完成思想改造的重要标志。冼玉清在这条分界线的边缘痛苦地徘徊，以致被迫退休。

冼玉清发表于《中山大学学报》有关粤讴的两篇论文，其实由李稚甫执笔，与其一贯著述风格明显不同。作此选择，迫于学术路径转型，也有身体健康原因。

1965年春天，冼玉清在病榻上与前来探视的李稚甫晤谈，决定托付名山事业。3月5日，李稚甫来函称："昨日午后奉访，见精神矍铄，风貌无殊往昔，且知所患非恶性瘤肿，至慰于怀。而养疴期间左右尚不忘著述之事，实足令人敬佩。"表示"承见委之事，自当竭尽绵薄，以副雅望"。[1]冼玉清所委之事有二：一为"粤讴"史料；二为"冼夫人研究"专题，希望李氏能帮其整理成文。李稚甫1964年从劳教场所释放归来，家徒四壁，生活困顿，冼玉清每月付其"笔资费"二三十元。[2]

李稚甫（1911—1999），江苏兴化人，曾任教于贵州大学。1945年在重庆加入民盟，与杜国庠、郭沫若相识。

1950年8月，中国新史学会广州分会成立，是中共建政后广东成立的第一个学术团体，后改称广东史学会，杜国庠任常委会主席，许崇清、朱谦之、王力任副主席，李稚甫担任委员兼秘书。据李稚甫回忆："陈寅老、容庚、刘节、梁方仲、商承祚等，均被推为委员，我亦被推为委员兼秘书。"[3]

1950年代初，杜国庠任广东省文教厅长，主持广州地区高校思想改造运动，举办高校暑期讲习班。李稚甫时任广东文理学院历史系教授，参与学习并担任小组长。1951年春被调入省文教厅，协助高校院系调整工作。中山大学农学院林学系侯过、中文系朱师辙因年迈要退休，李稚甫受委派了解情况。朱师辙表示要到杭州养老，由杜国庠等帮助在西湖边安置住所。1957年秋，冼玉清与李稚甫曾在

1　李稚甫致冼玉清函，原函现藏广东省文史馆。
2　参见邓禹《高风亮节——冼子》，《冼玉清研究论文集》第281页。
3　李稚甫《蔼然长者学术宗师——回忆在杜国庠同志身边工作的日子》，载《杜国庠学术思想研究》，广东人民出版社1989年版，第223页。

杭州看望安度晚年的朱师辙。

李稚甫谙熟马克思主义唯物史观，思想进步，出版过《鸦片战争以来广东人民反帝斗争史》《台湾人民革命斗争简史》等著作。未曾想他于1958年被打成"右派"，后被劳教3年。

李稚甫著作

接受委托后，李稚甫很快整理完成《一九〇五年反美爱国运动与"粤讴"——纪念广东人民反美拒约运动六十周年》和《粤讴与晚清政治》两篇长文，共约7万字，并提交《冼夫人丛录》大纲。

冼玉清重病时仍念念不忘著述，他们通信交流不下十次。

为冼夫人作传，李稚甫认为"现实意义不大"，理由有三：（一）冼夫人"系少数民族上层人物"，不能算是"民族英雄"；（二）尚不知目前"中央对少数民族上层人物""如何提法"，这关系到"民族政策与阶级路线问题"；（三）历来有关冼夫人的材料太少。[1]

冼玉清固执己见，要求继续用文言体写作冼夫人传略。6月29日，李稚甫来函："此稿写冼夫人传，照尊意用浅近文言。如准备发表，则仍以用语体为宜。其实尊著《文献丛谈》用语体，亦写得很活泼。总之文章宜条畅为先，自己先求能达意，然后再求人懂，我当勉为之。"实际上表明如按她意见用文言体，则无可能发表。

冼玉清仍持前见，李稚甫按要求写出文言体初稿，但感觉很别扭："最近十余年，写语体文比较熟练，写浅显文言，反而变成文不文，白不白。大概你看后也可能有此感觉。"他于8月19日来函，希望她"大力斧正"，又直言主要还是"论点与论据问题"。

这是李稚甫的最后一封来信。在此前后，他们多次在医院面谈。写作冼夫人

1　李稚甫1965年5月21日致冼玉清函。下引6月29日、8月19日函不另注。

传一事终于不了了之。

此前两天，8月17日，冼玉清与李稚甫还有一次面谈，欲以《近代广东文钞》《广东艺文志考》《广东文献丛考文集》三书整理见委。他在19日来函中称，"从对现实有用出发，则《广东艺文志解题》（即《广东艺文志考》）参考价值比较大""这部书应该是有关广东方面著作大辞典""这是大工程，也是一部有历史意义的著作，但需要比较多的时间"。

《近代广东文钞》或许动念于第二次北游，也与续岭南遗书有关。1954年10月1日，冼玉清油印《〈近代广东文钞〉略例》，作为征稿函，称粤邦文献总集远有屈大均、温汝能之汇，近有吴道镕《广东文征》，"而于五十年来作者略而未详，故有《近代广东文钞》之辑"。"道光以还，内政日非，外侮日甚，国人受环境之刺激，其写深忧摅硕画之文字亦最多"，是书"首重史料价值，其取材以有关社会政治、经济、外交、军事、山川风俗掌故存为合"。

她在此"略例"中称，"初集拟选百家""续二、三、四集，以次编排"。已编成初集并有誊抄本，收录清代民国年间岭南士大夫议论时政文字，每人附以小传。《近代广东文钞》终以不合潮流而作罢。

赴港探亲治病

1962年夏天，冼玉清往西樵山避暑，并返简村故乡，赋感慨"十载离乡带笑回，壮夫当日弄泥孩。世间何似亲情好，老幼相扶远近来"。又有"家家肥硕有鸡鳬""麻蓉蒸饼鲜虾卷"诗句[2]，可见经济形势好转，她受到家乡父老热情款待。

冼玉清自幼体弱多病，中年几死于甲状腺病，随后颠沛流离，困顿不堪，晚年又被病痛折磨。

返乡欢娱转瞬即逝，她于9月入中山医学院第一医院割治乳瘤，曾吟诵"痛

1　参见陆键东《近代广东人文精神与冼玉清学术》，《冼玉清研究论文集》第95页。
2　《琅玕馆诗钞》第137页，署"六二、八、一"。

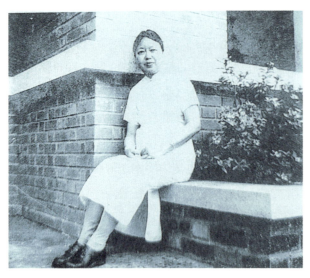

冼玉清1963年在中山一院

定还思痛，闲来还怕闲"，又称"友好多风谊，欢言慰冷凄。登堂望远道，感我赋新题"。时值国庆、中秋节前夕，广东省委统战部副部长张泊泉、谭天度前往医院探望，省文史馆也派人送水果、饼食物品慰问，"筐满鸡心柿，盘堆鸭咀梨。纷然陈节物，渐觉玉绳低"。[1]

她已有两年未赴港澳，当时提出到澳门、香港探亲及治病请求。但迟迟未被批准，原因与汹涌的逃港浪潮有关。1963年7月24日，广东省委书记陶铸听取中山大学党委副书记马肖云等汇报时说："中山大学有这样好的环境和条件，香港的大学哪有这样的条件？我们天天讲马列，他们还往香港跑……毛主席在井冈山时开始只有二三千人，'打倒资本家，天天吃南瓜'，国民党那边生活好，为什么不开小差？现在是中大党委脱离群众，没有起很好的模范作用，如果能使大家觉得在中大很有味道，他还跑干什么？"[2]

所幸，1963年12月，广东省有关部门批准了她赴港澳探亲治病申请。12月16—28日，她还曾出席广东省政协第三届委员会，陈君葆住广州华侨大厦805房，18日"冼玉清、王应榆先后来访"。[3]

1964年1月，冼玉清终于离穗赴港，张泊泉副部长亲自前往车站送别，领导关怀中又寓意着信任和嘱托。她到港后致函张泊泉称"话别登车，在车上絮殷殷致意，至深感谢"。随即与在港老友取得联系，1月23日，陈君葆与黄荫普相约次日请冼玉清吃饭，"是我与他两人合请，并邀陈凡作陪"。

冼玉清住湾仔天宝街一号六楼，显然她已做好长期逗留准备，名为探亲治

1　《琅玕馆诗钞》第137、138页，署"六二、九、十三"。庄福伍《冼玉清生平年表》误作1963年。
2　原件藏中山大学档案馆，转引自陆键东《陈寅恪的最后二十年》，第395—396页。
3　《陈君葆日记全集》卷五第226页。下引同，不另注。

病，实际仍不忘学术研究与撰述。她1月28日致函陈君葆，托其向李祖佑借抄《汉铜印原》，作为修改《广东印谱考》参考。2月1日得到回复，2日冼玉清电话约陈君葆同访李祖佑。

居港期间，她在香港《大公报》发表《谈清末的〈知新报〉》《康有为与"万木草堂"》《钟声已渡海云东——记寒山寺大钟的被盗与康有为题寒山寺诗》等文，又于《羊城晚报》发表《冼星海在广州读书的时候》等文。

2月9日，冼玉清造访陈君葆，郑重地谈了三个问题以征求意见。

第一是关于她自己的问题。她从中大退休，但仍住在校内，陈序经（已调任暨南大学校长）几次要她离开到外边去住，她觉得很难为情，说时两眼都红起来。在港兄弟子侄辈劝她来香港住，问陈君葆意见如何。陈君葆认为应该向党委书记说明情况，如果无法解决，才向当局提出请求批准也未迟。冼玉清又说，"教了数十年书都不曾到过外国去"，有人劝她偕冼秉熹到国外游历解闷。

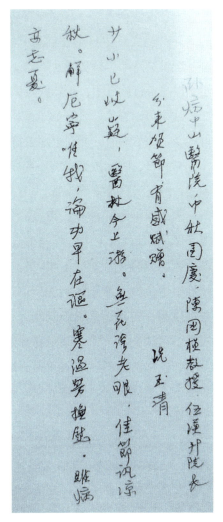

冼玉清中山医院诗稿

另外两件事：一是某亲戚问如何申请出国往巴拿马做生意，不到怀集去教书；二是关于简又文藏画事，说简又文有点生气了。

回购斑园藏品，主要由冼玉清居间说服，也是她上一次访港的主要任务。转眼数年过去，此事远无结果，简又文当然生气，冼玉清也感觉无法交代。

在港老友曾请她发表学术演讲，因为敏感，她意欲拒绝又不甘心，于1月28日致函张泊泉汇报此事，同时提出想去日本旅游及从事文化交流："本次赴港，不意竟为学界所知，拟安排三个公开学术演讲，一在中文大学，一在大会堂，一在浸信会大学。我尚未答应，特函请示，如未得到你们同意，我是不会做的。""第二，中日交往自唐开始尤多，我久欲东渡一游，以考察文化交流之迹。但抗战八年，解放后十四年，遂蹉跎了廿多年时日。此次来港，看见旅行社组织很多游日旅行团，未知我应该加入否？这也等候你们同意，我才敢做。"[1]

结果可以想象，公开学术演讲不能发表，日本文化考察更不能去。冼玉清只得接受，她不知道，不同意她去日本主要是因为她"一向思想落后"。

3月3日，陈文统请春茗，座中有饶宗颐，"冼玉清因足疾没有赴宴"。到港不久，冼玉清腿骨关节大痛。3月入港中医院就诊，医生疑其患有骨瘤或骨痨。

因为居港时间过长，超过向省委统战部请假的期限，还涉及香港通行证期限问题。3月12日下午，陈君葆与黄荫普同往港中医院608室探视，劝她充分休养，不妨续假，"通行证想可延长几个月的"。15日，陈君葆与新华社香港分社外事组负责人谭干谈到冼玉清住房问题，称"她孤零一女子，又能到甚么地方去住呢，的确是个困难问题"，主张向上头一提，"至于迁到香港来住，也未尝不可酌商"。谭干同意考虑，并愿向副社长祁烽进言。陈君葆认为："冼玉清如让她迷迷糊糊地倒向另一边去，那是断断使不得的。"[2]冼玉清在广州生活困难，身体欠佳，情绪低落，确有可能接受香港高校聘约，陈君葆的担心不无道理。

4月，在香港玛丽医院照X光片后，医生谓既非骨瘤，又非骨痨，恐系跌打后遗症。她被病痛折磨，同时又忧心续假延长居港证等问题，得此结果稍感安慰。

在陈君葆、谭干等人帮助下，经广东省委统战部同意，冼玉清居港延期问题终于解决。谭干赴穗往从化温泉休养前，于4月25日晚访陈君葆，携张泊泉给冼玉清的亲笔信，并延期至7月中旬通行证托转。28日下午，陈君葆到港中医院看望冼玉清，谈逾半小时，转交通行证及张泊泉亲笔信，并对她说："如行动方便，还是回到广州去休养的好。"这可能也是广东省统战部的意见。5月25日，陈君葆派人交冼玉清一封信，可能也是统战部的，"她住在亲戚的地方，去访问恐不大方便，信只好找人送去了"。

1　广东省委统战部档案，转引自陆键东《陈寅恪的最后二十年》，第448页。
2　《陈君葆日记全集》卷五，第256、257页。下引同。

捐赠巨款

冼玉清赴港探亲治病"逾期不归"，关于她已经"逃港"的传言不断。因为经济形势的恶化使许多人视港澳为"天堂"。

1964年10月，冼玉清回到广州，终于没有"迷迷糊糊地倒向另一边去"。陈寅恪"病中喜闻玉清教授归国就医"，口占二绝赠之："海外东坡死复生，任他蜚语满羊城。碧琅玕馆春长好，笑劝麻姑酒一觥。""年来身世两茫茫，衣狗浮云变白苍。醉饿为乡非上策，我今欲以病为乡。"[1]苏轼被贬儋州，有人谣传他已经死去，因有"海外东坡"之说。"春长好"联语带欢快，似乎可见诗人露出难得一见的笑容。

冼玉清赴港，还办妥一笔10万港元巨款汇回广州中国银行的大事。

她在接受不得去日本旅行指令后，致函张泊泉副部长称："续有大专学院约去作学术演讲，均以养病婉谢。玉清生性淡泊，除授徒著书之外，无所嗜好，撙节所得，略为整理，现有港币十万元，欲送与国家。此系一片诚意，如何处置，希早示复"。[2]

不久再致函张泊泉："在港医院时，很多朋友和旧学生来探望我，说道，'你一生刻苦努力，绝不讲个人享受，整个生命已经贡献给社会了，如今年老，我们应该爱护你的。'给我很大的安慰。捐款必定履行，但要等我返穗乃办。"这是第二次表达捐赠决心。统战部复函表示，一切"待先生回穗后面商解决"。

当年11月8日，冼玉清回到广州再次致函张泊泉，称前及拟捐港币10万元事，"该款已汇回穗中国银行，订明存港币支港币。昨日该行派朱敬儒同志来接头，嘱写委托书于你们，由你们与他联系即可拨款"，并附呈委托书。

信中说："此款是已出之物，如何用途，由你们支配，总要用得适当就好了。但此事只系圈内人知道便了。切不可宣传，更不可嘉奖。"

在港时黄荫普曾对她说，国内最缺乏科学仪器，尤其是医学仪器，因为外汇紧缺。回穗后中山医学院陈国桢教务长谈及此事，称肿瘤医院开办伊始，虽得

1　《陈寅恪诗集》第135页。另见胡文辉《陈寅恪诗笺释》（增订本）下册第1109页。
2　冼玉清致张泊泉函，见广东省委统战部档案。下引同，不另注。

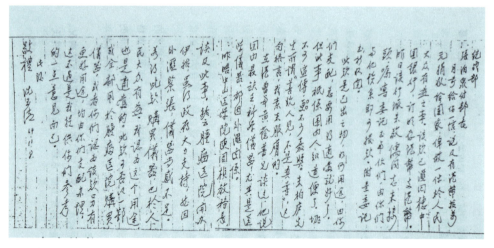

冼玉清致张泊泉函

政府大力支持，因外汇紧张仪器尚感不足。她信中写道："如得此款购买仪器，也于人民大众有益。我认为这个用途也是适当的，或者你们认为该款另有更好用途，均由你们支配办理，这不过是我提供你们参考的一点意见而已。"

其实，冼玉清存款及股票价值远不止10万元港币。

她曾有捐赠巨额积蓄支持"抗美援朝"义举，后来却因赴港澳探亲被人举报为"送情报"。她被迫写过"坦白书"，交代有一笔父亲所赠存款在香港。父亲去世后，她又继承一部分遗产。其兄弟姐妹在香港从事实业或经营律师业务，可能有人代她理财，比如购买股票等，资产有所增益。

1964年8月17日，她在香港立下遗嘱，所涉钱物不包括转回广州银行捐赠省委统战部的10万元港币。她认为"钱财所以济人利物，非徒供个人享受"，因此将遗产分为两部分："第一部帮助亲属之较有需要者，第二部捐作社会公益事业。"遗嘱中称（甲）家属之部和（乙）社会之部。

（乙）社会之部包括：香港保良局捐送港币5000元；香港工人劳工子弟学校捐款港币1万元；所有香港电灯、九龙电灯、香港电话、牛奶公司、九龙仓、怡和纱厂之股票尽捐与广东省委统战部，由其与中山医学院组织一基金委员会，专购置医药科学仪器等，以为病痛之人谋利益。

而（甲）"家属之部"，包括澳门及香港等地祖屋、房产物业，分赠冼氏家族成员；其余现金仅18000元，获最高遗赠之侄仅得5000元，其妹及另几位侄儿每人2000元。

冼玉清生前，其现金与股票等财产估值约50万元港币。在其身后，港英税局于1966年10月2日作遗产登记，持股市价逾39万港币。这批股票10年后市值又增长3倍多。

广东省委统战部在接受10万港币现金捐款后，并不知道遗嘱中有关股票捐赠事项，因此错过了接受遗产的最佳时机。1974年春天，冼玉清遗嘱中将所有股票"尽捐与广东省委统战部"的信息才第一次反馈回大陆，广东省有关方面立即发函与港英总稽核，要求查明是否有此遗产。港英方面当年7月回复，称"冼玉清遗嘱中的股票，按1974年6月28日市价，共值港币129万多元"。

接收过程异常繁复和艰难。冼玉清逝世后，这批股票掌握在遗嘱承办人手中，广东方面得到答复：冼玉清所有股票已于60年代后期全部售出，共得港币32万多元。1976年7月，香港中资银行收到遗嘱承办人交回的最后一笔款项，至此，广东方面实际接收冼玉清遗嘱中捐赠的港币33.9万多元。

冼玉清生前，将康乐园琅玕馆所藏全部书籍、手稿、书画文物等，捐赠中山大学图书馆和广东省文史馆。中大图书馆没有特设纪念室，其捐赠书籍融入图书馆上百万册书海中，化作春风细雨，润泽莘莘学子。她喜爱的古色古香红木酸枝家具，大部分捐给广东省文史馆，用作书架和桌椅，其文物价值也与日俱增。另外，她还将自己多年收藏的61件石湾陶瓷捐给广东民间工艺馆（现名广东民间艺术博物馆）。

冼玉清逝世后，学界和社会各界以各种方式纪念她，赞誉其爱国主义精神和高风亮节的品德，至今余音不绝。而作为这种精神和品德的表征，她竭尽全力慷慨大度的捐赠令人印象最深，也将传之久远。

碧琅玕馆吊诗人

1964年12月，第三届全国人大在北京召开，冼玉清托广东代表带给陈垣糖果一盒，并附短札问候。12月29日，陈垣复函，称经汪宗衍转告得知冼玉清曾往港

1965年冼玉清于华南肿瘤医院

就医，"深以为念"，"又得知尊著《广东僧道撰述考》已告成功，为之欣忭"。

1965年1月，冼玉清因病入住广州华南肿瘤医院（现中山大学肿瘤医院）。她捐赠10万港元存款的交接手续，是在住院以后完成的。

即使躺在病榻上，她也闲不住，还不停与各地友朋书信往还，不停地思考下一步学术研究思路。

陈君葆收到2月25日来信，称"她在疗养院中仍关心原觉的藏书应返穗"。罗原觉已于1月19日病逝，冼玉清希望其藏书能入藏广东省中山图书馆，"对罗氏敦复书室藏书，尝再三致意"，陈君葆因赋三绝句并问疾，其一："羡汝孤芳斗晚霜，独留半榻理零缃。重劳邺架书频问，定识安心药有方"。其三又有"近思多病维摩日，恰是诗人换骨时"联句。[1]

住院期间，她请李稚甫帮助整理文章，李稚甫称赞她病中不忘著述之事，实足令人敬佩。冼玉清牵挂文物馆工作和经手收藏的文物，临终前两天还紧握前往探视的麦佩芳的手，嘱其好好保管文物，麦佩芳感动地流下了眼泪。[2]

冼玉清在病榻上数次致函陈垣，寄还36年诗扇，寄赠《广东文献丛谈》。陈垣晚年声望日隆，仍孜孜于学术研究，复函称此著"既似《羊城古钞》，又似《广东新语》"，闻《广东僧道著述考》将近出版，急欲先睹。知其仍在医院，尚未痊可，"至为系念，务请安心调养，无过劳累"。[3]

她与朱师辙之间仍有书信来往，4月16日朱氏复函称"久雨近方晴，春色悦

1 《陈君葆日记全集》卷五，第372、381页。另见《水云楼诗草》第353页，广东旅游出版社1994年版。
2 麦佩芳《牢记冼姑的教导》，《冼玉清研究论文集》第290页。
3 陈垣致冼玉清，《陈垣来往书信集》（增订本），第699—700页。两函原件分别见2013、2014年西泠印社拍卖会，第一函署12月29日，第二函署7月13日。

人，谅贵体益康健"。[1]

赠顾颉刚《广东文献丛谈》，由郑逸梅转寄，顾颉刚9月21日"阅冼玉清书讫"。[2]

斯人任重道远，惟惜天不假年。9月下旬，医生根据检验结果，认为病情基本稳定，准备让她出院。不料9月底她突感不适，10月2日在华南肿瘤医院奄忽长逝，"临终前，仅咳几声便气绝，平静得如同老僧坐化"。[3]

10月4日，广东省委统战部、广东省政协、广东省文史研究馆、中山大学、广东省文物管理委员会、广州市文物管理委员会等单位组成冼玉清先生治丧委员会。5日，《南方日报》发布讣告，宣布"冼玉清先生因病久治无效，不幸于1965年10月2日下午6时50分在广州华南肿瘤医院逝世，享年72岁"，其生前职务为政协广东省委员会常委、广东省文史馆副馆长、广东省及广州市文管会委员。治丧委员会主任委员许崇清，副主任委员张泊泉、侯过；委员冯粲、任泊生、陈序经、陈寅恪、陈国桢、罗理实、柯麟、胡希明、胡根天、容庚、商承祚、谭天度、萧隽英、杨奎章、饶彰风。[4]

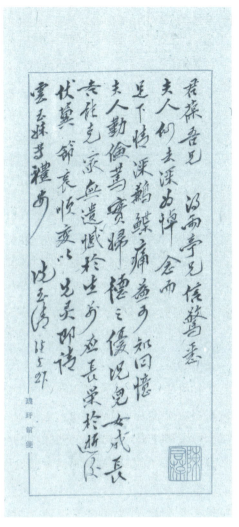

1965年5月27日致陈君葆函

10月7日下午3时，治丧委员会在广州东川路殡仪馆公祭冼玉清。许崇清致祭词："翳惟先生，皓首传经。潜心述作，卓有嘉名。书城坐拥，历数十年。既勤

1　朱师辙致冼玉清函，见2013年西泠印社拍卖会。
2　《顾颉刚日记》卷十，第336页。
3　佟绍弼（腊斋）《最近逝世的冼玉清》，《澳门日报》1965年11月14日。
4　讣告见《南方日报》1965年10月5日第二版。

讲学，复发幽潜。解放以还，参预政协。更勤文史，弥珍晚节。如何不幸，遭此顽疾。溘然去逝，哲人痛失。尚飨。"公祭后出殡，遗体在广州银河公墓火葬。

此祭词代表官方，也能概括冼玉清一生行迹。冼玉清交往广泛，师友无数，桃李满园，挽联挽诗更具文化意味，弥足珍贵，值得稍加叙录。

10月3日，重阳节，陈君葆接陈伯益电话，得悉冼玉清病逝，感叹"故人零落又弱了一个，不堪惋恻"。陈伯益是陈君葆港大同学，也是冼玉清老友。陈君葆作挽诗："自甘粗粝一蚕农，扶病依然语入微。已分等身才女事，尚疑七十古来稀。笔花惆怅云中鹤，彩羽凋零岭外翚。忆寄慰诗才半载，心期重见愿今违。"自注："冼子自奉甚啬。"此诗载香港《文汇报》，9日香港《大公报》载公祭冼玉清消息，称"冼玉清先生的生前友好陈君葆也从香港寄来挽诗"。

陈寅恪因折足卧病，10月4日始闻噩耗，悲痛赋诗："香江烽火梦犹新，患难朋交廿五春。此后年年思往事，碧琅玕馆吊诗人。"自注上联："太平洋战起，与君同旅居香港，承以港币四十元相赠，虽谢未受，然甚感高谊也。"[1]

10月9日，《大公报》载张友仁挽诗三首，其一"铸史校经富著书，华南几见女相如。人间编谱升平乐，还有伤心拜冼姑。"

10月22日，冼玉清遗属在香港干诺道中华总商会九楼礼堂举行家奠。礼堂布置肃穆，遗像四周缀满鲜花，礼堂内摆放冼玉清生前友好、学生和家属赠送的挽联、祭帐和花圈，到祭者向遗像鞠躬行礼，冼氏亲属在旁答礼致谢。旅港冼氏宗亲会挽联："娴姆训顺亲心，孝道见称宗族；育英才成国器，春风吹遍岭南。"前往祭奠者逾150人，有陈伯益、黄荫普、曾昭森等，"听说冼秉熹一早便来，只对冼子遗像行个礼便去，简又文便终不见到，不过也要知简是基督教徒"。[2]

岭南大学同学会挽联："桃李盈门，岭南长不朽；文章绝世，宇内众同哀。"

叶恭绰挽联："南海系斯文，更感知贫同鲍叔；北宫传独行，不教遗憾到王郎。"用北宫婴儿子典，指孝女，独行又指孤身未嫁，而王郎指东汉邯郸卜者，冒充汉成帝之子子舆称王，被刘秀诛杀。陈君葆认为此联最佳，因其用典有影射

1　《十月二日下午冼玉清教授逝世四日始闻此挽冼玉清教授》，《陈寅恪诗集》第145页。另见胡文辉《陈寅恪诗笺证》（增订本）下册第1178页。
2　以上均据《陈君葆日记全集》卷五，第443—449页。所引挽诗挽联多出于此。

意味。

黄荫普挽联：“平生以曹大家自期，异代绍前徽，史馆犹存大手笔；事业在伏羲娥之上，斯文传后死，书林顿失旧朋俦。”

梁羽生挽联：“卅年桃李多栽，绛帐春风披海外；一世心期自许，琅玕经史守书堂。”

汪宗衍挽联：“文献赖君存，多能尚善丹青笔；清操闻志行，不朽应留女史篇。”

龙榆生一个月前才见诗札，遽闻噩耗，赋诗纪哀：“匝月俄传赴玉京，琅玕碎语笛声清。旧乡文物犹临眺，天末衰屦总系情。三友岁寒成啸侣，万重云树数归程。女中君子劳相忆，药里书签照眼明。”[1]

李镜池亦有挽诗：“刻苦钻研几十年，碧琅玕馆乐拳拳，广东文物勤编述，岭大园中出水莲。”

冼玉清待人至诚，至死未变。或许作为遗嘱一部分，她逝世前开列师生友好名单，嘱托香港亲人日后一一面见致意。古桂高被列入名单，在广州华侨大厦受到冼玉清遗属特约接见，转达其生前祝福，他称“这正是玉清师善始善终、至情至性的写照”。[2]

冼玉清一介书生，身后得到如此高规格祭礼，可谓备极哀荣。她走得太过突然，但想到那场即将来临席卷天下的狂风骤雨，似乎令人稍感宽慰。冀望“此后年年思往事，碧琅玕馆吊诗人”的陈寅恪，似乎对此早有预感，但已无力抗拒。

2024年9月17日甲辰中秋改定

1　《忍寒诗词歌词集》第359页。
2　古桂高《冼玉清与麦华三》，《冼玉清研究论文集》第170页。

主要参考文献

《冼玉清文集》，佛山大学佛山文史研究室、广东省文史馆编，中山大学出版社
　　1995年版。

《碧琅玕馆诗钞》，冼玉清著，陈永正编订，广东人民出版社2008年版。

《冼玉清论著汇编》（上、下），冼玉清著，广西师范大学出版社2016年版。

《广东释道著述考》（全二册），冼玉清著，广西师范大学出版社2016年版。

《更生记·广东女子艺文考·广东文献丛谈》，冼玉清著，广西师范大学出版社
　　2013年版。

《广东丛帖叙录》，冼玉清著，广东文献馆1949年印行。

《广东文献丛考》，冼玉清著，广东文献馆1949年印行。

《广东文献丛谈》，冼玉清著，香港中华书局1965年版。

《漱珠冈志》，冼玉清著，陈永正补订，广东人民出版社2009年版。

《琅玕馆修史图题咏笺释》，杨权著，广东人民出版社2016年版。

《陈子褒先生教育遗议》，陈子褒著，区朗若、冼玉清、陈德芸编校，广西师范
　　大学出版社2012年版。

《冼玉清研究论文集》，周义主编，中国评论学术出版社（香港）2007年版。

《冼玉清与澳门》，陈树荣编著，君亮堂出版社2013年版。

《岭南大学接回国人自办之经过及发展之计划》，高冠天编撰，中华民国十七年
　　五月岭南大学出版委员会印行。

《抗战期间的岭南》，广州岭南大学，1946年1月版。

《白沙先生纪念集》，陈应燿编，陈氏耕读堂1952年印行。

《夏承焘集·天风阁学词日记》（第五、六、七册），夏承焘著，浙江古籍出版
　　社1997年版。

《刘节日记（1939—1977）》（上、下），刘显曾整理，大象出版社2009年版。

《吴宓日记续编》第五册，三联书店2006年版。

《顾颉刚全集·顾颉刚日记》，中华书局2011年版。

《容庚北平日记》，夏和顺整理，中华书局2019年版。

《陈乃乾日记》，中华书局2018年版。

《邓之诚文史札记（修订本）》，邓瑞整理，凤凰出版社2016年版。

《陈君葆日记全集》，谢荣滚主编，商务印书馆（香港），2004年7月版。

《陈垣来往书信集》（增订本），陈智超编注，三联书店2010年版。

《罗香林论学书札》，广东人民出版社2009年版。

《陈君葆书信集》，谢荣滚主编，广东人民出版社2008年11月版。

《陈寅恪先生编年事辑》（增订本），蒋天枢撰，上海古籍出版社1997年版。

《陈中凡年谱》，姚柯夫编著，书目文献出版社1989年版。

《冒鹤亭先生年谱》，冒怀苏编著，学林出版社1998年版。

《陈寅恪诗集附唐篔诗存》，陈流求、陈美延编，清华大学出版社1993年版。

《陈寅恪诗笺释》（增订本），胡文辉著，广东人民出版社2019年版。

《岭南大学》，李瑞明编，岭南（大学）筹募发展委员会，1997年1月版。

《钟荣光先生传》，岭南大学广州校友会印行。

《陈寅恪的最后二十年》，陆键东著，三联书店1995年版。

《容庚传》，易新农、夏和顺著，花城出版社2010年版。

《全盘西化台前幕后——陈序经传》，夏和顺著，广东人民出版社2010年版。

《辛亥以来藏书纪事诗（外二种）》，伦明等著，杨琥点校，北京燕山出版社
　　1999版。

《艺林丛录》第3—8辑，商务印书馆香港分馆出版。

《忍寒诗词歌词集》，龙榆生著，复旦大学出版社2012年版。

后　记

　　《琅玕映翠微——冼玉清传》出版前夕，适逢中山大学100周年校庆。

　　中山大学康乐园原为岭南大学校园，迄今已有120年历史。1918年，冼玉清陪父母到此参观，赞叹"真是藏修之所"，毅然决定由香港圣士提反女校转入岭南修业，由附中到大学，再到留校任教，与康乐园结下终身之缘。余生也晚，上世纪80年代负笈岭南，康乐园"花影鸟声，长林衰草"，古旧建筑苔痕斑剥，如同尘封的旧籍，引人遐思，勾起我探究这座校园历史、了解前辈学人故事的冲动。

　　我与导师易新农教授先后合著了《叶启芳传》《容庚传》，又独立完成《陈序经传》。易老师定居海外前，将许多珍贵文献转交于我，包括有关冼玉清先生的研究资料，希望我再接再厉撰写《冼玉清传》。

　　"藏修之所"康乐园弦歌不辍，学术鼎盛，名师荟萃。叶启芳、容庚、陈序经和冼玉清先生极具代表性，他们的研究领域各异，社会影响也不尽相同，但都有共同之处——具有学人风骨，在我眼中可称"康乐四杰"。作为"康乐四部曲"的收官之作，《冼玉清传》即将付梓，自感如释重负，欣慰有加。

　　此书写作中得到黄天骥老师、金钦俊老师的鼓励和支持，黄树森老师慨然赐序，陈永正老师赐题书签，在此一并致谢。

　　高山仰止，景行行止，虽不能至，心向往之。吾友刘中国兄尝言，写一部传记等于陪传主走过一世。冼玉清先生能诗擅画，学问淹博，诚然一代名师，作者学识浅陋，难以望其项背，本书疏漏错误难免，还望读者方家有以教之，匡我不逮。

夏和顺

2024年11月于深圳梅坳书斋